U0456646

亚铁路对东盟

经济发展影响的研究

张学梅

董恺凌 ◎ 著

诸 丹

四川大学出版社

SICHUAN UNIVERSITY PRESS

图书在版编目（CIP）数据

泛亚铁路对东盟经济发展影响的研究 / 张学梅，董恺凌，诸丹著. -- 成都：四川大学出版社，2024.12.
ISBN 978-7-5690-7423-9

Ⅰ. F114.46

中国国家版本馆 CIP 数据核字第 2024G0P130 号

书　　名：泛亚铁路对东盟经济发展影响的研究
　　　　　Fan-Ya Tielu dui Dong-Meng Jingji Fazhan Yingxiang de Yanjiu
著　　者：张学梅　董恺凌　诸　丹

选题策划：梁　平　孙滨蓉
责任编辑：孙滨蓉
责任校对：叶晗雨
装帧设计：裴菊红
责任印制：李金兰

出版发行：四川大学出版社有限责任公司
　　　　　地址：成都市一环路南一段 24 号（610065）
　　　　　电话：（028）85408311（发行部）、85400276（总编室）
　　　　　电子邮箱：scupress@vip.163.com
　　　　　网址：https://press.scu.edu.cn
印前制作：四川胜翔数码印务设计有限公司
印刷装订：成都金龙印务有限责任公司

成品尺寸：170 mm×240 mm
印　　张：12.5
字　　数：240 千字

版　　次：2024 年 12 月 第 1 版
印　　次：2024 年 12 月 第 1 次印刷
定　　价：68.00 元

本社图书如有印装质量问题，请联系发行部调换

扫码获取数字资源

四川大学出版社
微信公众号

前　　言

泛亚铁路（Trans－Asian Railway，TAR）是连接欧亚大陆铁路网的统称，是 1960 年由联合国亚洲及太平洋经济社会委员会（ESCAP）策划、打造的欧亚大陆铁路运输网络。狭义的泛亚铁路一般指的是中国西南和东南亚陆地国家之间的铁路网络。

泛亚铁路沿线共建"一带一路"国家众多，影响面大。同时，泛亚铁路不仅是一条铁路，它还与"一带一路"沿线国家、中欧班列、西部陆海新通道交集，从"连点成线"到"织线成网"，释放出极大的潜能。其作用得到不断叠加和增强，促进沿线区域经济发展，还直接或间接影响国际联运新通道的开拓、区域产业链及供应链的融合、区域全面经济伙伴关系协定（RCEP）高水平实施、欧亚经济融合发展、东盟一体化进程等。

泛亚铁路建设是促进亚欧国家发展、造福沿线国家的好事，自 2006 年 11 月正式启动建设以来，项目建设进展缓慢，离全面建成仍需时日。随着中老铁路全线通车，泛亚铁路建设开始提速，受到沿线国家的重视和媒体的关注。

为了方便人们正确地了解泛亚铁路建设进展情况，以及泛亚铁路对共建"一带一路"沿线国家经济贸易、地域政治的作用和影响，著者从泛亚铁路规划、泛亚铁路建设情况、东盟国家经济状况、泛亚铁路对区域经济的影响着手，从全球视野和多元角度将泛亚铁路对沿线国家的影响、中国在泛亚铁路中的重要作用、"一带一路"与泛亚铁路、中欧班列与泛亚铁路、东盟一体化、欧亚经济一体化等进行了深入分析、探索和研究，并针对泛亚铁路建设存在的问题提出了对策和建议。

著者希望通过对泛亚铁路及相关问题的研究，为广大读者提供内容较翔实的泛亚铁路的相关资料，为关注泛亚铁路与东盟贸易、亚欧经济、亚太地缘政治、东盟一体化进程和欧亚经济融合发展的读者提供多角度的分析内容，以便读者对泛亚铁路的作用和影响有较全面、深刻的认识。

本书是教育部中华多民族文化凝聚与全球传播省部共建协同创新中心—成

1

都大学文明互鉴与"一带一路"研究分中心项目"轨道交通发展对'一带一路'沿线主要国家经济发展影响研究——以东盟十国为例"(项目编号:WM-HJTF2022A02)研究成果。本书也得到四川泰国研究中心的资助(项目编号:SPRITS202402)。

本书由成都大学张学梅教授和成都工业职业技术学院董恺凌副教授共同撰写完成,张学梅负责撰写第一、二、八、十、十一章,董恺凌负责撰写第三、四、五、六、七、九章及附录,成都大学诸丹教授负责审稿并对书稿提出了一些很好的建议。成都大学肖聪老师和吉利学院简杨扬老师参与了前期的资料收集和整理工作。在撰写过程中,著者参考和借鉴了有关学者的相关论著,在此表示衷心的感谢。由于作者的学术能力和精力所限,书中难免有疏漏和不足,恳请专家学者和广大读者批评指正。

著　者

2024 年 6 月于成都

目　　录

第一章 泛亚铁路概况

泛亚铁路（Trans-Asian Railway，TAR）是连接欧亚大陆铁路网的统称。1960年联合国亚洲及太平洋经济社会委员会（ESCAP）策划拟定了一项修建一个统一的、贯通欧亚大陆的货运铁路网络的计划，这就是后来的泛亚铁路计划。

一、泛亚铁路的建设背景

泛亚铁路构想始于20世纪50年代，当时几个亚洲国家对修建从新加坡到土耳其的贯通铁路进行了可行性研究。计划修建从新加坡到土耳其伊斯坦布尔，途经东南亚国家，以及孟加拉国、印度、巴基斯坦和伊朗等国，长达1.4万千米的铁路，铁路再延伸到欧洲和非洲。

此后，受到一系列地区冲突及冷战的影响，泛亚铁路计划的实施遇到了难以逾越的政治、经济等障碍，泛亚铁路计划逐渐沉寂，被搁置下来。

20世纪80—90年代，随着世界局势逐渐稳定，国与国之间在政治和经济贸易上相互依存度增高，各国面临社会、经济发展的重大挑战，泛亚铁路再次被提上议事日程。

1992年4月，在北京举行的联合国亚洲及太平洋经济社会委员会第48届会议启动了亚洲陆上交通基础发展项目，泛亚铁路和亚洲高速公路网被纳入其中。

1994—1995年，联合国亚洲及太平洋经济社会委员会对亚洲北部进行的可行性研究基本确定了泛亚铁路北部通道的框架，对南线、东南亚线路和北南线的可行性研究也相继完成。

1995年12月14日，在第五次东盟首脑会议上，马来西亚总理马哈蒂尔提出修建一条超越湄公河流域范围，从马来半岛南端的新加坡，经马来西亚、泰国、越南、缅甸、柬埔寨到中国的"泛亚铁路"倡议。该倡议立即得到了东盟首脑和中国政府的认同。

20世纪90年代末期，随着泛亚铁路路线确认工作接近尾声，联合国亚洲及太平洋经济社会委员会以及泛亚铁路相关国家决定采取实质性措施，测试泛亚铁路运转能力。

1999年9月15日、16日两天，东盟在越南河内召开第五次交通部长会议，研讨泛亚铁路路网问题并签署了谅解备忘录，以增强东盟诸国间的交通连接。

2003年11月至2004年7月，一系列示范运行在中国天津和连云港、白俄罗斯布列斯特、蒙古国乌兰巴托、哈萨克斯坦阿拉木图、俄罗斯纳霍德卡等地之间进行。通过这些试运行，各国有能力组织快速、安全、可靠的长距离货物运输。

2006年4月，经过多年的筹备和调研后，在印度尼西亚首都雅加达举行的联合国亚洲及太平洋经济社会委员会第62届大会上，《泛亚铁路网政府间协定》获得通过。

2006年11月10日，联合国亚洲及太平洋经济社会委员会运输部长会议在韩国东南部港口城市釜山闭幕。来自37个成员国的运输部长参加了这次为期两天的会议。会议期间，发表了有关地区运输发展和改善道路交通安全的两项部长声明。泛亚铁路涉及的28个国家中包括中国在内的18个成员国的代表在《泛亚铁路网政府间协定》上签字，标志着亚洲国家将为构建和连通横贯亚洲大陆的铁路动脉，促进亚洲地区的共同发展和繁荣而展开全面合作。至此，筹划了近50年的"钢铁丝绸之路"终于迈出了实质性的第一步。

2009年6月11日，联合国亚洲及太平洋经济社会委员会在泰国首都曼谷宣布《泛亚铁路网政府间协定》正式生效。联合国亚洲及太平洋经济社会委员会执行秘书诺伊琳·海泽和交通与旅游司司长巴里·凯布尔主持了协定生效仪式。

《泛亚铁路网政府间协定》涵盖亚太地区28个国家，铁路总长度达8.1万千米。该协定通过选择和确认具有国际重要性的铁路和站点，规划了一张覆盖亚太地区的铁路交通网，并对线路通行能力、车辆负载轨距和运行互通性等相关技术特性提出了指导原则，以促进亚洲地区乃至亚洲通往欧洲的部分重要铁路的连通和便捷。《泛亚铁路网政府间协定》标志着泛亚铁路的构想已开启，并迈出了关键性的一步。

二、泛亚铁路的建设规划

（一）泛亚铁路整体规划

《泛亚铁路网政府间协定》计划修建四条铁路线，将欧亚大陆连为一体，包括北线、南线、南北线、东盟路线。

北线为已有的第一、第二亚欧大陆桥，计划要修建的第三条亚欧大陆桥即中吉乌铁路也属于其中一部分。该线大多为既有铁路，主要的工作有两部分：一是加强管理协调，保证铁路运输的有效畅通；二是改造一些设施陈旧的铁路，提高铁路的运输能力。

南北路线也称南北走廊，指的是西亚通往北欧，以及南亚通往俄罗斯的铁路。这些铁路与中国关系不大。另外，中巴经济走廊计划中喀什通往瓜达尔港的中巴铁路，严格上也可以归入泛亚铁路南北走廊的一部分。以上两部分在中国一般不看作泛亚铁路，前者大多被视为"一带一路"的铁路项目。

泛亚铁路各条路线具体走向如下：

（1）北线连接欧洲和太平洋，途经德国、波兰、白俄罗斯、俄罗斯、哈萨克斯坦、蒙古国、中国至朝鲜半岛，全长 32500 千米。

（2）南线连接欧洲和东南亚，经土耳其、伊朗、巴基斯坦、印度、孟加拉国、缅甸、泰国，然后分成两条支线：一条北上进入中国云南，另一条南下途经马来西亚进入新加坡。全长 22600 千米。

（3）南北线连接北欧与波斯湾，主线始于芬兰赫尔辛基，穿越俄罗斯至里海，然后分成三条支线：西线经阿塞拜疆、亚美尼亚入伊朗西部，中线以火车轮渡经里海进入伊朗，东线经哈萨克斯坦、乌兹别克斯坦和土库曼斯坦入伊朗西部。三条支线在伊朗首都德黑兰会合，最后抵达阿巴斯港。全长 13200 千米。

（4）东盟路线即东南亚走廊线，连接中国、东盟及中南半岛，以中国广西南宁和云南昆明为起点，以新加坡为终点，纵贯中南半岛的越南、老挝、柬埔寨、泰国、缅甸、马来西亚等国家，全长 12600 千米。

（二）泛亚铁路东盟路线规划

泛亚铁路东盟路线（东南亚段）规划分东线、中线、西线三条线路。

（1）东线。东线从中国昆明出发，途经越南河内、柬埔寨金边，到泰国曼谷，南下连接马来西亚和新加坡。

（2）中线。中线从中国大理出发，途经老挝万象、泰国曼谷，最后连接马来西亚和新加坡。

（3）西线。西线从中国昆明出发，途经缅甸仰光、泰国曼谷，最后连接马来西亚和新加坡。泛亚铁路西线计划 2030 年运营通车。

三、与泛亚铁路相连的现有铁路网络

泛亚铁路北部路线由途经中国、韩国、朝鲜、蒙古国、俄罗斯、哈萨克斯坦等国境内用于日常国际运输的铁路线路组成。

（一）中国境内线路

与泛亚铁路连接的国内线路有五条：

（1）阿拉山口—连云港线。该线自阿拉山口起，经乌鲁木齐、吐鲁番、兰州、宝鸡、西安、郑州、徐州，终点为连云港。阿拉山口作为边境车站，连接哈萨克斯坦的多斯特克，同时也需要在此换轨；另一终点站连云港连接海运。线路中，吐鲁番作为枢纽站可与喀什相连成线，喀什作为需要换轨的边境车站，连接吉尔吉斯斯坦的吐尔尕特山口；宝鸡作为枢纽站可与昆明相连成线，最终连接缅甸、越南；郑州作为枢纽站，衔接北京—深圳线；徐州作为枢纽站，衔接天津—上海线。

（2）二连浩特—丹东线。该线自二连浩特起，经北京、天津、沈阳，终点为丹东。二连浩特为需要换轨的边境车站，连接蒙古国的扎门乌德；另一终点站丹东连接朝鲜的新义州。线路中，北京作为枢纽站，衔接北京—深圳线；天津站连接海运；沈阳作为枢纽站，衔接满洲里—大连线。

（3）满洲里—大连线。该线自满洲里起，经哈尔滨、长春、沈阳，到达大连，衔接海运。线路中，满洲里作为需要换轨的边境车站，连接俄罗斯的后贝加尔斯克；哈尔滨作为枢纽站，与作为需要换轨的边境车站绥芬河相连，外接俄罗斯的格罗杰科沃；长春作为枢纽站与边境车站图们相连，外接朝鲜南阳；沈阳作为枢纽站，衔接二连浩特—丹东线。

（4）北京—深圳线。该线自北京起，经郑州、武汉、衡阳、广州，到达深圳。该线路中，郑州作为枢纽站，衔接阿拉山口—连云港线；衡阳和广州作为枢纽站，最终连接越南同登，或经双轨距铁路进入越南至嘉林。

（5）天津—上海线。该线自连接海运的天津起，经济南、徐州、南京，到

达上海，衔接海运。在这条线路中，济南作为枢纽站，与青岛相连成线，衔接海运；徐州作为枢纽站，衔接阿拉山口—连云港线。

（二）朝鲜境内线路

（1）新义州—开城线。该线自连接中国丹东的边境车站新义州起，经平壤、开城，到达连接韩国釜山的南端车站风东。

（2）图们江—金刚山线。该线自图们江起，经罗津、清津、高原、元山、海金刚，到达南端车站温井站。这条线路北连俄罗斯哈桑，南接韩国巨津。

（三）哈萨克斯坦境内线路

（1）彼得罗巴甫洛夫斯基—多斯特克线。该线自彼得罗巴甫洛夫斯基起，经科克切塔夫、阿斯塔纳、卡拉干达、莫因特、阿克斗卡，到达多斯特克。这条线路一端连接俄罗斯佩图霍沃，另一端连接中国阿拉山口。

（2）塞米格拉维伊马尔—阿克斗卡线。该线自塞米格拉维伊马尔起，经乌拉尔斯克、伊列茨基、阿克托别、坎德阿加什、秋拉塔姆、克孜勒奥尔达、阿雷斯、希姆肯特、江布尔、卢戈瓦亚、楚城、阿拉木图、乌什托别，到达阿克斗卡。这条线路一端连接俄罗斯奥津基，一端连接彼得罗巴甫洛夫斯基—多斯特克线。

（四）蒙古国境内线路

（1）苏赫巴托尔—扎门乌德线。该线自苏赫巴托尔起，经萨吉特、乌兰巴托、赛音山达，到达扎门乌德，一端连接俄罗斯纳乌什基，另一端连接中国二连浩特。

（2）那林苏海特—额伦察布线。由于那林苏海特泛亚铁路规划时待修建，该线自达兰扎德嘎德起，经塔旺陶勒盖、查干苏布尔加、宗巴彦、赛音山达、西乌尔特、胡尔特、乔巴山、察布，到达额伦察布。

（五）韩国境内线路

汶山—釜山线。该线自汶山起，北接朝鲜的风东，经首尔、水原、大田、大邱，到达釜山，衔接海运。其中，大田作为枢纽站，与同为枢纽站的益山相连，再由益山与木浦或光阳相连衔接海运。

（六）俄罗斯境内线路

（1）布斯洛夫斯卡亚—莫斯科线。该线自连接芬兰瓦伊尼卡拉的布斯洛夫斯卡亚起，经圣彼得堡，到达莫斯科，衔接克拉斯诺耶—纳霍德卡线。

（2）苏泽姆卡—莫斯科线。该线自连接乌克兰泽尔诺格勒的苏泽姆卡起，经布良斯克，到达莫斯科，衔接克拉斯诺耶—纳霍德卡线。

（3）克拉斯诺耶—纳霍德卡线。该条线路自克拉斯诺耶起，途经斯摩棱斯克、莫斯科、下诺夫哥罗德、科捷利尼奇、叶卡捷琳堡、鞑靼、新西伯利亚、克拉斯诺亚尔斯克、伊尔库茨克、乌兰乌德、扎乌迪斯基、卡里姆斯卡娅、乌苏里斯克、巴拉诺夫斯基、乌格洛瓦亚，到达纳霍德卡。这条线路一端连接白俄罗斯的奥西诺夫卡，另一端自纳霍德卡或东纳霍德卡连接海运。

（4）莫斯科—萨穆尔线。该线自莫斯科起，途经梁赞、科切托夫卡、格里亚济、利斯基、利哈亚、伏尔加格勒、阿克萨赖斯卡亚、阿斯特拉罕、马哈奇卡拉，到达萨穆尔，连接阿塞拜疆的亚拉马。

第二章　东盟各国概况

东南亚国家联盟（Association of Southeast Asian Nations，缩写为 ASEAN，简称东盟），于 1967 年 8 月 8 日在泰国曼谷成立，秘书处设在印度尼西亚首都雅加达。截至 2019 年，东盟有 10 个成员国：越南、印度尼西亚、马来西亚、菲律宾、泰国、新加坡、文莱、柬埔寨、老挝、缅甸。联盟成员国总面积约 449 万平方千米，人口约 6.6 亿。东盟是亚洲第三大经济体和世界第六大经济体。

一、越南概况[①]

【国名】越南社会主义共和国（The Socialist Republic of Viet Nam）。

【面积】329556 平方千米。

【人口】1.003 亿（2023 年），有 54 个民族，京族占总人口的 86%，岱依族、傣族、芒族、华人、侬族人口均超过 50 万。主要语言为越南语（官方语言、通用语言、主要民族语言）。

【首都】河内（Ha Noi）。

【简况】位于中南半岛东部，北与中国接壤，西与老挝、柬埔寨交界，东面和南面临南海。海岸线长 3260 多千米。地处北回归线以南，属热带季风气候，高温多雨。年平均气温 24℃左右。年降雨量为 1500～2000 毫米。北方分春、夏、秋、冬四季。南方雨、旱两季分明，大部分地区 5—10 月为雨季，11月至次年 4 月为旱季。

【经济】越南系发展中国家。1986 年开始实行革新开放。1996 年，越共八大提出要大力推进国家工业化、现代化。2001 年，越共九大确定建立社会主

---

① 中华人民共和国外交部官网，https://www.mfa.gov.cn/web/gjhdq _ 676201/gj _ 676203/yz _ 676205/1206 _ 677292/1206x0 _ 677294/。

义定向的市场经济体制，并确定了三大经济战略重点，即以工业化和现代化为中心，发展多种经济成分、发挥国有经济主导地位，建立市场经济的配套管理体制。2006 年，越共十大提出发挥全民族力量，全面推进革新事业，使越南早日摆脱欠发达状况。2016 年，越共十二大通过《2016—2020 年经济社会发展战略》，提出 2016—2020 年经济增速达到 6.5%～7%，至 2020 年人均 GDP增至 3200～3500 美元。2021 年，越共十三大通过《2016—2020 年经济社会发展任务实施评估和 2021—2025 年经济社会发展方向、任务的报告》，提出2021—2025 年经济增速达到 6.5%～7%，至 2025 年人均 GDP 增至 4700～5000 美元。

革新开放以来，越南经济保持较快增长，经济总量不断扩大，三产结构趋向协调，对外开放水平不断提高，基本形成了以国有经济为主导、多种经济成分共同发展的格局。

主要经济数据如下：国内生产总值 4300 亿美元（2023 年）。人均国内生产总值 4284 美元。国内生产总值增长率 5.05%。

【资源】越南矿产资源丰富，种类多样。主要有煤、铁、钛、锰、铬、铝、锡、磷等，其中煤、铁、铝储量较大。有 6845 种海洋生物，其中，鱼类约2000 种、蟹约 300 种、贝类约 300 种、虾类约 75 种。森林面积约 1000 万公顷。

【工业】2023 年，越南工业生产指数增长 1.5。主要工业产品有煤炭、原油、天然气、液化气、水产品等。

【农业】越南是传统农业国。耕地及林地占总面积的 60%。粮食作物包括稻米、玉米、马铃薯、番薯和木薯等，经济作物主要有咖啡、橡胶、胡椒、茶叶、花生、甘蔗等。2023 年，越南农林渔业总产值占国内生产总值的比重为8.84%，增长率 3.83%。

【服务业】近年越南服务业保持较快增长，2023 年，服务业占 GDP 比重为 62.29%，增长率达 6.82%。

【旅游业】越南旅游资源丰富，下龙湾等多处风景名胜被联合国教科文组织列为世界自然和文化遗产。近年来旅游业增长迅速，经济效益显著。2023年接待国际游客 1260 万人次，旅游总收入约 289 亿美元。主要旅游景点有河内市的还剑湖、胡志明陵墓、文庙、巴亭广场，胡志明市的统一宫、芽龙港口、莲潭公园、古芝地道和广宁省的下龙湾等。

【交通运输】近年来，越南交通运输业经过重组，提高服务质量，取得了较好的经济效益。2023 年，越南运输业持续复苏，旅客运输量达 7400 万人次，同比增长 34.5％，货运量 110 万吨，同比下降 9.3％。其中，国际旅客运输量达 3200 万人次，为 2022 年的 1.7 倍。

【对外贸易】越南和世界上 150 多个国家和地区有贸易关系。近年来越南对外贸易保持高速增长，对拉动经济发展起到了重要作用。2023 年货物进出口总额约 6830 亿美元，同比下降 6.6％，其中出口额 3555 亿美元，下降 4.4％；进口额 3275 亿美元，下降 8.9％，贸易顺差 280 亿美元，连续 8 年实现贸易顺差。越南主要贸易对象为中国、美国、日本、韩国以及东盟和欧盟。主要出口商品有原油、服装纺织品、水产品、鞋类、大米、木材、电子产品、咖啡。主要出口市场为美国、日本、中国以及东盟和欧盟。主要进口商品有汽车、机械设备及零件、成品油、钢材、纺织原料、电子产品和零件。主要进口市场为中国、韩国、日本、美国以及东盟和欧盟。

二、印度尼西亚概况[①]

【国名】印度尼西亚共和国（Republic of Indonesia）。

【面积】1913578.68 平方千米。

【人口】2.81 亿（2023 年），世界第四人口大国。有数百个民族，其中爪哇族人口占 45％，还有巽他族、马都拉族、马来族等。主要语言为印度尼西亚语。

【首都】雅加达（Jakarta）。

【经济】印尼是东盟最大的经济体。农业、工业、服务业均在国民经济中发挥重要作用。1950—1965 年 GDP 年均增长仅 2％。20 世纪 60 年代后期调整经济结构，经济开始提速，1970—1996 年 GDP 年均增长 6％，跻身中等收入国家。1997 年受亚洲金融危机重创，经济严重衰退，货币大幅贬值。1999 年底开始缓慢复苏，GDP 增长 3％～4％。2003 年底按计划结束国际货币基金组织（IMF）的经济监管。2004 年总统苏希洛执政后，积极采取措施吸引外资、发展基础设施建设、整顿金融体系、扶持中小企业发展，取得积极成效，经济增长一直保持在 5％以上。2008 年以来，面对国际金融危机，印度尼西亚政府应对得当，经济仍保持较快增长。2014 年以来，受全球经济不景气和美联储调整货币政策等影响，经济增长有所放缓。总统佐科执政后，提出建设

---

　　① 中华人民共和国外交部官网，https://www.mfa.gov.cn/web/gjhdq _ 676201/gj _ 676203/yz _ 676205/1206 _ 677244/1206x0 _ 677246/。

"全球海洋支点"构想，大力发展海洋经济和基础设施，经济保持稳步增长。2023 年，印度尼西亚国内生产总值 20892.4 万亿印尼盾（约合 1.37 万亿美元），同比增长 5.05%；人均国内生产总值 4920 美元。

【对外贸易】外贸在印度尼西亚国民经济中占重要地位，政府采取一系列措施鼓励和推动非油气产品出口，简化出口手续，降低关税。近年外贸状况见表 2-1（单位：亿美元。来源：印尼贸易部网站）。

表 2-1　2018—2023 年印度尼西亚外贸状况

年份	2018	2019	2020	2021	2022	2023
出口额	1800.13	1676.83	1631.92	2315.2	2919.8	2588.2
进口额	1887.11	1712.76	1415.69	1961.2	2375.2	2218.9
差额	−86.98	−35.93	216.23	353.3	544.6	369.3

主要出口产品有石油、天然气、纺织品和成衣、木材、藤制品、手工艺品、鞋、铜、煤、纸浆和纸制品、电器、棕榈油、橡胶等。主要进口产品有机械运输设备、化工产品、汽车及零配件、发电设备、钢铁、塑料及塑料制品、棉花等。

三、马来西亚概况[①]

【国名】马来西亚（Malaysia）。

【面积】约 33 万平方千米。

【人口】3370 万（2023 年）。其中马来裔 70.1%，华裔 22.6%，印度裔 6.6%，其他种族 0.7%。马来语为国语，通用英语，华语使用较广泛。

【首都】吉隆坡（Kuala Lumpur）。

【简况】位于东南亚，国土被南海分隔成东、西两部分。西部位于马来半岛南部，北与泰国接壤，南与新加坡隔柔佛海峡相望，东临南海，西濒马六甲海峡。东部位于加里曼丹岛北部，与印度尼西亚、菲律宾、文莱相邻。全国海岸线总长 4192 千米。属热带雨林气候。内地山区气温 22～28℃，沿海平原为 25～30℃。

【经济】20 世纪 70 年代前，经济以农业为主，依赖初级产品出口。70 年

---

① 中华人民共和国外交部官网，https://www.mfa.gov.cn/web/gjhdq_676201/gj_676203/yz_676205/1206_676716/1206x0_676718/。

代以来不断调整产业结构，大力推行出口导向型经济，电子业、制造业、建筑业和服务业发展迅速。同时实施马来民族和原住民优先的"新经济政策"，旨在实现消除贫困、重组社会的目标。

1987 年起，经济连续 10 年保持 8％以上的高速增长。1991 年提出"2020年宏愿"的跨世纪发展战略，旨在于 2020 年将马来西亚建成发达国家。重视发展高科技，启动了"多媒体超级走廊""生物谷"等项目。1998 年受亚洲金融危机的冲击，经济出现负增长。政府采取稳定汇率、重组银行企业债务、扩大内需和出口等政策，经济逐步恢复并保持中速增长。2008 年下半年以来，受国际金融危机影响，马来西亚国内经济增长放缓，出口下降，马来西亚政府为应对危机相继推出 70 亿林吉特和 600 亿林吉特刺激经济措施。2009 年纳吉布总理就任后，采取了多项刺激马来西亚经济和内需增长的措施，马来西亚经济逐步摆脱了金融危机影响，企稳回升势头明显。2015 年马来西亚公布了第十一个五年计划（2016—2020 年），继续推进经济转型，关注改善民生。2016年马来西亚提出"2050 国家转型计划"（TN50），为马来西亚 2020—2050 年发展规划前景。2019 年政府提出"2030 年宏愿"，把缩小贫富差距、创建新型发展模式、推动马来西亚成为亚洲经济轴心作为三大主要目标。2023 年以来，政府在"昌明大马"执政理念基础上提出"昌明经济"框架，推出 2030 年新工业大蓝图、国家能源转型路线图等多项振兴经济的措施，以及税收、社保、融资等方面政策，以帮助中小企业发展，提高人民生活水平。2023 年，马来西亚国内生产总值（GDP）按不变价格计算为 1.57 万亿林吉特，同比增长3.7％，人均国内生产总值 51475 林吉特，进出口总额 2.64 万亿林吉特。

【资源】自然资源丰富。橡胶、棕油和胡椒的产量和出口量居世界前列。曾是世界产锡大国，近年来产量逐年减少。石油储量丰富，此外，还有铁、金、钨、煤、铝土、锰等矿产。盛产热带硬木。

【工业】政府鼓励以本国原料为主的加工工业，重点发展电子、汽车、钢铁、石油化工和纺织品等。

【矿业】以锡、石油和天然气开采为主。根据《BP 世界能源统计年鉴》，2021 年马来西亚石油产量约 2590 万吨，日产量约 57.3 万桶；天然气产量约742 亿立方米。

【农林渔业】耕地面积约 485 万公顷。农业以经济作物为主，主要有油棕、橡胶、热带水果等。粮食自给率约为 70％。盛产热带林木。渔业以近海捕捞为主，近年来深海捕捞和养殖业有所发展。

【服务业】范围广泛，包括水、电、交通、通信、批发、零售、餐馆、金融、保险、不动产及政府部门提供的服务等。20 世纪 70 年代以来，马来西亚政府不断调整产业结构，服务业迅速发展，成为国民经济发展的支柱性行业之一。

【旅游业】国家第三大经济支柱，第二大外汇收入来源。拥有酒店约 4072 家。主要旅游点有吉隆坡、云顶、槟城、马六甲、兰卡威、刁曼岛、热浪岛、邦咯岛等。据马方统计数据，2023 年赴马游客约 2014.2 万人次。

【交通运输】拥有良好的公路网，公路和铁路主要干线贯穿马来半岛南北。航空业发达，民航主要由马来西亚航空公司和亚洲航空公司经营。主要国际机场位于吉隆坡、槟城、兰卡威、哥打巴鲁、新山、哥打基纳巴卢和古晋。内河运输不发达，海运 80% 以上依赖外航。近年来，马来西亚大力发展远洋运输和港口建设，主要航运公司为马来西亚国际船务公司，主要港口有巴生、槟城、关丹、新山、古晋和纳闽等。

【对外贸易】主要贸易伙伴为中国、新加坡、美国等。近年对外贸易情况见表 2—2（单位：亿林吉特）。

表 2—2　2018—2023 年马来西亚对外贸易情况

年份	2018	2019	2020	2021	2022	2023
总额	18760.4	18350	17772	22272.4	21934	26370
进口额	8777.6	8490	7962	9872.4	10120	12120
出口额	9982.8	9864	9810	12400	11813	14260
出超	1205.2	1373	1848	2527.6	1693	2141

四、菲律宾概况[①]

【国名】菲律宾共和国（Republic of the Philippines）。

【面积】29.97 万平方千米。

【人口】约 1.1 亿（2022 年）。马来裔占全国人口的 85% 以上，主要民族包括他加禄族、伊洛戈族、邦板牙族、维萨亚族和比科尔族等，少数民族及外来后裔有华人、阿拉伯人、印度人、西班牙人和美国人，还有为数不多的原住民。有 70 多种语言。国语是以他加禄语为基础的菲律宾语，英语为官方语言。

---

① 中华人民共和国驻菲律宾大使馆官网，http://ph. china-embassy. gov. cn/flbgk/jbqk/202306/ t20230602 _ 11088363. htm。

【首都】大马尼拉（Metro Manila）。

【简况】位于亚洲东南部。北隔巴士海峡与中国台湾省遥遥相对，南和西南隔苏拉威西海、巴拉巴克海峡与印度尼西亚、马来西亚相望，西濒南海，东临太平洋。共有大小岛屿 7000 多个，其中吕宋岛、棉兰老岛、萨马岛等 11 个主要岛屿占全国总面积的 96%。海岸线长约 18533 千米。属季风型热带雨林气候，高温多雨，湿度大，台风多。年均气温 27℃，年降水量 2000～3000 毫米。

【经济】出口导向型经济，对外部市场依赖较大。第三产业在国民经济中地位突出，农业和制造业也占相当比重。20 世纪 60 年代后期采取开放政策，积极吸引外资，经济发展取得显著成效。80 年代后，受西方经济衰退和自身政局动荡影响，经济发展明显放缓。90 年代初，拉莫斯政府采取一系列振兴经济措施，经济开始全面复苏，并保持较高增长速度。1997 年爆发的亚洲金融危机对菲律宾冲击不大，但其经济增速再度放缓。马科斯执政后，将经济发展作为首要任务，聚焦农业、能源等重点领域发展，经济保持较高增速，但也面临高通胀、高债务、高失业率、粮食和电力价格居高不下等问题。

主要经济数据如下：国内生产总值（2021 年）约 3919 亿美元，人均国内生产总值（2021 年）约 3595 美元，国内生产总值增长率（2022 年）为 7.6%。

【资源】矿藏主要有铜、金、银、铁、铬、镍等 20 余种。铜蕴藏量约 48 亿吨、镍约 10.9 亿吨、金约 1.36 亿吨。地热资源预计有 20.9 亿桶原油标准能源。巴拉望岛西北部海域有石油储量约 3.5 亿桶。

【工业】制造业以食品加工、化工产品、无线电通信设备等行业为主，占总产出的 65% 以上。

【农林渔业】主要农业产品：椰子油、香蕉、鱼和虾、糖及糖制品、椰丝、菠萝和菠萝汁、未加工烟草、天然橡胶、椰子粉粕和海藻等。

森林面积 1579 万公顷，覆盖率达 53%。有乌木、檀木等名贵木材。

水产资源丰富，鱼类品种达 2400 多种，金枪鱼资源居世界前列。已开发的海水、淡水渔场面积 2080 平方千米。

【服务业】服务业产值约占国内生产总值的 60%。菲律宾是全球主要劳务输出国之一。据统计，在海外工作的菲律宾劳工约 230 万人，其中约 24% 在沙特阿拉伯工作，16% 在阿联酋工作。

【旅游业】外汇收入重要来源之一。主要游客来源国：美国、中国、韩国、日本、澳大利亚。主要旅游点有百胜滩、碧瑶市、马荣火山、伊富高省原始梯田等。

【交通运输】以公路和海运为主。铁路不发达，集中在吕宋岛。航空运输主要由菲律宾航空公司等航运企业经营，全国各主要岛屿间都有航班。

铁路：总长约 1200 千米。公路：总长约 21.6 万千米，客运量占全国运输总量的 90%，货运量占全国运输货运量的 65%。水运：总长约 3219 千米。全国共有大小港口数百个，商船千余艘。主要港口为马尼拉、宿务、怡朗、三宝颜等。空运：各类机场近 300 个。国内航线遍及 40 多个城市，与 30 多个国家签订了国际航运协定。主要机场有马尼拉的尼诺伊·阿基诺国际机场、宿务市的马克丹国际机场和达沃机场等。

【对外贸易】菲律宾与 150 个国家有贸易关系。2022 年菲律宾对外贸易额为 2159.8 亿美元，其中出口 788.3 亿美元，进口 1371.5 亿美元。近年来，菲律宾政府积极发展对外贸易，促进出口商品多样化和外贸市场多元化，进出口商品结构发生显著变化。非传统出口商品如成衣、电子产品、工艺品、家具、化肥等的出口额，已赶超矿产、原材料等传统商品出口额。

五、泰国概况①

【国名】泰王国（The Kingdom of Thailand）。

【面积】51.3 万平方千米。

【人口】6790 万。全国共有 30 多个民族。泰族为主要民族，泰语为国语。

【首都】曼谷（Bangkok）。

【简况】位于中南半岛中南部。与柬埔寨、老挝、缅甸、马来西亚接壤，东南临泰国湾（太平洋），西南濒安达曼海（印度洋），属热带季风气候，全年分为热、雨、凉三季，年均气温 27℃。

【经济】1963 年起实施国家经济和社会发展五年计划。2023 年开始实施第十三个五年计划。2022 年主要经济数据如下：国内生产总值为 4952 亿美元。国内生产总值增长率为 2.6%。通货膨胀率为 6.08%。失业率为 1.37%。

【资源】主要有钾盐、锡、褐煤、油页岩、天然气，还有锌、铅、钨、铁、锑、铬、重晶石、宝石和石油等。

【工业】出口导向型工业。主要门类有采矿、纺织、电子、塑料、食品加工、玩具、汽车装配、建材、石油化工、软件、轮胎、家具等。工业在国内生

---

① 中华人民共和国驻泰王国大使馆官网，http://th.china-embassy.gov.cn/ztgx/ljtg/。

产总值中的比重不断上升。

【农业】传统经济产业，全国可耕地面积约占国土面积的 41%。主要作物有稻米、玉米、木薯、橡胶、甘蔗、绿豆、麻、烟草、咖啡豆、棉花、棕油、椰子等。

【渔业】海域辽阔，拥有 2705 千米海岸线，泰国湾和安达曼海是得天独厚的天然海洋渔场。曼谷、宋卡、普吉等地是重要的渔业中心和渔产品集散地。泰国是世界鱼类产品市场主要供应国之一。

【服务业】旅游业保持稳定发展势头，是外汇收入重要来源之一。主要旅游点有曼谷、普吉、清迈、帕塔亚、清莱、华欣、苏梅岛等。

【交通运输】以公路和航空运输为主。各府、县都有公路相连，四通八达。湄公河和湄南河为泰国两大水路运输干线。全国共有 47 个港口，其中海港 26 个，国际港口 21 个，主要包括玛达普港、廉差邦港、曼谷港、宋卡港、普吉港、清盛港、清孔港、拉农港和是拉差港等。海运线可达中、日、美、新加坡以及欧洲等。全国共有 57 个机场，其中国际机场 8 个。曼谷素万那普国际机场投入使用后，成为东南亚地区重要的空中交通枢纽。国际航线可达欧洲、美洲、亚洲、大洋洲等 40 多个城市，国内航线遍布全国 20 多个大、中城市。

【对外贸易】对外贸易在国民经济中具有重要地位。2022 年泰国贸易总额 5457 亿美元，同比增长 11.9%。其中出口 2653 亿美元，同比增长 16.3%；进口 2804 亿美元，同比增长 7.6%。工业产品是出口主要增长点。中国、日本、美国以及东盟和欧盟等是泰国重要贸易伙伴。

主要出口产品：汽车及零配件、电脑及零配件、集成电路板、电器、初级塑料、化学制品、石化产品、珠宝首饰、成衣、鞋、橡胶、家具、加工海产品及罐头、大米、木薯等。

主要进口产品：机电产品及零配件、工业机械、电子产品零配件、汽车零配件、建筑材料、原油、造纸机械、钢铁、集成电路板、化工产品、电脑设备及零配件、家用电器、珠宝金饰、金属制品、饲料、水果及蔬菜等。

六、新加坡概况[①]

【国名】新加坡共和国（Republic of Singapore）。

---

① 中华人民共和国外交部官网，https://www.mfa.gov.cn/web/gjhdq_676201/gj_676203/yz_676205/1206_677076/1206x0_677078/。

【面积】735.2平方千米（2023年）。

【人口】总人口约592万（2023年），公民和永久居民407万人。华人占74%左右，其余为马来人、印度人和其他种族。马来语为国语，英语、华语、马来语、泰米尔语为官方语言，英语为行政用语。

【首都】新加坡（Singapore）。

【简况】热带城市国家。位于马来半岛南端、马六甲海峡出入口，北隔柔佛海峡与马来西亚相邻，南隔新加坡海峡与印度尼西亚相望。新加坡由新加坡岛及附近63个小岛组成，其中新加坡岛占全国面积的88.5%。地势低平，平均海拔15米，最高海拔163米，海岸线长193千米。属热带海洋性气候，常年高温潮湿多雨。气温24～32℃，日平均气温26.8℃，年平均降水量2345毫米，年平均湿度84.3%。

【经济】属外贸驱动型经济，以电子、石油化工、金融、航运、服务业为主，高度依赖中、美、日以及欧洲和周边市场，外贸总额是GDP的三倍。经济曾长期高速增长，1960—1984年，GDP年均增长9%。1997年受到亚洲金融危机冲击，但并不严重。2001年受全球经济放缓影响，经济出现2%的负增长，陷入独立之后最严重衰退。为刺激经济发展，政府提出"打造新的新加坡"，努力向知识经济转型，并成立经济重组委员会，全面检讨经济发展政策，积极与世界主要经济体商签自由贸易协定。2008年受国际金融危机影响，金融、贸易、制造、旅游等多个产业遭到冲击。新加坡政府采取积极应对措施，加强金融市场监管，努力维护金融市场稳定，提升投资者信心并降低通货膨胀率，并推出新一轮刺激经济政策。2010年经济增长14.5%。2011年，受欧债危机负面影响，经济增长再度放缓。2012—2016年经济增长率为1%～2%。2017年2月，新加坡"未来经济委员会"发布未来十年经济发展战略，提出经济增长2%～3%、实现包容发展、建设充满机遇的国家等目标，并制定深入拓展国际联系、推动并落实产业转型蓝图、打造互联互通城市等七大发展战略。2017年、2018年、2019年经济增长率分别达到3.5%、3.2%、0.8%。2020年受疫情影响，经济衰退5.8%。2021年，新加坡经济实现强劲反弹，同比增长7.6%。2022年，国内生产总值增长率回调至3.6%。2023年主要经济数据如下：国内生产总值（2023年）6733亿新元（约合4879.0亿美元），人均国内生产总值（2023年）11.4万新元（约合8.2万美元），国内生产总值增长率（2023年）1.1%。货物贸易总额（2023年）12060亿新元（约合8739.1亿美元），服务贸易总额（2023年）8373亿新元（约合6067.4亿美元）。

【资源】自然资源匮乏。

【工业】主要包括制造业和建筑业。制造业产品主要包括电子、化学与化工、生物医药、精密机械、交通设备、石油产品、炼油等产品。新加坡是世界第三大炼油中心。

【农业】农业用地占国土总面积1％左右，产值占国民经济不到0.1％，绝大部分粮食、蔬菜从马来西亚、中国、印度尼西亚和澳大利亚进口。

【服务业】主要包括金融服务、零售与批发贸易、饭店旅游、交通与电信、商业服务等，系经济增长的龙头。

【旅游业】外汇主要来源之一。游客主要来自中国、澳大利亚、印度和日本以及东盟。主要景点有滨海湾、圣淘沙岛、植物园、夜间动物园等。

【交通运输】交通发达，设施便利，是世界重要的转口港及联系亚、欧、非、大洋洲的航空中心。

铁路：以地铁为主，另建有轻轨铁路与地铁相连。

公路：截至2018年底，总里程数3500千米，全岛公路网四通八达。

水运：为世界最繁忙的港口和亚洲主要转口枢纽之一，是世界最大燃油供应港口和第二大货运港口。有200多条航线连接世界600多个港口。2023年，新加坡国际港务集团共处理9480万个标准箱，比2022年增加4.3％。其中在新加坡的集装箱码头，共处理了3880万个标准箱，比2022年多出4.8％。

空运：主要有新加坡航空公司及其子公司胜安航空公司。新加坡樟宜机场连续多年被评为世界最佳机场。2023年，樟宜机场起降航班约32.8万架次，完成5890万人次的旅客吞吐量，空运货物吞吐量为174万公吨。

【对外贸易】为国民经济重要支柱。2023年对外货物贸易总额约12060亿新元（约合8739.1亿美元），其中出口约6384亿新元（约合4626.1亿美元），进口5676亿新元（约合4113.0亿美元）。主要进口商品为电子真空管、原油、石油加工产品、办公及数据处理机零件等。主要出口商品为成品油、电子元器件、化工品和工业机械等。主要贸易伙伴有中国、马来西亚、美国。

七、文莱概况[①]

【国名】文莱达鲁萨兰国（Negara Brunei Darussalam）。

---

① 中华人民共和国驻文莱达鲁萨兰国大使馆官网，http://bn. china－embassy. gov. cn/chn/wlgk/。

【面积】5765 平方千米。

【人口】43 万（2021 年）。其中马来人占 69.3%，华人占 10.8%，其他种族占 19.9%。马来语为国语，通用英语，华人使用华语较广泛。

【首都】斯里巴加湾市（Bandar Seri Begawan），位于文莱-摩拉区，面积 100.36 平方千米。从 17 世纪起成为文莱首都，原称"文莱城"，1970 年 10 月 4 日改为现名。

【简况】位于加里曼丹岛西北部，北濒南中国海，东南西三面与马来西亚的沙捞越州接壤，并被沙捞越州的林梦分隔为东西两部分。海岸线长约 162 千米，有 33 个岛屿，沿海为平原，内地多山地。属热带雨林气候，终年炎热多雨。年均气温 28℃。

【经济】文莱经济以石油、天然气产业为支柱，非油气产业均不发达，主要有制造业、建筑业、金融业，以及农、林、渔业等。最近几年，文莱经济增长逐步恢复。2021 年文莱国内生产总值以不变价格计算为 190.5 亿文币（约合 138.4 亿美元），同比减少 1.6%。

在其他经济指标方面，文莱首相府经济规划与发展局报告显示，2020 年文失业率为 7.4%，通货膨胀率为 1.9%。

为摆脱单一经济束缚，近年来文莱政府大力发展油气下游产业、伊斯兰金融及清真产业、物流与通信科技产业、旅游业等，加大对农、林、渔业以及基础设施建设投入，积极吸引外资，推动经济向多元化方向发展。

2016 年，为加快吸引外资，进一步加快经济多元化发展，文莱政府进行了一系列改革，新设了一站式服务平台，优化缩减各项行政审批、决策流程。新成立了达鲁萨兰企业（DARe），并设立外国直接投资行动与支持中心（FAST Center），为外国投资者提供更全面、快速的服务。

【工业】文莱工业基础薄弱，经济结构单一，主要以石油和天然气开采与生产为主。根据 2019 年《BP 世界能源统计年鉴》，2018 年文莱石油和天然气产量均位列东南亚第五。截至 2020 年底，文莱已探明石油储量为 11 亿桶；天然气储量为 3000 亿立方米，均占全球总量的 0.1%。文莱政府一方面积极勘探新油气区，另一方面对油气开采奉行节制政策。据文莱官方统计数据，2020 年文莱石油日产量约 11 万桶，天然气日产量约 3450 万立方米。

【农、林、渔业】农业基础薄弱。2016 年，文莱政府提出稻米自给自足的战略目标。目前，中国、菲律宾、新加坡、韩国、泰国等国企业不同程度参与了文莱水稻种植项目试验。

文莱森林覆盖率为 72.11%，其中森林约占陆地面积的一半。文莱限制森林砍伐和原木出口，实行"砍一树、种四树"和每年 10 万立方米限额伐木政策，主要满足国内市场需要。

文莱有 162 千米海岸线，渔业资源丰富，但渔业产值占国内生产总值不足 1%，国内市场需求 50% 依靠进口。文莱政府鼓励外资进入，与本地公司开展渔业养殖合作。

【旅游业】旅游业是文莱近年来大力发展的优先领域之一。文莱政府采取多项鼓励措施吸引游客赴文莱旅游，主要旅游景点有水村、王室陈列馆、清真寺、淡布隆国家森林公园等。2019 年文国际旅客约 33.32 万人次，比上年增长 19.81%。

【交通运输】路运：截至 2019 年底，总长为 3713.6 千米。主要居民点都有现代化道路网联通，是世界上拥有私车比例较高国家之一。公共交通不发达。2016 年 6 月，中国公司在文莱承建的特里塞—鲁木高速公路建成通车，全长 18.6 千米。2018 年 5 月，由中国公司承建的大摩拉岛大桥通车。2019 年 11 月，由中韩公司合作建设的淡布隆大桥竣工，2020 年 3 月 17 日正式通车。该桥总长约 30 千米，为东南亚最长的跨海大桥，将淡布隆区至文莱摩拉区的车程由 2 小时缩短至 15 分钟左右，2020 年 7 月正式命名为苏丹奥玛阿里赛夫汀大桥。

水运：摩拉深水港占地 24 公顷，码头长 861 米，泊位 8 个，吃水深 12.5 米。另有一个 87 米长的集料码头，年吞吐量近 12 万个集装箱。斯里巴加湾市有 93 米长的商业码头、141 米长的海军和政府船舶使用的泊位和 40 米长的旅客码头。马来奕港可停靠 2 条船，有 744 平方米的货仓和 1837 平方米的露天存货场。另有诗里亚和卢穆特两港口主要供石油与天然气出口用。

空运：首都斯里巴加湾市有国际机场。文莱皇家航空公司每周有多个航班直达东盟、中东以及澳大利亚、中国（北京、上海、杭州、南宁、昆明、海口、长沙、香港、台北）等国家和地区。此外，与中国的东方航空公司、香港航空公司等航空公司开通了代码共享航线。2013 年 10 月 1 日，新航运大厅建成。2014 年底，机场能容纳的旅客数量升至 300 万人次。

【对外贸易】主要出口原油、石油产品和液化天然气，进口机器和运输设备、工业品、食物、药品等。据文莱官方统计数据，2021 年文莱进出口贸易总额 191.26 亿美元。其中，出口 107.73 亿美元，进口 83.53 亿美元。文莱主要贸易伙伴为新加坡（15.31%）、中国（14.25%）、日本（13.1%）。大宗出口产品是原油和天然气，主要出口市场为新加坡（21.42%）、日本（20.34%）、中国（20.1%）。主要进口来源地为马来西亚（22.34%）、俄罗斯

（15.27％）、沙特阿拉伯（11.78％）。

八、柬埔寨概况①

【国名】柬埔寨王国（The Kingdom of Cambodia）。

【面积】约 18 万平方千米。

【人口】1540 万，高棉族占总人口的 80％。华人华侨约 110 万人。官方语言为柬埔寨语（又称高棉语）。

【首都】金边。

【简况】位于中南半岛南部，与越南、泰国和老挝毗邻，南邻泰国湾。湄公河自北向南纵贯全境。自然条件优越。

【经济】柬埔寨是传统农业国，工业基础薄弱。贫困人口约占总人口的 14％。实行对外开放和自由市场经济政策，积极引进外资。本届政府执行以增长、就业、公平、效率为核心的国家发展"四角战略"（指农业、基础设施建设、私人经济、人力资源开发），现已进入第三阶段。2017 年柬埔寨经济增速为 6.9％，国内生产总值 222 亿美元，人均国内生产总值 1434 美元。

九、老挝概况②

【国名】老挝人民民主共和国（The Lao People's Democratic Republic）。

【面积】23.68 万平方千米。

【人口】758 万（2023 年），其中华侨华人约 7 万人。分为 50 个民族，分属老—泰语族系、孟—高棉语族系、苗—瑶语族系、汉—藏语族系，统称为老挝民族。通用老挝语。

【首都】万象（Vientiane）。

【简况】位于中南半岛北部的内陆国家，北邻中国，南接柬埔寨，东临越南，西北达缅甸，西南毗连泰国。湄公河在老挝境内干流长度为 777.4 千米，流经首都万象，作为老挝与缅甸界河段长 234 千米，老挝与泰国界河段长 976.3 千米。属热带、亚热带季风气候，5 月至 10 月为雨季，11 月至次年 4

---

① 中华人民共和国驻柬埔寨王国大使馆官网，http://kh.china-embassy.gov.cn/ljjpz/jpzgk/。

② 中华人民共和国驻老挝人民民主共和国大使馆官网，http://la.china-embassy.gov.cn/lwdt/202407/t20240715_11454044.htm。

月为旱季，年平均气温约 26℃。老挝全境雨量充沛，近 40 年来最少年降水量为 1250 毫米，最大年降水量达 3750 毫米，一般年份降水量约为 2000 毫米。

【经济】以农业为主，工业基础薄弱。1986 年起推行革新开放，调整经济结构，即农林业、工业和服务业相结合，优先发展农林业；取消高度集中的经济管理体制，转入经营核算制，实行多种所有制形式并存的经济政策，逐步完善市场经济机制，努力把自然和半自然经济转为商品经济；对外实行开放，颁布外资法，改善投资环境；扩大对外经济关系，争取引进更多的资金、先进技术和管理方式。1991—1996 年，国民经济年均增长 7%。1997 年后，老挝经济受亚洲金融危机严重冲击。老挝政府采取加强宏观调控、整顿金融秩序、扩大农业生产等措施，基本保持了社会安定和经济稳定。受疫情影响，2020 年老挝国内生产总值增速下滑，约 197 亿美元，人均生产总值 2642 美元。2021 年，老挝 GDP 增长 3.5%，外贸总额 112.44 亿美元，同比增长 19.8%。2022 年，老挝 GDP 增长率达 4.4%。2023 年 1—9 月，老挝 GDP 增速为 4.4%。

【资源】有锡、铅、钾盐、铜、铁、金、石膏、煤、稀土等矿藏。迄今得到开采的有金、铜、煤、钾盐、煤等。水利资源丰富。2019 年森林面积约 1940 万公顷，全国森林覆盖率约 80%，出产柚木、花梨等名贵木材。

【工业】2023 年 1—9 月，工业产值增长 3.5%。主要工业企业有发电、锯木、采矿、炼铁、水泥、服装、食品、啤酒、制药等，以及小型修理厂和编织、竹木加工等作坊。

【农业】2023 年 1—9 月，农林产值增长 3.4%。农作物主要有水稻、玉米、薯类、咖啡、烟叶、花生、棉花等。全国可耕地面积约 800 万公顷，农业用地约 470 万公顷。

【服务业】老挝服务业基础薄弱，起步较晚。执行革新开放政策以来，老挝服务业得取到很大发展。2023 年 1—9 月，服务业增长率达 5.6%。

【旅游业】老挝琅勃拉邦、巴色县瓦普寺、川圹石缸平原已被列入世界文化遗产名录，著名景点还有万象塔銮、玉佛寺，占巴塞的孔帕平瀑布，琅勃拉邦的光西瀑布等。革新开放以来，旅游业成为老挝经济发展的新兴产业。近年来，老挝与超过 500 家国外旅游公司签署合作协议，开放 15 个国际旅游口岸，同时采取加大旅游基础设施投入、减少签证费，放宽边境旅游手续等措施，旅游业持续发展。2013 年 5 月，老挝被欧盟理事会评为"全球最佳旅游目的地"。2017 年老挝共接待游客 423.9 万人次，2018 年接待 410 万余人次，前三大游客来源国为泰国、越南和中国。2019 年为中老旅游年，全年中国赴老挝游客 100 万人次，同比增长 25%。受新冠疫情影响，2020 年共接待游客约 98

万人次，同比减少约 80％。2022 年老挝共接待国际游客超 120 万人次。2023年，共接待游客超 340 万人次。

【交通运输】老挝是东南亚唯一的内陆国，主要靠公路、水运和航空运输，国内仅有首都万象至老泰边境 3 千米铁路。中老铁路于 2015 年 12 月奠基，2016 年 12 月全线开工，2021 年 12 月 3 日，中老铁路全线通车运营，2023 年4 月 13 日，中老铁路开行国际旅客列车。湄公河可以分段通航载重 20~200 吨船只。老挝公路总里程约 4.7 万千米，承载 80％客货运量。2020 年 12 月，中老合作建设的万象—万荣高速公路正式建成通车，全长 111 千米，标志着老挝结束没有高速公路的历史。

老挝国际航班（截至 2021 年）主要有：万象市往返昆明、广州、重庆、南宁、海口、长沙、曼谷、清迈（泰）、金边、暹粒（柬）、河内、吉隆坡、新加坡、首尔，琅勃拉邦往返海口、成都、曼谷、清迈、乌隆（泰）、暹粒、河内、景洪、胡志明市，巴色往返曼谷、暹粒，沙湾拿吉往返曼谷。万象瓦岱、琅勃拉邦、沙湾那吉和巴色等机场为国际机场。

【对外贸易】老挝同 50 多个国家和地区有贸易关系，与约 20 个国家签署了贸易协定，中国、日本、韩国、俄罗斯、澳大利亚、新西兰、加拿大以及欧盟等 30 多个国家（地区）向老挝提供优惠关税待遇。主要外贸对象为泰国、越南、中国、日本、美国、加拿大以及欧盟和其他东盟国家。2012 年 10 月，老挝正式加入世界贸易组织。2023 年老挝进出口贸易额 155.59 亿美元，其中，出口总额 83.7 亿美元，同比增长 3.5％，进口总额 71.89 亿美元，同比增长 5.0％，全年实现贸易顺差 11.81 亿美元。

十、缅甸概况[①]

【国名】缅甸联邦共和国（The Republic of the Union of Myanmar）。

【面积】676578 平方千米。

【人口】5417 万，共有 135 个民族，主要有缅族、克伦族、掸族、克钦族、钦族、克耶族、孟族和若开族等，缅族约占总人口的 65％。官方语言为缅甸语，各少数民族均有自己的语言，其中克钦、克伦、掸和孟等民族有文字。

---

① 中华人民共和国驻缅甸联邦共和国大使馆官网，http://mm.china-embassy.gov.cn/chn/ljmd/abad/201705/t20170509_1770825.htm。

【首都】内比都（Nay Pyi Taw）。

【经济】自然条件优越，资源丰富。1948—1962 年实行市场经济，1962—1988 年实行计划经济，1988 年后实行市场经济。

缅甸官方媒体报道，2023—2024 年缅甸吸引外资 6.61 亿美元，主要投资来源国包括新加坡、中国、泰国等。外国投资主要集中在能源、电力和工业等领域。

【资源】矿产资源主要有锡、钨、锌、铝、锑、锰、金、银等，宝石和玉石在世界上享有盛誉。石油和天然气在内陆及沿海均有较大蕴藏量。森林植被丰富，伊洛瓦底江、钦敦江、萨尔温江三大水系纵贯南北，水利资源丰沛。

【工业】主要工业有石油和天然气开采、小型机械制造、纺织、印染、碾米、木材加工、制糖、造纸、化肥等。

【农、林、牧、渔业】农业为国民经济基础。主要农作物有水稻、小麦、玉米、花生、芝麻、棉花、豆类、甘蔗、油棕、烟草等。主要林产品有柚木、花梨等各类硬木和藤条等。缅甸出口的主要农产品为豆类和大米。

畜牧、渔业以私人经营为主。缅甸政府允许外国公司在划定的海域内捕鱼，向外国渔船征收费用。水产品出口多个国家和地区。

【旅游】风景优美，名胜古迹众多。主要景点有世界闻名的仰光大金塔、文化古都曼德勒、万塔之城蒲甘、茵莱湖水上村庄以及额布里海滩等。

【交通】陆运：缅甸交通和铁道部门数据显示，截至 2012 年 11 月，缅甸全国公路里程约为 3.43 万千米。铁路总长约 5762 千米。

水运：缅甸交通部数据显示，截至 2012 年 11 月，内河航道约 14843 千米，主要港口有仰光港、勃生港和毛淡棉港。

空运：主要航空公司有缅甸航空公司、缅甸国际航空公司、曼德勒航空公司、仰光航空公司、甘波扎航空公司、蒲甘航空公司、金色缅甸航空公司等。主要机场有仰光机场、曼德勒机场、内比都机场、蒲甘机场、丹兑机场等。仰光、内比都和曼德勒机场为国际机场。

【对外贸易】2021—2022 年，缅甸对外贸易额为 162.7 亿美元，其中，出口 83.1 亿美元，进口 79.6 亿美元。缅甸主要贸易伙伴：中国、泰国、新加坡、日本和韩国。主要出口商品：天然气、大米、玉米、豆类、水产品、橡胶、皮革、矿产品、木材、珍珠、宝石等。主要进口商品：燃油、工业原料、化工产品、机械设备、零配件、五金产品和消费品。

第三章 东盟各国铁路现状及发展

一、越南铁路

(一) 越南铁路现状

越南铁路运输系统由国营的越南铁路总公司拥有和经营，隶属越南交通运输部铁路局管辖指导。越南铁路网由五条主要干线组成，把越南北部、中部和南部联成一体。越南铁路网总长为 3147 千米，其中包括铁路干线 2670 千米、铁路支线 477 千米。

五条干线分别如下：

(1) 南北铁路：又称为"统一铁路"，连接越南首都河内市和越南最大城市胡志明市，是越南最长的铁路干线，全长 1726 千米，是时速 50 千米的米轨铁路，运送全国铁路 85% 的客运量和 60% 的货运量。

(2) 河老铁路：全称河内—老街铁路，是一条连接越南首都河内市和北部老街省省会老街市的米轨铁路，全长 296 千米。这条铁路在 1903 年动工兴建并于 1906 年建成通车，也是连接中国昆明市和越南海防市的滇越铁路的一部分。河老铁路的河内至安园段与河同铁路共线，并在国境车站老街站经中越河口铁路大桥，与中国境内的昆河铁路河口站连接。河老铁路时速 35 千米，为米轨铁路，在过境时需要换乘换装。

(3) 河同铁路：全称河内—同登铁路，是一条连接越南首都河内市和中越边境城镇同登市镇的铁路，沿途经过河内市、北宁省、北江省和谅山省四个省市，铁路全长 162 千米，采用轨距为 1000 毫米米轨和 1435 毫米准轨的混合套轨。

河同铁路始建于越南被法国殖民统治的时代，最早建成的一段是谅山至府谅沧 (今北江市) 铁路，在 1890 年动工兴建并于 1894 年建成通车，当时为

600 毫米轨距的窄轨。在保罗·杜美担任总督时越南铁路的建设进度被大大加快，在此期间府谅铁路被改建成 1000 毫米轨距的米轨铁路，并且先后于 1900 年和 1902 年分别延伸至殖民地首府河内和中越边境同登。1954 年，河同铁路在中国的协助下完成修整，并与中国的湘桂铁路在友谊关接轨。1955 年至 1978 年，河同铁路曾经被称为河友铁路。越南战争期间中国应越南政府的请求，派出铁道兵帮助越南抢修抢建铁路，并将河同铁路改建为米轨、准轨两用的混合轨铁路，自此中越国际联运列车不用换乘换装即可直达河内。

（4）河海铁路：全称河内—海防铁路，是一条连接越南首都河内市和北部港口城市海防市的米轨铁路，沿途经过河内市、兴安省、海阳省和海防市四个省市，全长 102 千米。这条铁路在 1900 年动工兴建并于 1902 年建成通车，也是连接中国昆明市和越南海防市的滇越铁路的一部分。河海铁路的河内至嘉林段与河同铁路、河老铁路共线，而在海防站则有港口铁路与海防港连接。

（5）河太铁路：又称河内—观朝铁路，是一条连接越南首都河内市和北部工业重镇、太原省省会太原市的铁路，全长 296 千米，采用轨距为 1000 毫米米轨和 1435 毫米准轨的混合套轨。这条铁路建于法越战争结束后的越南国民经济恢复时期，于 1962 年建成通车，最初采用 1000 毫米轨距；中国援越工程队对河太铁路进行改轨工程建设，将米轨铁路改建为米轨、准轨两用的混合套轨铁路，河太铁路的改轨工程于 1967 年全部完成。河太铁路的河内至安园段与河同铁路、河老铁路共线，而在观朝站则与属于越南煤炭矿产工业集团的观红铁路专用线连接。

越南铁路始建于 19 世纪 80 年代，作为越南第一条铁路的西贡—堤岸电车于 1881 年建成通车，后来法国人又在 1885 年建成西贡—美萩铁路。20 世纪初，越南的铁路建设得到总督保罗·杜美的大力支持，滇越铁路和南北铁路先后在这段时期动工兴建，其中南北铁路的建设历时 30 多年，至 1936 年才全线建成通车。

越南铁路的规格有 1000 毫米米轨、1435 毫米标准轨、混合套轨三种。其中，米轨铁路总长为 2632 千米，占全国铁路里程的 84%；标准轨铁路总长为 222 千米，占全国铁路里程的 7%；混合套轨铁路总长 292 千米，占全国铁路里程的 9%。

长期以来，越南政府在铁路基础设施建设方面的投资严重不足，2003 年以来，对铁路的投资还不到对整个陆运投资的 5%。因此，在客运方面，越南铁路只能满足陆路交通运输需求的 9%，货运上更是只占到 4% 的份额。近年来，通过对铁路路线进行维修，越南铁路运输有所提速，最高时速从过去的约

50 千米/小时提高到 90 千米/小时。如从河内市至胡志明市，20 世纪 80 年代行车需 72 小时，90 年代减为 52 小时，目前行车时间已缩短到 29 小时。当前，平常每天在越南南北铁路上运行的客运列车有 20 多趟，高峰期达 30 多趟；货车 20 多趟。2020 年，越南铁路货运量为 521.63 万吨，客运量 1000 多万人次。

铁路并不是越南主要的交通运输方式。据越南交通运输部数据，截至 2020 年底，城际公路客运量占总客运量的 94%，铁路客运占比不足 0.5%，公路货运占总货运量的 65% 以上，铁路货运仅占 0.6%。

与越南快速的经济发展和社会需求相比，越南铁路在行车速度、设施装备、运能运力、运营管理等方面都较为滞后。基于铁路设备与技术落后、资金投入严重不足等，越南铁路的速度和运输能力一直难以提高，加上越南公路运输和民航运输的迅速扩张，越南铁路在运输市场的竞争能力十分有限，亟待修建新铁路线和对既有线路进行现代化改造。

（二）越南铁路的建设规划

2021 年 10 月 19 日，越南总理范明政批准了越南交通运输部《2021—2030 年及面向 2050 年铁路网规划草案》。根据规划内容，2021—2030 年，越南全国铁路网共规划 16 条线路，全长 4746.4 千米。其中，升级改造现有 7 条铁路线，总长 2378.4 千米，计划投资新建 9 条铁路线，总长 2368 千米。新建铁路和现有铁路升级改造共需资金高达 239.03 万亿越南盾（约合 103.5 亿美元），拟从中央财政预算、贷款中融资并采用公私合营方式投资建设。

在新建的 9 条铁路线中，将优先投资建设长 665 千米的南北高速铁路。其中河内—荣市（295 千米）、芽庄—胡志明市（370 千米）两段铁路将优先建设，资金需求为 112.325 万亿越南盾（约合 48.6 亿美元）。其余新建铁路线中，安源（Yen Vien）—普莱（Pha Lai）—下龙（Ha Long）—盖邻（Cai Lan）铁路线全长 129 千米，资金需求为 6 万亿越南盾（约合 2.6 亿美元）；沥县（Lach Huyen）港和亭武（Dinh Vu）港与安源（Yen Vien）—普莱（Pha Lai）—盖邻（Cai Lan）铁路线全长 78 千米，资金需求为 48.4 万亿盾（约合 20.9 亿美元）；边和（Bien Hoa）—头顿（Vung Tau）铁路线全长 84 千米，资金需求为 10.009 万亿越南盾（约合 4.3 亿美元）；首添（Thu Thiem）—龙城（Long Thanh）轻轨铁路线全长 38 千米，资金需求为 6.604 万亿越南盾（约合 2.9 亿美元）；胡志明市—芹苴铁路全长 174 千米，资金需求为 1230 亿越南盾（约合 532.5 万美元）；易安（Di An）—禄宁（Luc Ninh）铁路全长

128 千米，资金需求为 1000 亿越南盾（约合 432.9 万美元）。

2021 年 12 月 6 日，越南总理批准了《2021—2030 年铁路网规划和至 2050 年愿景规划》。《2021—2030 年铁路网规划和至 2050 年愿景规划》明确提出，越南在 2021—2030 年间，将对越南境内的铁路网进行升级改造，保证目前现有的全长 2440 千米的 7 条铁路线被合理利用。同时，加大投资力度，扩建铁路网络，并计划到 2030 年新建铁路线路 16 条，总里程约 4802 千米；到 2050 年新建铁路线路 25 条，总里程约 6354 千米。

2022 年 11 月，越南交通运输部向中央政府提交了《至 2030 年铁路国际联运服务能力提升方案》。该方案计划将铁路的货物进出口量从 2021 年的 110 万吨大幅度提升至 2030 年的 400 万～500 万吨，并计划将越南首都河内市与南部最大城市胡志明市连接起来，其中，南北高铁的建设计划投资 560 亿美元。该铁路进一步向北延伸，通过同登与中国广西的凭祥、崇左、南宁连接。

（三）越南高铁建设历程

1. 建设方案的提出

越南于 2010 年提出了修建南北高铁的计划，即拟建一条全长 1559 千米，设计速度 300 千米/小时的高铁路线。高铁路线从越南首都河内市通往越南最大城市胡志明市，途经国内 21 个省（市）。计划从 2014 年开建，到 2035 年基本完成。该线路贯通南北，对促进越南经济的发展和改善南北经济、社会发展不平衡态势具有重要的作用。

2010 年 6 月，越南国会对高铁建设计划进行讨论，因越南当时经济发展水平不高，高铁建设计划资金需求量巨大，越南政府缺乏足够的财政资源来投资此项目，以及高铁的建设将加强河内市和胡志明市的联系，增加这两个城市的核心凝聚力，不利于两地以外其他地区的发展等因素，该项目遭到否决。

为了缓解资金压力，给国家财政一个缓冲期，越南决定将高铁路线进行分段建设。先建设河内至荣市（285 千米）、荣市至芽庄（364 千米）两路段，最后建设芽庄至胡志明市（896 千米）路段，最终再将全线联通。因这个方案符合越南实际需求，也在经济承受力以内，2021 年 10 月 19 日，高铁建设方案被列入《2021—2030 年及面向 2050 年铁路网规划草案》。

2. 实施过程及面临的问题

由于高铁建设工程量巨大，越南又缺乏高铁建设的技术和能力，只能把高铁建设工程项目外包。当时参与越南高铁建设竞标的有中国、日本、德国、法国等国家。高铁建设受到政治、经济和文化等各方面因素的影响，越南在选择承包商的过程中，没有选择当时技术最好的德国，也回绝了发展速度最快、运行里程最长的中国，而选择了价格最贵的日本。

越南选择日本，是因为日本承诺可以给越南政府低息贷款，用于高铁的建造。这对于越南来说很有吸引力。然而，日本最终开出的报价是 6.5 万亿日元（折合人民币 4030 亿元），大大超出了越南政府的预算。这样一来，越南和日本双方都陷入了尴尬的局面。一方面，日本同意越南低息贷款已经是很大的让步；另一方面，即便是低息贷款，对越南来说价格也太高。

既然无法在现有的方案下降价，那么越南方面就提出降低高铁时速，将原本计划的 320 千米降低到 200 千米，并且缩短里程，这意味着成本将降低不止一半。

现在越南高铁建设面临的不仅是资金短缺问题，还有政治因素和法律因素。当初越南的高铁方案被国会否决，越南方面担心外资介入后的权益问题和自身主权问题。原本计划 2014 年动工，2035 年全线贯通。但是，资金和征地的问题，使工程建设受到很大影响。在资金问题上，日本虽然给予越南政府低息贷款，但条件过于苛刻，让越南难以接受。

目前高铁竣工时间也由 2035 年延期到了 2045 年。随着工程的延迟，双方的矛盾及越南内部的矛盾会进一步加剧。从目前形势的演变来看，原本初衷是合作共赢，却使合作双方都陷入困境。

2023 年 8 月 7 日，越南当地媒体报道称越南政府预计将在 2025 年前批准南北高速铁路项目计划。此举是该国 2021—2030 年国家铁路计划的一部分。预可行性研究已于 2019 年完成。

2023 年 10 月 26 日，《老挝时报》报道，老挝—越南铁路项目（LVRP）已获两国政府批准，将以公私合营方式开发，预计总投资为 63 亿美元。建成后，将进一步促进越南与老挝贸易关系，并与中老铁路相连，对东南亚与东亚区域互联发挥重要作用。该铁路将连接老挝首都万象和越南港口城市永昂，是万象—永昂铁路 2021—2030 年发展计划的一部分。其中，老挝路段铁路总长 452 千米，越南路段总长 103 千米。预计该铁路将于 2027 年开始客运运营。

2024 年中国与越南就铁路建设取得进展。

2024 年 3 月 28 日，国家铁路局局长费东斌在北京会见了应邀来访的越南计划投资部部长阮志勇一行。费东斌表示，国家铁路局积极落实两国领导人共识，进一步深化双方铁路合作交流，积极分享中国铁路发展经验，共同推动双方铁路事业合作发展。阮志勇表示，越南十分重视铁路行业发展，希望继续与中方加强沟通交流，借鉴中国铁路成功发展经验，推动两国铁路务实合作取得新进展。

2024 年 6 月 11 日，越南国家主席苏林在主席府会见中国驻越南大使熊波。苏林明确提到了，越方希望能够与中方一道，促进中越跨境铁路互联互通，在越南北部各省合作开发标准轨铁路①。

二、印度尼西亚铁路

（一）印度尼西亚铁路现状

印度尼西亚铁路所有权为国家所有，由印度尼西亚国有资产管理公司经营，大规模运输任务都由铁路承担。全国铁路总长 6458 千米，窄轨铁路长 5961 千米，爪哇岛和苏门答腊岛铁路运输比较发达，其中爪哇岛铁路长 4684 千米，占全国铁路总长的 73.6%。印度尼西亚铁路多集中在爪哇岛，以雅加达为始发站，来往于爪哇岛和苏门答腊岛。北线从雅加达经井里汶、三宝垄到泗水；南线从雅加达经万隆、日惹到泗水，列车都是夕发朝至。印度尼西亚铁路轨距主要是 1067 毫米。除苏门答腊岛之外，爪哇岛部分地方当年也有一些米轨铁路。

2019 年，印度尼西亚铁路公司所持线路共接待旅客 4.292 亿人次，创下历史新高。在货物运输上，该公司线路承载的总货运量也在 2013 年至 2019 年的七年间，从 2470 万吨增加到了 4760 万吨，货运量翻了一番。

截至 2022 年，印度尼西亚铁路公司所持线路共接待旅客 4.712 亿人次，承载的总货运量为 5899 万吨。

（二）印度尼西亚铁路建设规划

印度尼西亚政府曾规划，2014—2019 年，新建 3258 千米的铁路网，其中在爪哇地区发展南部铁路以及贯通南北的铁路，并逐渐建设双向铁轨，在加里曼丹和苏拉威西地区进行铁路运输的调研及准备工作，在雅加达、泗水、锡江和美娜多地区考虑建设城市轨道交通。

---

① 人民网：《越南国家主席苏林会见熊波大使》，http://world.people.com.cn/n1/2024/0612/c1002—40255082.html。

2021 年印度尼西亚公布国家战略铁路项目清单，包括 9 个城际轨道基础设施建设和 6 个城内轨道基础设施建设。具体建设项目如下。

1. 城际轨道国家战略项目

（1）望加锡—巴里铁路（南苏拉威西跨西线发展的第一阶段），南苏拉威西省。

（2）物流列车：拉哈特—麻拉埃宁—珀拉布穆利，打拉根/楠榜省和珀拉布穆利—科塔帕提/巨港，南苏门答腊省和楠榜省。

（3）德宾丁宜—瓜拉丹戎铁路（支持经济特区双溪芒克，跨苏门答腊铁路网的一部分），北苏门答腊省。

（4）普鲁克乔—巴丹戎铁路，途经中加里曼丹省邦库昂。

（5）双轨：南爪哇省、西爪哇省、中爪哇省、日惹特区和东爪哇省。

（6）高铁：雅加达—万隆，雅加达省—西爪哇省。

（7）兰涛布拉帕特—杜里—北干巴鲁铁路，北苏门答腊省—廖内省。

（8）日惹新机场—日惹库伦帕罗果。

（9）雅加达—泗水铁路（DKI 雅加达省）—东爪哇。

2. 城内轨道国家战略项目

（1）捷运（MRT）：雅加达北—南走廊（DKI 雅加达省）。

（2）巴东—巴厘省不勒冷地区实施轨道交通。

（3）轻轨（LRT）：雅加达国际体育场—卡拉巴加丁和自行车馆—芒加莱（DKI 雅加达省）。

（4）高架内环线：贾蒂内加拉—丹纳阿邦—凯马约兰（DKI 雅加达省）。

（5）在雅加达、茂物、德波和勿加泗地区实施综合轻轨（LRT）：DKI 雅加达省—西爪哇省。

（6）轻轨（LRT）：南苏门答腊（巨港地铁），南苏门答腊省。

2011 年，雅万高速铁路可行性方案日本版提出。

（三）印度尼西亚高铁建设历程

雅万高铁，全称雅加达—万隆高速铁路。雅万高铁是中国首个海外高铁项目，也是东南亚第一条最高设计时速 350 千米的高铁，是中国高铁首次全系统、全要素、全产业链在海外的建设项目，全线采用中国技术、中国标准，高铁使用的 11 组高速动车组均已在中国完成生产制造。列车最高运营时速 350

千米，依托复兴号中国标准动车组先进成熟技术，适应印度尼西亚当地运行环境和线路条件，融合印度尼西亚本土文化，进行适应性改进，具有技术先进、安全智能、环境适应力强、本土特色鲜明等特点，充分满足雅万高铁的运营需求。

雅万高速铁路西起雅加达的哈利姆站，东至万隆的德卡鲁尔站，共设 4 座车站，线路全长 142 千米，设计速度为 350 千米/小时。建成通车后，雅加达到万隆的出行时间将由现在的 3 个多小时缩短至 40 分钟。

雅万高速铁路是"一带一路"建设和中国与印度尼西亚两国务实合作的标志性项目。雅万高速铁路工程一经开工就引起了全世界的关注。一是印度尼西亚的地形、地质环境和气象条件都非常复杂，铁路工程的建设难度极大。二是雅万高速铁路工程是中国首个海外高铁项目。中国并非最早研发高铁和建造高铁的国家，但是，中国高铁的高速发展让世界瞩目。目前，中国的高铁里程不仅位居世界第一，而且高铁技术超过了德日等铁路大国。

2014 年 11 月，印度尼西亚总统佐科受邀体验京津城际铁路，中国与印度尼西亚合作建设雅万高速铁路的议程开启。2015 年 3 月 26 日，印度尼西亚总统佐科访问中国，并签订《中华人民共和国国家发展和改革委员会与印度尼西亚共和国国有企业部关于开展雅加达—万隆高速铁路项目合作建设的谅解备忘录》。

2015 年 4 月 22 日，中国国家主席习近平访问印度尼西亚，并签订《关于开展雅加达—万隆高速铁路项目的框架安排》，雅万高速铁路可行性研究报告中国版提交；2015 年 8 月 10 日，习近平主席特使、国家发展和改革委员会主任徐绍史专程赴雅加达会见印度尼西亚总统佐科，就中印尼合作兴建雅加达至万隆高速铁路项目呈交可行性研究报告，并对媒体公布中方 5 点承诺；2015 年 9 月 2 日，中国成功竞标雅万高速铁路项目，中国铁路总公司与 4 家印度尼西亚国有企业签署协议成立合资公司，共同建设和运营雅万高速铁路。

2016 年 1 月 21 日，雅万高速铁路开工仪式隆重举行；3 月 16 日，印度尼西亚交通部与中印尼合资公司签署雅万高速铁路特许经营协议；3 月 24 日，雅万高速铁路先导段全面开工。

2018 年 6 月，雅万高速铁路全面开工建设。

2019 年 3 月 25 日，雅万高速铁路连续梁工程开工；5 月 11 日，雅万高速铁路首条隧道瓦利尼隧道贯通；9 月 24 日，雅万高速铁路首座连续梁顺利合龙；9 月 30 日，雅万高速铁路首榀箱梁架设成功。

2020 年 3 月 12 日，雅万高速铁路 5 号隧道顺利贯通；4 月 26 日，雅万高速铁路3号隧道顺利贯通；9月3日，雅万高速铁路箱梁架设施工全面展开，全线工程施工进入攻坚阶段；11月7日，雅万高速铁路DK1203特大桥DK121钢构连续梁合龙，为全线第二大跨度钢构连续梁；11月15日，雅万高速铁路7号隧道顺利贯通；11月24日，雅万高速铁路1号隧道贯通；12月16日，雅万高速铁路首批50米长钢轨运抵中爪哇省芝拉扎港。

2021年1月28日，雅万高速铁路铺轨基地联络线与印度尼西亚既有铁路接通；4月30日，雅万高速铁路首座车站站房主体结构封顶；6月16日，雅万高速铁路站后工程正式进入施工阶段；8月6日，雅万高速铁路10号隧道贯通；8月8日，雅万高速铁路8号隧道顺利贯通；8月22日，雅万高速铁路全线唯一一处上跨既有铁路箱梁架设成功；9月21日，雅万高速铁路所需钢轨全部从中国运抵印度尼西亚；12月29日，雅万高速铁路工程建设进入无砟轨道铺设阶段。

2022年2月18日，雅万高速铁路全线最长隧道——6号隧道贯通。3月31日，雅万高速铁路全线最长的跨高速公路箱梁架设完成。4月6日，雅万高速铁路重难点工程2号隧道斜井至出口段和4号隧道顺利贯通；4月20日，雅万高速铁路启动铺轨工作。5月18日，雅万高速铁路德卡鲁尔牵引变电所房建工程桩基施工正式开始；5月25日，雅万高速铁路万隆区间段全部343榀箱梁架设全部完成；5月29日，雅万高速铁路全线最长桥梁——2号特大桥4公里450米处的高速公路桥梁迁改工作全面完成。6月7日，雅万高速铁路接触网工程上部安装施工全面展开；6月21日，雅万高速铁路2号隧道顺利贯通，实现了全线13座隧道的全部贯通。7月1日，雅万高速铁路正式启动正线有砟轨道铺设工作。8月21日，我国出口印度尼西亚用于雅万高速铁路的1组高速动车组和1组综合检测列车在青岛港顺利完成装船，通过海运发往印度尼西亚。这是雅万高速铁路首批发运列车，标志着我国首次出口国外的高铁列车正式启运。9月1日，两组中国生产制造的高铁列车到达印度尼西亚雅加达丹戎不碌港码头。10月16日，雅万高速铁路全线箱梁架设任务顺利完成，铺轨通道全面打通。11月5日，雅万高速铁路试验段接触网送电成功；11月9日，雅万高速铁路试验段接触网热滑试验全面展开，实验中全面检测了试验段牵引供电系统各项功能，相关指标参数表现良好，完全符合设计要求。

2022年11月5日，雅万高速铁路试验段牵引变电所、接触网及相关设备完成安装调试，接触网一次合闸送电成功，实现带电运行，标志着雅万高速铁路试验段具备动车组上线运行条件。雅万高速铁路试验段接触网送电是综合检测列车上线运行前的一个重要工序，也是对试验段通信、信号、电力供电、牵引供电等四电工程的一次综合检验。11 月 16 日，一列由中国铁路研发制造的高速铁路综合检测列车对雅万高速铁路德卡鲁尔站至 4 号梁场间线路进行了全面检测，获取的各项指标参数表现良好，标志着中国和印度尼西亚合作建设的雅万高速铁路试验运行取得了圆满成功。11 月 21 日，雅万高速铁路铺轨通道全面打通。

2023 年 2 月 15 日，雅万高速铁路全线无砟轨道工程完成并举行庆典仪式；3 月 31 日，雅万高速铁路全线铺轨完成；5 月 8 日，雅万高速铁路首张车票样票成功打印；5 月 18 日，雅万高速铁路实现全线接触网送电；5 月 22 日，雅万高速铁路开始联调联试，标志着雅万高速铁路建设取得新的重大进展，为全线开通运营奠定基础；6 月 22 日，雅万高速铁路联调联试综合检测列车运行时速首次达到 350 千米以上；9 月 7 日，雅万高速铁路开通试运营。

2023 年 10 月 2 日，印度尼西亚总统佐科在首都雅加达哈利姆高铁站宣布雅万高速铁路正式启用。佐科说，雅万高速铁路是印度尼西亚和东南亚第一条高速铁路，时速可达每小时 350 千米，是印度尼西亚运输业进一步现代化的标志。雅万高速铁路所使用的技术、达到的速度等对印度尼西亚民众来说都是"崭新的"[1]。2024 年 4 月 17 日，雅万高速铁路正式开通运营满半年，客流持续增长，累计发送旅客 256 万人次，动车组列车安全运行超 126 万千米，运输安全平稳有序[2]。

三、马来西亚铁路

（一）马来西亚铁路现状

马来西亚铁路运输公司包括马来亚铁道公司、沙巴州铁道公司、快捷通轨道公司、机场快铁公司、马来西亚铁路衔接公司。

马来西亚最早的铁路是为了连接内陆矿场和港口而建立的，例如，太平—砵威铁路、吉隆坡—巴生铁路、芙蓉—波德申铁路，方便把锡米运去港口，这

---

① 中国新闻网：《印尼总统佐科宣布雅万高铁正式启用》，https：//www. 360kuai. com/pc/detail? url=http％3A％2F％2Fzm. news. so. com％2Fec5cb59c119b5f3eabf31ea4d7fd04d9＆check＝a4dfea9ef449842f＆sign＝360 _ 57c3bbd1＆uid＝7548d542840e7caf9fbd2e77c9d60b75。

② 人民网：《雅万高铁运营半年累计发送旅客 256 万人次》，https：//www. 360kuai. com/pc/detail?url=http％3A％2F％2Fzm. news. so. com％2F915eac0252c164d3bea9ad3c114622e3＆check＝c9c30e2756d5eb16＆sign＝360 _ 57c3bbd1＆uid＝7548d542840e7caf9fbd2e77c9d60b75。

时候的铁路主要集中于西马西海岸的霹雳州、雪兰莪州和森美兰州。后来，各条铁路相继建成，组成了两条主要路线：东海岸线和西海岸线。这也是现今KTM（马来西亚铁路）的雏形。目前东西海岸线铁路已经发展成北至泰国、南至新加坡的跨国铁路，成为马来西亚陆路运输系统的重要一环。

如今马来西亚的铁路依然集中于西马（位于东马的沙巴州有一小段由沙巴铁路管理的铁路），尤其是以吉隆坡为主的巴生谷地区，该地区是马来西亚人口最密集的地区，人口650万。随着公路运输量的不断增大，公路交通压力逐渐加大。20世纪90年代马来西亚政府陆续筹资建设了LRT（轻快铁）、MRT（捷运）、Mororail（单轨列车）、KLIA Express（吉隆坡机场专线）、KLIA Transit（吉隆坡机场支线）等铁路，总长度高达1800千米。

1. KTM 通勤铁路

KTM通勤铁路由马来亚铁道公司营运，负责短途人员载送的铁道系统有五条路线：芙蓉线［黑风洞（Batu Caves）—普罗士邦/淡边（Pulau Serbang/Tampin）］、巴生港线［丹绒马林（Tanjung Malim）—巴生港（Pelabuhan Klang）］、硝山线［大山脚（Bukit Mertajam）—硝山（Padang Rengas）］、巴东勿刹线［北海（Butterworth）—巴东勿刹（Padang Besar）］和兴建中的空中花园线（梳邦再也—梳邦机场）。其中，芙蓉线和巴生港线在布特拉（Putra）、国家银行（Bank Negara）、吉隆坡（Kuala Lumpur）和吉隆坡中央（KL Sentral）这四个站有交会，这两条铁路形成X形，涵盖了大部分中马地区。硝山线和巴东勿刹线涵盖了北马区的槟城和吉打。

2. KTM 城际铁路

KTM城际铁路有东海岸线和西海岸线两条路线。

东海岸线从马泰边境的道北（Tumpat）开始，途经森美兰、彭亨、吉兰丹等三个州属，穿过马来西亚半岛中部，到达与西海岸线接轨的东金马士（Gemas），全长528千米。

西海岸线从马泰边境巴东勿刹开始，沿着马来西亚半岛西海岸一路直到半岛南端，并通过新柔长堤跨越柔佛海峡连接到新加坡的兀兰关卡，全长950千米。途经玻璃市、吉打、槟城、霹雳、雪兰莪、森美兰、马六甲、柔佛等八个州属和吉隆坡联邦直辖区，连接首都吉隆坡和怡保、北海、新山、亚罗士打、巴生、芙蓉等大城市，是马来西亚铁路运输的交通大动脉。

（二）马来西亚铁路建设规划

2013 年 2 月，马来西亚政府计划兴建马新高铁。2016 年 1 月，计划兴建东海岸衔接铁路。2017 年 8 月，计划对东海岸铁路线提速，火车时速从 60 千米拟提升到 90 千米。

1. LRT（轻快铁）

LRT（轻快铁）有三条路线：安邦线［安邦（Ampang）—冼都东（Sentul Timur）］、大城堡线［冼都东（Sentul Timur）—布特拉高原（Putra Heights）］和格拉纳再也线［鹅麦（Gombak）—布特拉高原（Putra Heights）］。其中，格拉纳再也线经过吉隆坡中央站。这三条线的交汇点在占美清真寺（Masjid Jamek），而安邦线和大城堡线从冼都东一直到陈秀连站都是一起的，直到陈秀连站分道，格拉纳再也线和大城堡线在布特拉高原交会。格拉纳再也线连接了吉隆坡市中心（KLCC）、马来亚大学（Universiti）、梳邦再也（Subang Jaya）这几个重要的地方。而大城堡线也经过武吉加里尔体育馆（Bukit Jalil）、IOI 购物中心（IOI Puchong Jaya）、市中心（Bandaraya）和太子贸易中心（PWTC）。

2. MRT（捷运）

MRT（捷运）计划中有三条线，目前双溪毛糯—加影线已经建成，其余两条线还在建造中。双溪毛糯—加影线是从双溪毛糯开始直到加影，其中经过国家博物馆（Muzium Negara），此站可以步行到吉隆坡中央站，也可以在中央艺术坊（Pasar Seni）站转 LRT 格拉纳再也线，或者步行到吉隆坡站搭 KTM 通勤铁路，还可以在默迪卡站步行到 LRT 安邦线和大城堡线的人民广场（Plaza Rakyat）站。其终点站加影可以转 KTM 加影站。MRT 途经国家博物馆、中央艺术坊、武吉免登（Bukit Bintang）等众多重要的地方。

3. Monorail（单轨列车）

Monorail（单轨列车）从蒂蒂汪沙（Titiwangsa，同时也是 LRT 安邦线和大城堡线的一个站）出发，一直到吉隆坡中央站，可步行到吉隆坡中央 KTM、LRT 车站。这条线途经吉隆坡市区的金三角地区。

4. KLIA Express（吉隆坡机场专线）

吉隆坡机场专线只有三个站：吉隆坡中央站（KL Sentral）、吉隆坡国际机场第一航站楼（KLIA）和吉隆坡国际机场第二航站楼（KLIA2）。

5. KLIA Transit（吉隆坡机场支线）

吉隆坡机场支线共有 6 个站：吉隆坡中央站（KL Sentral）、南湖站（Bandar Tasik Selatan）、布城/赛城（Putrajaya/Cyberjaya）、沙叻丁宜（Salak Tinggi）、吉隆坡国际机场第一航站楼（KLIA）和吉隆坡国际机场第二航站楼（KLIA2）。

马来西亚半岛的铁路主要属马来亚铁道公司（KTMB）所有，该国营公司经营管理 1677 千米的铁路；而沙巴地区的 134 千米铁路，则属于由沙巴州政府营运的沙巴州铁道公司（SRR）所有。

截至 2021 年，马来西亚铁路运营的铁路线长度超过 1800 千米，主要使用 1000 毫米米轨轨距。

马来西亚半岛的铁路系统在北面连接泰国铁路，而南端则可通往新加坡。新加坡不仅是马来西亚铁路网的最南端，兀兰关卡更是马来西亚铁路唯一个在新加坡境内的车站，新加坡与马来西亚之间的国际列车服务亦是由马来亚铁道公司营运。

6. 东盟特快列车

2022 年 10 月，东盟特快列车投入运营。东盟特快列车通过既有铁路，从马来西亚开往老挝，途中经过泰国，全程 2206 千米，耗时 72 小时。东盟特快列车每星期有两趟，即从马来西亚往老挝一趟，从老挝返回马来西亚一趟，每趟可运载 80 个标准集装箱的运输容量。

东盟特快列车是马来亚铁道公司开拓国际市场的起点，也是泛亚铁路计划的一部分，被视为推动从中国昆明衔接至新加坡的泛亚铁路计划进程的一项重要节点。东盟特快列车为主要依赖海上航线输入中国商品的马来西亚提供新的货运途径。

从老挝塔纳梁（Thanaleng）出发的东盟特快列车可通过老挝首都万象连接中老铁路，与中国南部地区多个城市，例如昆明、成都、重庆等接轨。

（三）马来西亚高铁建设历程

1. 马新高速铁路建设

马新高速铁路，简称马新高铁，是连接马来西亚首都吉隆坡与新加坡的高速铁路项目。

马来西亚和新加坡两国早在 20 世纪 90 年代，就有修建马新高铁的计划。直到 2013 年 2 月 19 日，马来西亚总理纳吉布与新加坡总理李显龙会晤后宣布兴建马新高铁计划。预计 2026 年建成，届时新加坡至吉隆坡的交通时间将由 4 至 5 小时缩短为 90 分钟。预计每天客流量将达数十万人次，人们往返两地将更加便捷。但是，由于对铁路建设诉求不同，招标日期一拖再拖。

2016 年 7 月 19 日，马来西亚和新加坡政府就马新高铁项目签署谅解备忘录。2016 年 12 月 13 日，马来西亚与新加坡两国在马来西亚行政首都布城正式签署马新高铁双边协定。

马新高铁全长 350 千米，其中 335 千米在马来西亚境内，15 千米在新加坡境内，共设 8 站。根据设计，项目为双轨道运行，最高时速为 350 千米，总耗资约 120 亿美元。

2018 年 5 月，马来西亚决定取消高铁项目。随后，两国政府签订协议，将项目延展到 2020 年 5 月再做谈判。

2020 年 5 月，两国宣布恢复磋商，把项目启动的截止日期推迟到 2020 年 12 月 31 日。

2020 年 11 月，新加坡交通部表示，马来西亚已提议对高铁进行修改，新加坡进行讨论。该项目在双方终止后，未能在 12 月 31 日前就变更达成协议。

2021 年 1 月 1 日，马来西亚和新加坡两国政府发表联合声明，指出："鉴于新冠疫情对马来西亚经济造成影响，马来西亚政府对马新高铁计划提出几项改动意见。两国政府就这些改动意见举行数次讨论，但无法达成协议。"因此，终止马新高铁计划。宣布取消连接马来西亚首都吉隆坡与新加坡的高速铁路项目，标志着马新高铁计划夭折。

2022 年 8 月，马来西亚首相依斯迈·沙比里表示，希望加速重启马新高铁计划。

2023 年 3 月，马来西亚交通部部长陆兆福发出了马来西亚政府考虑重启马新高铁项目的意愿。

2023 年 4 月，继新加坡总理李显龙访华后，马来西亚总理安瓦尔访华，马来西亚交通部部长随行讨论马新高铁项目合作。

2023 年 5 月 11 日，马来西亚交通部部长重申对重启马新高铁立场明确，新加坡交通部部长表示也期待高铁计划的新进展。马方还计划推进连接吉隆坡至泰国首都曼谷的高铁，进而通过中泰高铁实现马来西亚与中国的高铁连通。

2023 年 7 月 13 日，马来西亚高速铁路集团（MyHSR corp）表示，有意重启吉隆坡至新加坡的马新高速铁路计划。马来西亚高速铁路集团已发布企划招标书，从 12 日起向国内外企业征集马新高铁建设和运营的相关企划。马来西亚交通部部长陆兆福 12 日也表示，该项目将"向所有企业开放"，欢迎有意的企业提交企划。

2. 东海岸衔接铁路（East Coast Rail Link，ECRL）

东海岸衔接铁路是马来西亚在马来西亚半岛最东边欲建设的铁路。该铁路连接马来西亚数个重点城市，包括道北、哥打峇鲁、瓜拉登嘉楼、关丹、增卡、文德甲、文冬、鹅唛、巴生，全长 688.3 千米。

2016 年 11 月 1 日，在中国国务院总理李克强和马来西亚总理纳吉布的见证下，中国交建与马来西亚铁路衔接公司在北京签署了马来西亚东部沿海铁路项目合同，合同金额约 745 亿元人民币。这一全长 688.3 千米的铁路工程将连接从巴生港至吉兰丹道北等 8 个重要城市。

截至 2023 年 4 月，该项目整体进度已达 43%。2023 年 12 月 11 日，马来西亚东海岸铁路项目轨道工程启动仪式在马来西亚关丹举行。项目建设进入高峰期后，将主要进行隧道工程、桥梁施工、地面铺设工程、车站建设以及随后的铺轨工作，计划于 2026 年底竣工。

四、菲律宾铁路

（一）菲律宾铁路现状

菲律宾境内交通运输以公路和海运为主。铁路不发达，主要集中在吕宋岛。菲律宾的轨道交通简单来讲可以分为两块：一块是城市快速捷运系统，另一块是国家通勤铁路。其中，城市快速捷运系统是由轻轨交通管理局（Light Rail Transit Authority）和地铁轨道交通公司（Metro Rail Transit Corporation）运营。国家通勤铁路由菲律宾国家铁路公司（Philippine National Railways，PNR）提供服务。现有铁路总长 1200 千米。

PNR 曾经运营着拉乌尼翁省到比科尔区的 1100 千米的铁路。然而，在过去的几十年里，PNR 的经营范围持续缩减。20 世纪 90 年代，非法定居者和铁路周边很多贫困居民占用铁路并破坏线路设施、私建住宅等问题进一步加剧 PNR 的衰落。2006 年，台风米雷和雷蒙对铁路网线造成严重的破坏，导致马尼拉到比科尔线路暂停。

PNR 的业务范围基本就在马尼拉市区和拉古纳省、奎松、卡马内斯（纳加市）和阿尔拜省这些区域。过去还包含北部线路（涵盖布拉坎省、邦板牙省、他拉克省、新怡诗夏省、邦嘎锡南省、拉乌尼翁省）。但是，目前大部分线路基本处于废弃状态。

2007 年，菲律宾政府启动了一项修复计划，旨在恢复 PNR 对马尼拉到比科尔线路的路权和通勤服务。

2011 年 6 月，PNR 恢复了比科尔岛（位于菲律宾吕宋岛）长途铁路运营，但在 2012 年 10 月再次暂停运营。2015 年 10 月，纳加和黎牙实比之间的线路恢复运营。

2014 年，短程运输服务的另外两段基于其他原因停运。

比科尔通勤线路是在 2009 年开始运营的，2013 年由于财政缩减，只保留了纳加至西波科特一段，并于 2015 年重启了纳加至黎牙实比一段，但是这条线路每天只有一趟列车。

比科尔快车（BEx）是菲律宾一直想重建的一条城际铁路，但是一直没有贯通。

（二）菲律宾铁路建设规划

1984 年至 2017 年期间，菲律宾仅建造了 33 千米铁路。杜特尔特总统上任伊始即制订了铁路修建计划，包括马尼拉—绿城段铁路、克拉克—苏比克湾段铁路、马尼拉—索索贡段铁路、塔古姆—达沃—迪戈斯段铁路、塔古姆—武端段铁路和武端—卡加廷德奥罗—伊利甘段铁路。

2017 年 7 月 12 日，《星报》报道，菲律宾交通部副部长查维斯称菲律宾将利用政府自有资金、官方发展援助和公私合营等模式，多渠道筹措资金，稳步推进菲律宾铁路建设以及配套设施建设，并从铁路项目中所获收益偿还各类贷款。

2011 年 10 月 25 日，《马尼拉时报》报道，阿基诺总统下令启动马尼拉轻轨 1 号、2 号线（LRT1、2）改造工程以及城铁 3 号线（MRT3）列车车辆更新项目，总投资 63 亿比索。其中，45 亿比索用于为 MRT3 购置 26 辆新型车辆，18.7 亿比索用于 LRT1、2 的改造工程。该项支出是菲律宾政府早先宣布的"2011 年加快政府支出"计划的一部分。

2018 年 11 月东博社综合中国交通运输部、菲律宾《世界日报》消息，菲律宾交通部与中国签署了菲律宾南北铁路南线工程的建设协议。据悉，该项目长达 639 千米。项目建成后从菲律宾首都马尼拉到黎牙实比的时间将由 13 小时缩短至 6 小时以内。

苏比克—克拉克铁路是菲律宾政府"大建特建"基础设施建设计划的旗舰项目，也是吕宋岛铁路网规划的重要组成部分。该项目位于吕宋岛中部，连接苏比克湾自由港区与克拉克国际机场两大交通枢纽，并与菲律宾北线铁路衔接。该铁路全长约 71 千米，远期规划将延伸至克拉克新城。苏比克—克拉克铁路项目建设分为多个标段，竞争激烈。中国、日本以及韩国现代联合体、西班牙 Acciona 联合体、意大利—泰国发展公共有限公司、韩国浦顶钢铁等多国公司分别中标签约。

2021 年 1 月 16 日，中国企业与菲律宾交通部签署苏比克—克拉克铁路项目商务合同。该项目总金额约 9.4 亿美元，拟由中方提供融资，是当时金额最大的中菲政府间合作项目，也是"大建特建"旗舰项目。

苏比克—克拉克铁路项目将按照单线标准轨距货运铁路设计，主要采用中国标准，建设工期约 42 个月。项目建成后将实现菲律宾经济核心区域港口—铁路—航空多式联运，有效提高物流运输效率、降低物流成本，助力沿线地区释放经济发展潜力。

2022 年 1 月 18 日，菲律宾交通部在一份声明中说，菲律宾国家铁路南线长途运输段一期工程起点为内湖省卡兰巴市，终点为阿尔拜省黎牙实比市，全长 380 千米，连接吕宋岛南部多个省份，是菲律宾"大建特建"重点项目之一，项目总额为 1420 亿比索（约合 28 亿美元）。项目客运列车运行速度预计为最高每小时 160 千米，货运列车运行速度为每小时 80 至 100 千米，年发送旅客能力为 1460 万人次。项目建成后，首都马尼拉大区至南部比科尔大区的通行时间将从现行的 12 小时缩短至 4 小时。

2022 年 7 月，菲律宾总统费迪南德·马科斯下令交通部重新谈判前任总统杜特尔特与中国签署的总价值 49 亿美元的三个铁路项目（苏比克—克拉克铁路项目、菲律宾国家铁路南线长途铁路项目、棉兰老铁路项目的达沃—迪戈斯线段）贷款协议。中国政府对此回应称，中菲铁路合作将继续，中国对相关讨论持开放态度。

2022 年 10 月，菲律宾交通部宣布，菲律宾最大的铁路项目南北通勤铁路

（NSCR）将于 2023 年 2 月开始建设，全长 142 千米。该项目预计有能力每天接待 35 万名乘客，提供与包括马尼拉大都会地铁在内的新铁路项目的换乘服务，帮助菲律宾经济复苏。

（三）菲律宾高铁建设历程

2011 年 8 月 23 日，菲律宾《星报》报道，菲律宾财政部部长普里西马近日表示，政府正在为高速铁路项目寻求与私营部门合作。该项目为连接克拉克机场和马尼拉的高速铁路，投资超过 20 亿美元，将列入政府的公私合作伙伴关系计划。

2017 年 6 月 6 日，菲律宾《每日问询者报》报道，由日本援建的马尼拉至克拉克自由港区高速铁路预计 2022 年完成，从而达到缓解阿基诺国际机场拥堵的目的。第一阶段马洛洛斯至克拉克 50.5 千米的铁路预计将设马洛洛斯、阿帕利特、圣费尔南多市、克拉克和克拉克国际机场五站，计划于 2019 年第二季度开工，并将在 2022 年第二季度完成。克拉克国际机场连接克拉克绿城的第二阶段 19 千米将于 2022 年至 2024 年实施建设工程项目，将设卡洛普特、安格利斯市和克拉克绿城三个车站。两期工程总成本估计为 2114.2 亿比索（约合 42.3 亿美元）。目前，日本国际协力机构（JICA）已承诺提供 24 亿美元低息贷款建造连接图图班、马尼拉和马洛洛斯的 38 千米通勤铁路（NSCR），这也创造了 JICA 对菲低息贷款的新高。JICA 早些时候表示，预计 2021 年或 2022 年开始运行 NSCR，实际建设将从 2019 年上半年开始。菲律宾政府估计，使用铁路系统的乘客人数将从 2022 年的 5.6 万人增加到 2025 年的 27.2 万人，到 2035 年达到 42.7 万人。

菲律宾旅游业较发达，但是其基建能力却非常薄弱，为促进旅游业的发展，菲律宾决定建设高铁。

2022 年 1 月 18 日，由多个中国企业组成的联营体中标菲律宾国家铁路南线长途运输段一期工程，将承建菲律宾迄今里程最长、速度最快的铁路项目，以完善当地基础设施，增强运输能力，满足出行需求。

中国凭借着出色的技术和价格优势获得了这个项目。但就在我国派出工程师和工人准备建设高铁的时候，菲律宾却以中国车厢存在质量问题，单方面解除协议。

2023 年 3 月 7 日，菲律宾交通部副部长巴坦表示，菲律宾将重启与中国合作的三条铁路贷款项目协议。虽然该国在 2022 年宣布叫停了这些项目，但由于私营企业无法承接项目，而且无法绕开中国，因此该国仍然需要从中方贷款高达 55 亿美元，菲律宾迫切希望与中方谈判并希望同意贷款申请。

五、泰国铁路

（一）泰国铁路现状

泰国第一条铁路的历史，可以追溯到 1893 年。这条铁路是一家名叫"北榄铁路公司"的私营公司修筑的，全长仅 20 多千米，把首都曼谷和著名的海滨避暑胜地北榄连接起来，是一条专供旅游的铁路。

截至 2016 年 9 月 14 日，泰国境内铁路运营里程已达 4507.884 千米。泰国共有四条国立铁路（State Railway of Thailand），这四条铁路构成了泰国的主要铁路干线。它们以曼谷为中心向北部、东部、南部和东北部延伸。北线延伸到清迈，东北线延伸到老挝边境廊开府，东线延伸到柬埔寨边境沙缴府，南线延伸到马来西亚边境也拉府和那拉提瓦府。

泰国还有一条完全独立的支线——美功线（Maeklong Line），起点站为班兰，终点站为美功。美功铁路分两个阶段建造。大津铁路有限公司（Tachin Railway Ltd）成立于 1901 年，从曼谷修建了一条通往沙没沙空府的线路，于 1904 年开通，设有 8 个车站。一年后，美功铁路公司开通了 34 千米的班莱姆线。这两条线路运营公司在 1907 年合并成美功铁路有限公司。这个公司最初是将铁路作为货物线路开通的，将商品从沙没沙空府和沙没颂堪府的渔港运往曼谷市场。该铁路以其通过美功铁路菜市场的路线而闻名，美功铁路菜市场是泰国最大的海鲜市场之一，并且位于美功铁路的轨道上。每当火车驶近时，遮阳篷和货物都会从铁轨上移开，一旦火车驶过，再恢复原样。

泰国的铁路网络由泰国国家铁路局（SRT）管理和经营，其铁路线已经有 114 年历史。由于投入不足，现有铁路及相关设备大多年久失修，运行艰难。

截至 2022 年底，泰国境内铁路运营总里程不足 5000 千米，其中大部分为单线米轨。现有铁路中近 3700 千米是单线铁路，运输速度和运货量都较低。

虽然公路的运输成本约为每吨千米 2.12 泰铢，铁路运货成本仅为每吨千米 0.95 泰铢，但由于铁路运输系统设备陈旧、列车行驶速度慢、运载能力低、延误率高，铁路在货运市场中的份额仅为 1.4% 左右，而公路占比高达 87.5%。因此，泰国计划尽快修建更多复线铁路及联合运输货运中心来提高铁路运输量和市场份额。

传统的铁路已经无法满足当前泰国旅游业和运输业的需求，成为制约泰国经济和社会发展的突出问题。新建现代化标准的铁路，引进先进的铁路技术及配套设施改造既有线路，是泰国铁路突破困境和继续发展亟待解决的问题。

（二）泰国铁路建设规划

2010年，泰国政府制定了2010—2015年铁路发展规划，计划投资1700亿泰铢在5年内将机车、车厢、配套设备更新25%左右，并对部分线路进行改造。

2017年，泰国交通运输政策与规划部发布了未来20年铁路发展总体规划，投资总规模超过2.7万亿泰铢（约合815.7亿美元）。该规划将铁路列为国家交通基础设施发展的中心任务，试图通过大力发展铁路基础设施，达到降低物流成本、促进旅游业和地方经济发展的目的。

泰国铁路发展总体规划分为2017年至2021年的近期规划、2022年至2026年的中期规划、2027年至2036年的远期规划。泰国铁路发展总体规划的主要内容如下。

1. 复线铁路建设方面

近期计划改造北柳省—康赫、吉拉—孔敬、华欣—巴蜀三条线路，中期计划改造那空沙旺—帕府、拉差—麦普塔普特等四条线路，远期计划改造帕府—清莱等两条线路。

2. 高速铁路建设方面

近期将建设曼谷—罗勇、曼谷—呵叻府、曼谷—华欣三条线路，中长期计划建设曼谷—彭世洛、呵叻府—廊开等五条线路。

3. 线路电气化改造方面

近期将改造帕府—清孔、申敬—那空拍侬两条线路，中远期将改造那空沙旺—湄索、北碧府—班帕池等五条线路。

4. 货运中心建设方面

将在清孔、清迈等地新建联合运输枢纽，实现铁路、公路、水运的无缝衔接。

5. 中老铁路与泰国高铁的连接方案

2023 年 5 月，老挝和泰国在廊开府召开了新建老泰友谊大桥（万象—廊开）第二次会议。此次会议给出了以下三种方案。

方案一：在既有大桥的下游新建一座新桥，新桥采用四条轨道，支持双向普速列车和高速列车通行。既有大桥改造成单行道大桥。

方案二：在既有大桥的上游新建一座新桥，新桥采用两条轨道，支持双向高速列车通行，同时增设汽车通道。既有大桥由两条汽车通道增加至四条。

方案三：在既有大桥的基础上新建两座新桥，一座位于下游，采用四条轨道，支持双向普速列车和高速列车通行；一座位于上游，与既有大桥合并，合并后由两条汽车通道增加至四条，并改为汽车专用大桥。

老泰双方的此次会议认为第三种方案最合适。最大的问题就是资金预算。为此，老泰双方决定用至少一年的时间来进行详细设计、环境影响和投资测算，并将在 2024 年召开第三次会议。新桥计划于 2026 年动工，2029 年通车。

（三）泰国高铁建设历程

2013 年，英拉任泰国总理时就与中国开始商议修建高铁的事宜。2014 年 8 月 3 日，泰国国家和平与秩序委员会批准两条连接中国和泰国的高铁项目，这两条总成本约为 7414 亿泰铢（约合人民币 1430 亿元）的高铁线路，计划 2015 年开工，2021 年完成。中泰间高铁系泛亚铁路的一部分，起点和终点分别是中国的昆明和新加坡。

2014 年 12 月 19 日，中国和泰国两国总理签署了《中泰农产品贸易合作谅解备忘录》。在签署的文件中提出修建中泰高速铁路，拟建设的中泰高铁连接泰国北部的廊开和南部港口马普达普，总长 800 多千米，是泰国首条标准轨铁路，将全部使用中国的技术、标准和装备建设。

2015 年 6 月 1 日，泰国政府副发言人讪森少将宣布，中泰铁路的曼谷—景溪于 2015 年内开工。2015 年 7 月，中泰铁路合作第五次会议举行。中泰铁路合作政府间框架协议于 2015 年 8 月底谈妥，泰方于 9 月初递交枢密院批准，在 9 月中旬签署框架协议。2015 年 10 月，中国国务院总理李克强与泰国总理英拉在泰国参观了中国高铁展。随后，中泰签署了《中泰两国关于深化铁路合作的谅解备忘录》。2015 年 12 月 19 日，当中国国务委员王勇和泰国副总理巴金共同点亮中泰铁路奠基石的灯光索时，这一象征着两国务实合作的典范工程正式启动。

1. 中泰高铁一期工程建设

中泰高铁一期工程连接曼谷和呵叻。一期工程项目路段全长253千米,其中,高架桥轨道线路长181.94千米,地面轨道线路长63.95千米,隧道线路长6.44千米,沿途共设6座高铁车站,设计最高时速250千米。

2016年9月21日,中国与泰国就中泰高速铁路一期工程的成本达成协议,价格为1790亿泰铢(约346亿元人民币)。泰国将承担全部建筑费用,中国则将为相关技术系统提供资金。

2017年12月21日,中泰高铁合作项目一期工程在泰国呵叻府举行开工仪式。这条铁路是泰国第一条标准轨高速铁路。

2020年9月,泰国国家铁路局宣布,中铁十局联合体在项目招标中胜出。10月28日,中泰铁路合作项目一期(曼谷至呵叻段)线上工程合同签约仪式在泰国总理府举行。合同内容涵盖中泰铁路项目一期工程(曼谷—呵叻段)轨道、"四电"、动车组及动车设施、基础设施维修设施、联调联试、运营及维护技术培训等内容。11月26日,中泰铁路一期项目(曼谷—呵叻段)举行承包商合同签署仪式。泰国国家铁路局与承包商共签署5份合同,总金额为402.75亿泰铢(约合87亿元人民币),此次签署的合同铁路工程总距长度为101.15千米,预计2025年建成投入运营。2020年12月,中国铁建发布公告,中铁十一局集团、中铁二十三局集团分别与泰方签订中泰铁路项目土建施工合同,合同金额达4.15亿美元(约合27.65亿元人民币)。

2021年5月29日,中泰铁路首孔40米节段预制简支箱梁——颂嫩特大桥101♯梁顺利架设,标志着中泰铁路建设取得重要进展。2021年9月9日,泰国交通运输部部长萨沙扬表示,交通运输部正在监督大城府高铁站建设情况。该高铁站是中泰高铁项目曼谷至呵叻段一期项目,他已督促轨道运输厅和国家铁路局尽快制订实施该项目的具体计划,包括相关法律法规、工程建设进度、与中老铁路的连接等。萨沙扬表示,大城府高铁站建成以后将具有非常重要的历史价值,中泰高铁项目促进了两国的共同发展,为泰国创造繁荣机遇,可以让世界各地的游客更加便捷地来到历史名城大城府参观世界文化遗产。

2022年3月,泰国内阁会议通过《划定征收曼谷、巴吞他尼府、大城府、北标府及呵叻府内部分土地法令草案》,标志着中泰高铁项目进展顺利,建设工程进入征地阶段,项目土地总耗资超1794亿泰铢(约合386亿元人民币)。

2023年3月7日,泰国国家铁路局透露,中泰高铁第一期曼谷—呵叻项目预计将在2027年内正式通车。

2. 中泰高铁二期工程建设

中泰高铁二期工程从呵叻延伸至毗邻老挝的廊开段以及连接孔敬至廊开的双轨铁路。二期工程项目路段全长 356 千米，其中地面轨道 185 千米，高架轨道 171 千米。设置 5 座车站，铁路宽度 1.435 米，列车时速最高可达 250 千米，从曼谷到廊开全程 609 千米，建成后预计用时 3 小时 15 分钟。

中泰高铁二期项目投资预算 3000 亿泰铢（约合 645 亿元人民币），孔敬至廊开段双轨铁路全长约 167 千米，投资约 297 亿泰铢（约合 64 亿元人民币）。建成后可实现曼谷至廊开的全线铁路通车。

2019 年 7 月 5 日，泰国交通部部长阿空透露，内阁已经批准中央预算，用作中泰高铁第二段工程（呵叻府—廊开府）紧急储备金以及雇用设计顾问。

2022 年 10 月，泰国政府提出要加快建设中泰高铁二期工程呵叻至廊开段以及连接孔敬至廊开的双轨铁路。

2023 年 1 月，二期项目已完成蓝图设计，泰国国家铁路局已将该项目的环境影响评估报告提交至自然资源和环境政策与规划办公室。2 月 10 日，经由专家委员会审核，评估报告还需完善。2024 年国家铁路局对其进行更新，中泰高铁二期工程环境影响评估通过。

中泰高铁二期工程预计 2024 年 6 月—2028 年 5 月开始土建工程，工期 4 年，预计 2028 年竣工。预计在 2030 年开通服务。此外，项目征地工作在 2023 年 8 月—2025 年 7 月进行。

中泰铁路是两国务实合作的项目，也是两国在"一带一路"框架下重要的互联互通项目。这条铁路的建设，不论是从泰国还是地区层面看，都有利于泰国的长远发展，符合泰国人民的切身利益。然而，中泰铁路项目在推进过程中也遇到一些困难，双方设立的铁路项目联委会围绕相关问题进行了 20 多轮谈判。中方将在建设过程中同泰方分享高铁技术，帮助泰方培训专业技术和管理人才，真正使高铁在泰国落地生根、开花结果。泰国政府为了让这一项目与泰国整体发展有机结合，制定了交通基础设施发展规划，并将对相关法律法规作出调整。

六、新加坡铁路

（一）新加坡铁路现状

新加坡的轨道交通系统主要为城市轨道交通系统。新加坡地铁又叫大众捷运系统（Mass Rapid Transport，MRT），开通于 1987 年，是世界上最为发达、高效的公共交通系统之一。该系统当前设有 113 个地铁车站，148.9 千米的标准轨距线路，分 5 条路线：南北线（红线）、东西线（绿线）、东北线（紫线）、环线（橘黄）、滨海市区线（蓝线）。

南北线（红线）是由 SMRT 地铁有限公司营运的路线，共 26 个车站，全长约 45.3 千米。从滨海南码头通往裕廊东，另在蔡厝港站接驳武吉班让轻轨系统。

东西线（绿线）由 SMRT 地铁有限公司营运，共 35 个车站，从巴西立前往西部的裕群，另设支线从丹拿美拉经过博览站与樟宜机场之间。

东北线（紫线）为 SBST 新捷运公司营运的路线，共 16 个车站，为无人驾驶的重型地铁路线。其连接港湾至东北部的榜鹅，途经牛车水（唐人街）、小印度民族区，于港湾接驳环线，于欧南园接驳东西线，于多美歌接驳南北线，于实龙岗、多美歌转换环线，另在盛港站及榜鹅站接驳 SBST 新捷运公司营运的区域无人驾驶轻轨系统。

环线（橘黄线）是由 SMRT 地铁有限公司营运的路线，共 31 个车站，于 2012 年 1 月 14 日全线通车，从港湾通往多美歌和滨海湾，环线使用无人驾驶列车。

滨海市区线（蓝线）是新加坡的第 5 条地铁路线，由 SBST 新捷运公司营运，共 34 个车站，其中 11 个换乘站，全长约 40 千米。与东北线和环线一样，滨海市区线亦是全线无人驾驶的地铁路线，同时也是一条全线均建于地底的地铁路线。

新加坡公共交通采用垄断运营模式，由 SMRT 地铁有限公司和 SBST 新捷运公司承包管理，垄断经营新加坡的地铁、轻轨、公共汽车、出租车等公共交通业务，实现了新加坡的公共交通一体化。

新加坡政府在 2008 年陆地运输总体规划中宣布了新运营模式（New Rail Financing Framework，NRFF），并在 2010 年修订了《快速交通系统法案》（*Rapid Transit Systems Act*），以实施新运营模式。

自 2011 年起，新加坡滨海市区线首次实施了新运营模式。2016 年 10 月 1 日，南北线和东西线、环线和武吉线转为新运营模式；2018 年 4 月 1 日，东北线和盛港轻轨、榜鹅轻轨也调整为新运营模式，几乎所有的铁路线在新运营模式下操作。唯一的例外是汤姆逊—东海岸线（Thomson–East Coast Line，TEL），采用的是政府垄断、运营企业管理的方式，政府向成功的投标者支付运营费用，而政府收取票价收入并承担票价收入风险。

新加坡的地铁从 1987 年开始运营，已有 30 多年的历史。新加坡最初的地铁是依靠人工操作的，直到 2003 年地铁系统才逐渐开始自动化改造，目前已形成了长达 203 千米的世界上最长自动驾驶地铁线。每天接待 338 万名乘客，每年能够接待 12 亿人次的乘客。

（二）新加坡铁路建设规划

新加坡新增基础设施项目主要集中在交通领域，政府致力于进一步巩固和拓展新加坡的区域交通枢纽地位。根据 Fitch Solutions（惠誉解决方案）统计，2020—2022 年上半年，新加坡新开工交通项目 17 个，主要集中在地铁和公路领域。为尽快实现《新加坡陆路交通总规划 2040》中提出的"20 分钟新镇、45 分钟城市"目标，轨道交通总长度预计在 2030 年增加到 360 千米，实现 3 条轨道交通新线路的运营。连接新加坡最大居住区兀兰及市中心的第二条地铁线汤姆逊—东海岸线在 2024 年投入运营；新加坡环线将在 2025 年通过新增 3 个站点的方式实现闭环连接；区域轨道交通裕廊线及东西贯穿新加坡的跨岛线将在 2030 年左右投入使用；新柔地铁新加坡一侧于 2021 年 1 月动工，预计 2026 年 12 月通车，建成后可连通新加坡兀兰北到马来西亚新山武吉查卡，全程只需 6 分钟。

计划修建的新加坡—吉隆坡高铁，将连接吉隆坡和新加坡，在布城、森美兰州、马六甲州和柔佛州设立中途站，计划于 2020 年动工，预计 2031 年落成通车。

在整体轨道交通网络基本成型以后，新加坡的轨交发展重心主要为增设区域地铁网络，提升轨道交通覆盖率，建设新镇级轨道交通小范围高密度网络，使更多的居民能够方便快捷地和地铁主网络连接。

（三）新加坡高铁建设历程

2013 年 2 月 19 日，马来西亚总理纳吉布和新加坡总理李显龙在新加坡香格里拉大酒店举行会谈，宣布马新高铁计划（也称新隆高铁），并议定在 2020 年之前修建一条连接吉隆坡和新加坡的高速铁路。两国领导人同意让马来西亚的依斯干达特区部长级联合委员会负责探讨高铁计划的详情。

2014 年 4 月，新加坡陆路交通管理局为新隆高铁新加坡段的可行性研究招标，探讨新加坡高铁的走线和技术可行性。

2016 年 7 月 19 日，新加坡和马来西亚政府签订新隆高铁项目谅解备忘录。12 月 13 日，新加坡和马来西亚政府签署双边协定，确定高铁项目的细节。根据这两份文件，新隆高铁工程将于 2018 年动工，由马新两国各自负责，预计在 2026 年前落成通车。

2018 年 5 月 28 日，马来西亚决定取消新隆高铁项目。2018 年 9 月，两国签订协议，决定把高铁项目展延到 2020 年 5 月再做谈判，把高铁的通车日期延迟到 2031 年 1 月 1 日或之前，取消高铁资产管理者的招标程序，并决定由马来西亚政府承担总值 1500 万新加坡元（约合 8123 万元人民币）的展延费用。

2020 年 5 月 31 日，新马两国宣布恢复磋商，同意把新隆高铁项目重启的截止日期推迟到同年 12 月 31 日，以讨论马来西亚提出的修改建议。2020 年 11 月，新加坡交通部表示，马来西亚已提议对高铁项目进行修改，新加坡进行讨论。该项目未能在 12 月 31 日前就变更达成协议。11 月，马来西亚政府计划独自兴建高铁，把线路从新加坡裕廊东缩短至柔佛新山。

2021 年 1 月 1 日，马来西亚总理穆希丁和新加坡总理李显龙发表联合声明，宣布取消连接马来西亚首都吉隆坡与新加坡的高速铁路项目。

2022 年 8 月，马来西亚首相依斯迈·沙比里表示，希望加速重启新隆高铁项目。

2023 年 3 月，马来西亚交通部部长陆兆福发出了马来西亚政府考虑重启新隆高铁项目的意愿。

2023 年 4 月，继新加坡总理李显龙访华后，马来西亚总理安瓦尔访华，马来西亚交通部部长随行讨论新隆高铁项目合作。

2023 年 5 月 11 日，马来西亚交通部部长重申对重启新隆高铁项目立场明确，新加坡交通部部长表示也期待高铁项目的新进展。马方还计划推进连接吉隆坡至泰国首都曼谷的高铁，进而通过中泰高铁实现马来西亚与中国的高铁连通。

新隆高铁全长 350 千米，其中 335 千米在马来西亚境内，15 千米在新加坡境内，共设 8 站。根据设计，项目将为双轨道运行，最高时速为 350 千米，总耗资约 120 亿美元。建成后，马来西亚首都吉隆坡到新加坡的通行时间将从现在的四五个小时缩短至 90 分钟。来自中国、日本、法国、西班牙和德国等国家的铁路企业均表示有意竞标新隆高铁项目。

七、文莱铁路

(一) 文莱铁路现状

文莱达鲁萨兰国位于加里曼丹岛北部，北濒中国南海，东、南、西三面与马来西亚的沙捞越州接壤，并被沙捞越州的林梦分隔为不相连的东西两部分，总面积为 5765 平方千米，水域率为 8.6%。文莱海岸线长约 161 千米，沿海为平原，内地多山地，有 33 个岛屿。东部地势较高，西部多沼泽地。文莱独特的地理环境导致其没有铁路设施。

(二) 文莱的交通现状

为了满足文莱交通的需求，文莱在两个地区建有很多机场，也建有很多港口码头，还建设了现代化的公路网，淡布隆跨海大桥连接文莱本土和淡布隆区，全长 30 千米，文莱人通过公路也可方便地来往于两地。

文莱对外的交通工具主要是飞机。文莱国际机场距离首都斯里巴加湾市中心约 12 千米。文莱皇家航空 (Royal Brunei Airlines) 有班机从斯里巴卡旺直飞达尔文、伯斯、巴厘岛、雅加达、新加坡、吉隆坡、古晋、台北、香港和杜拜等地。马来西亚航空 (Malaysia Airlines)、新加坡航空 (Singapore Airlines)、泰国航空 (Thai Airways International) 等都有班机从东南亚主要城市飞往文莱。

水运是文莱重要的运输渠道。穆阿拉深水港是主要港口。此外，还有斯里巴加湾市港、马来弈港和卢穆港等，主要供出口石油和液化天然气使用。文莱与新加坡、马来西亚、泰国、菲律宾、印度尼西亚和中国等有定期货运航班。

八、柬埔寨铁路

(一) 柬埔寨铁路现状

柬埔寨铁路系统的建设始于 20 世纪 20 年代末，包括南线和西线两条线路。柬埔寨铁路总长 655 千米，均为单线米轨。

南线铁路从金边往西南到西哈努克港，长 270 千米，建于 1960 年，是交通运输的大动脉，但铁路年久失修，客运停止，货运能力较低。

西线铁路由金边往西北到柬泰边境的波贝，长 385 千米，建于 1931 年，可通曼谷。但这条铁路被战乱严重损坏，几乎处于瘫痪状态，其中诗梳风至波贝区间 48 千米的线路已经拆除。

2007 年，柬埔寨开始实施全国铁路修复计划，澳大利亚的一家公司负责铁路的修复工作，并获得了该修复铁路 30 年的运营维护权。

2010 年 10 月，南线铁路的金边—贡布省区间，110 千米的铁路恢复通车，剩余的区间及西线铁路在 2013 年度修复竣工。柬埔寨铁路货运时速达 50 千米，客运时速达 70 多千米。

2013 年 10 月，柬埔寨对长达 388 千米的西部铁路段诗梳风—波贝铁路进行复建，工程接近完毕。

现有的铁路因设备陈旧、速度慢、运量低，已无法满足日益增长的运输需求，因此，柬埔寨对既有铁路升级、改造和新建高铁的需求十分迫切。

（二）柬埔寨铁路建设规划

1. 柬埔寨规划兴建两条铁路

（1）东线铁路：从金边至越南边境禄宁，全长 257 千米。2011 年，中国铁路勘察和设计专家对东线铁路提出可行性方案，即从首都金边以东的磅士卑省到桔井省。东线铁路和西线铁路共同构成泛亚铁路东线的重要节点，连接越南和泰国。

（2）北线铁路：北起柏威夏铁矿矿区，向南至国公省的沙密港，全长 404 千米，将构成柬埔寨东北、西南走向的一条国家骨干线。北线铁路将由中国中铁股份有限公司与柬埔寨钢铁矿业集团合作兴建。这条北南方向的铁路将跨越东西方向的柬埔寨西线铁路，从位于柬埔寨最北端的柏威夏向北跨过柬泰边界，距泰国曼谷至廊开的高铁只有 350 千米左右。由中国设计、施工的中老铁路，将两条铁路连接起来，届时可以实现与中国铁路的互联互通。

2. 对现有铁路设施进行维护和复建

持续几十年的战乱破坏和缺乏维护，让柬埔寨的铁路长期处于年久失修的荒废状态。2009 年，柬埔寨政府停止所有铁路客运和货运，开始了对铁路设施的维护和修建工作。

2018 年 4 月 4 日，正式恢复运营长 48 千米的波贝—是士芬铁路；2018 年 4 月 10 日，长 9615.3 米的金边火车站至金边国际机场的有轨电车试通车；

2018 年 4 月 29 日，恢复运营是士芬—马德望铁路，长 65 千米；2018 年 5 月 29 日，停运了 12 年的柬埔寨马德望省—菩萨省铁路恢复运行，这条全长 107 千米的铁路线，在马德望省内长 75 千米，在菩萨省内长 32 千米；2018 年 7 月，金边市至波贝市的北线铁路恢复通车。金边至菩萨省的铁路全长 166 千米，该线路恢复通车标志着北线铁路接通的最后一项工程圆满完成。

(三) 柬埔寨高铁建设历程

2021 年 1 月 20 日，柬埔寨首相洪森会见到访的越南外长裴青山时表示，泛亚铁路项目至今仍未建成，柬埔寨希望建造一条直达越南的铁路，以推动双边经贸往来。洪森表示，支持开展项目可行性研究，如果项目顺利开展和建成，柬越铁路将成为重要的经济走廊。

2021 年 12 月 16 日，洪森主持内阁全体会议时表示，柬埔寨政府将研究把现有的铁路升级为高铁，并将其连接至其他有潜力的省份，尤其是从金边市至西哈努克省和波贝市。另外，增加新的铁路路线，即从波贝市至暹粒省、磅通省和金边市，还有从金边市前往柬埔寨和越南边境处的柴桢省巴域市。

2022 年 6 月，柬埔寨公共工程和运输部部长孙占托透露，柬埔寨已向中国申请提供贷款和援助，用于兴建重大基础设施，包括高速铁路项目。孙占托此前说，该部已经启动一项可行性研究，将境内铁路线升级改建成高速铁路。按照规划，西哈努克省至金边市铁路线，以及金边市至柬泰边境波贝市铁路线将升级改建成高速铁路。

2023 年 2 月 21 日《柬中时报》消息，柬埔寨公共工程和运输部部长孙占托表示，柬埔寨正在寻找投资企业，以投建国内首条高速铁路（金边至波贝高铁）。柬埔寨已委托中国路桥工程有限责任公司对金边至波贝高铁进行可行性研究。据初步研究结果，金边至波贝高铁全长 382 千米，需耗资 40 亿美元，设计时速为 160 至 200 千米。

金边至波贝高铁建成后，中、老、泰、柬高铁将实现对接。此外，柬埔寨政府还致力于柬埔寨—泰国曼谷铁路的建设，届时柬埔寨铁路将进入泛亚铁路网，以泰国曼谷为中枢，连通新加坡、马来西亚、泰国、老挝、缅甸、越南和中国铁路。

九、老挝铁路

(一) 老挝铁路现状

老挝首条铁路于 2009 年 3 月 5 日正式通车。列车从泰国廊开火车站出发，在泰老友谊大桥进行出入境检查，驶向离老挝首都万象 9 千米处的塔纳楞火车站 (Thanaleng Station)，这条铁路在老挝境内约长 3.5 千米。这段铁路的建成，结束了老挝没有铁路的历史，成为老泰两国人员、货物便捷、快速往来的交通工具。

老挝第一条电气化铁路是中老铁路 (China-Laos Railway)，又称"中老国际铁路通道"，是一条连接中国昆明市与老挝万象市的电气化铁路。该铁路线全长 1017 千米，由中国按国铁 I 级标准建设，是第一个以中方为主投资建设、共同运营并与中国铁路网直接连通的跨国铁路。

中老铁路未来还可与泰国、马来西亚等国铁路连通，届时，中国游客可以乘坐火车赴老挝、泰国、马来西亚等国旅游度假。同时，中老铁路还将促进中国、老挝与东南亚地区的交流合作，有利于区域间的贸易投资畅通与文明交融沟通。

(二) 老挝铁路运营状况

2021 年 12 月 3 日，中老铁路全线开通运营，为中国与老挝两国民众提供便捷的出行方式，并加快形成内外联通、安全高效的国际物流黄金大通道，促进沿线经济社会发展，为区域互联互通、中国与东盟外贸保稳提质、中老经济走廊建设注入强大动能。

在客运方面，中老铁路中国段精准实施"一日一图"，动态增开动车组列车，日均开行客车 43.2 列，最高峰开行 65 列，最高日发送旅客 3.3 万人次；老挝段陆续开通了嘎西、孟阿、纳磨、纳堆等 4 个客运站，办理客运业务的车站增至 10 个，实现动车组与普速列车共线运行，日均开行客车 6 列，高峰日开行 8 列，最高单日发送旅客近 5000 人次。与此同时，老挝段还延长车票预售时间，在老挝主要城市开设售票点，极大地方便了老挝民众乘坐火车出行。随着老挝段客运站点和车次逐渐增多，老挝境内乘坐火车到万象、万荣、琅勃拉邦等旅游城市观光的游客数量大幅增长，有力地激活了沿线旅游经济。

在货运方面，中老铁路已在中国和东盟间构建起一条便捷的国际物流通道，运输时间大幅压缩，物流成本显著降低。随着 2022 年 1 月《区域全面经济伙伴关系协定》（RCEP）正式生效，中老国际物流需求日益旺盛，万象南、纳堆、万荣、琅勃拉邦、蓬洪等车站陆续开办货运业务，积极探索"澜湄快线＋跨境电商""中老铁路＋中欧班列""中老铁路＋西部陆海新通道班列"等铁路国际运输新模式，增强中老铁路辐射效应和跨境货运能力，让更多企业享受中老铁路带来的机遇和红利。

据统计数据，2023 年 1 月 1 日至 4 月 13 日，中老铁路老挝段累计开行货物列车 1130 列，同比增长 122％，货运发送量突破 118 万吨。中老铁路国际旅客列车 13 日成功开行当天，中老铁路老挝段首次实现了单日客货运量双破万目标，即客运发送人数超 1 万人次、货运发送量超 1 万吨。

中老铁路货运发送量增长明显，货物品类从开通初期的 100 余种拓展到 2000 余种。中老铁路公司运营总监杜志刚介绍，从中国发运到老挝的货物主要是机械设备、家用电器、蔬菜、鲜花、机械配件等，货物运输覆盖老挝、泰国、越南、缅甸、马来西亚、柬埔寨、新加坡等国；从老挝发运到中国的货物主要是金属矿石、木薯、薏米等，通达中国 25 个省（区、市）。

（三）老挝铁路建设规划

2017 年 8 月 29 日，老挝公共交通运输部铁路司副司长披露了老挝铁路发展计划，老挝拟计划新建 6 条铁路，这将有助于老挝从"陆锁国"转为"陆联国"。

这 6 条铁路分别为：老泰铁路、老中铁路、沙湾拿吉—老堡铁路（越南）、万象—他曲—穆嘉口岸铁路（越南）、他曲—沙湾拿吉—巴色—旺岛口岸铁路（泰国）、巴色—万坎铁路（柬埔寨）。

对于 220 千米的沙湾拿吉—老堡铁路，老挝政府进行可行性调查，同时也在修改铁路路线走向。该铁路将连接泰国铁路网和越南洞海港。455 千米长的万象—他曲—穆嘉口岸铁路，连接万象与越南永安港，前期可行性调查已于 2011 年完成，最终报告于 2017 年 11 月完成。此外，老挝政府也在推进 345 千米的他曲—沙湾拿吉—巴色—旺岛口岸铁路调研。

2023 年，老挝计划建设老挝中部甘蒙省省会他曲至越南中部河静省永安港的铁路线。该线路长 240 千米，预计 2023 年 3 月开始建设，2026 年完工。这条铁路线是计划中的连接老挝首都万象与越南永安港的 554 千米铁路线的一部分。

（四）中老铁路建设历程

中老昆万铁路（China/Kunming－Laos/Vientiane Railway），即"中老国际铁路通道"，简称"中老铁路"（China－Laos Railway），是一条连接中国云南省昆明市与老挝万象市的电气化铁路。该铁路线全长1017千米，由中国按国铁Ⅰ级标准建设，是第一条以中方为主投资建设、共同运营并与中国铁路网直接连通的跨国铁路。

中老昆万铁路由昆玉段、玉磨段、磨万段组成，其中昆玉段由昆明南站至玉溪站，全长88千米，设计速度200千米/小时；玉磨段由玉溪站至磨憨站，全长507千米，设计速度160千米/小时；磨万段由磨丁站至万象南站，全长422千米，设计速度160千米/小时。

2010年5月21日，中老昆万铁路昆玉先建段开工建设；2015年12月2日，中老昆万铁路磨万段举行开工奠基仪式；2016年4月19日，中老昆万铁路玉磨段开工建设；2016年12月25日，中老昆万铁路举行全线开工仪式；2021年12月3日，中老昆万铁路全线通车运营。

2021年12月3日，中老铁路全线开通运营。习近平主席同老挝国家主席通伦通过视频连线共同出席中老铁路通车仪式。老挝自此迈入铁路运输时代。作为"一带一路"、中老友谊标志性工程的中老铁路，将为加快建成中老经济走廊、构建中老命运共同体提供有力支撑。

2022年5月10日，全国首列采用进境"铁路快通"新模式的中老班列顺利抵达成都国际铁路港，标志着中老班列正式迈入"铁路快通"时代。

2022年7月1日，中老铁路万象南站换装场正式建成投用，首批跨境集装箱货物在此完成标准轨与米轨间换装后，驶向泰国林查班港。这标志着中老泰铁路实现互联互通，陆海联运国际物流通道更加便捷畅通。

十、缅甸铁路

（一）缅甸铁路现状

缅甸铁路始建于1877年，当时开通了从仰光到卑谬（Pyaymyo）的铁路，这条铁路不仅是缅甸的第一条铁路，也是东南亚地区的第一条铁路，具有重要的历史意义。

缅甸是联合国认定的世界最不发达国家之一，但它却是名副其实的东南亚铁路大国。拥有总里程超过 6000 千米的铁路、超过 1000 个火车站的缅甸，至今仍拥有整个东盟地区最大规模的铁路网络。

缅甸铁路网以仰光为中心，向各个方向延伸，如北部的奈比多、曼德勒、瑞波、密支那，中部的东枝、卡老，南部的毛淡棉、椰市。缅甸铁路共有 6 条路线，主要包括仰光环状线、仰光—曼德勒铁路、仰光—毛淡棉铁路、仰光—蒲甘铁路、仰光—红兰铁路和仰光—披耶铁路。

1852 年，第二次英缅战争后，为掠夺缅甸的森林、矿产等自然资源，英国殖民者在 1877 年 5 月将铁路运输引入缅甸，缅甸也由此成为最早开始铁路运营的东南亚国家。1885 年第三次英缅战争中缅甸战败，彻底沦为英国殖民地。在英国殖民统治下，铁路的修建开始逐渐深入北部的上缅甸地区。在缅甸卷入第二次世界大战前夕的 1942 年，全国已建有米轨距铁路 3313 千米。

日本侵略者占领缅甸后，为保障自身供给运输，强制征用大量缅甸民夫与同盟国战俘，仅用 17 个月的时间便完成了原本规划 6 年建成的缅泰铁路。缅泰铁路是名副其实的死亡铁路，大量参与铁路建设的民夫和战俘因虐待、营养不良、传染病等非正常死亡。此外，由于钢材不足，日本侵略者拆除了大量缅甸原有铁路的路轨，用于自身铁路运输线的建设。第二次世界大战结束后，缅甸境内仅有 1085 千米的铁路还能正常运行。

英国殖民时期、日本占领时期，铁路网络的规划建设主要是为了方便外来统治者掠夺自然资源与廉价农产品，服务群体也主要是外来统治者和依附于外来统治者的少数高层人士，缅甸民众的出行方式仍为骡马和舢板，无法享受到铁路带来的便利。

（二）铁路运营状况

拥有东南亚国家中最长铁路里程的缅甸，却未能发展成为铁路强国。由于设施老化、缺乏维护保养与设备升级，缅甸铁路系统运力持续下降，亏损严重。铁路沿线大量指示灯系统连续运营超过 60 年，超过半数的车厢是在 30 年前生产并投入使用的。有大批路段停运，还有许多路段仅能在部分时节通行，全国火车平均时速低于 40 千米。20 世纪 90 年代，缅甸铁路系统可以承担当时约 44% 客运流量。20 多年后，缅甸铁路客运量已不足全国总客运量的 10%。

1961 年，缅甸铁路网络总长再次扩展至 3020 千米。

1988 年以后，缅甸的铁路建设再次迎来高潮，30 年内增加了超过 3000 千米铁路里程，全国 14 个省邦级行政单位中有 11 个通了火车。

2015 年，缅甸新执政党全国民主联盟上台后，逐步开启了对铁路系统的改造升级工作，关闭了部分原有客流、货运量低的亏损路段，对仰光环城铁路、仰光—曼德勒铁路等重点路段启动升级改造工作，缅甸铁路再次迎来一个新的发展阶段。

（三）中缅铁路建设规划

中缅铁路，即"中缅国际铁路"，起点为中国云南省昆明市，终点为缅甸最大城市仰光，是泛亚铁路西线的重要路段。按照规划，昆明至仰光铁路全长约 1920 千米，中国境内段昆明至瑞丽铁路全长 690 千米。昆明至瑞丽铁路已建成长 350 千米的昆明经广通至大理段，昆明至大理段在 2010 年以前改造为复线铁路；新建大理至瑞丽铁路长 340 千米。

中缅铁路中国段投资 257 亿元，2008 年开工建设，途经苍山、怒山、高黎贡山、怒江、澜沧江、西洱河，桥隧比达 75％，号称地球上最难修的铁路。

中缅铁路缅甸段，分为三个阶段建设。中国最先提出的方案是从瑞丽—木姐—曼德勒—皎漂，由于缅甸政府对曼德勒—皎漂没有兴趣，更希望修建瑞丽—木姐—曼德勒—内比都—仰光，再加上美国和日本的干预，因此曼德勒—皎漂和曼德勒—内比都—仰光的两条线路全部暂缓建设，先行修建木姐到曼德勒线路。

第一阶段，修建木姐（木姐紧挨着瑞丽）到曼德勒的铁路线，全长 430 千米。2020 年 1 月，缅甸交通和通讯部颁发了这段线路的可行性研究报告，中国铁路工程集团有限公司递交了环境评估报告。设计客运时速 160 千米，沿线铁路共建设 7 个仓库和 5 个火车站。货运时速 120 千米，预留 220 千米（高速动车组）。设计采用 1435 毫米标准轨，向北通过瑞丽连接中国铁路网。按目前的进度，预计 2026 年底，曼德勒到木姐段的铁路可以通车。

第二阶段，修建曼德勒到皎漂段的铁路线。曼德勒到皎漂港，全长 810 千米。皎漂港是一个南北向的狭长海港，皎漂经济区内的马德岛计划建设的主要工程包括 30 万吨级原油码头、工作船码头、65 万方水库、38 千米航道、120 万方原油罐区，以及马德首站、中缅天然气管道阀室等。

第三阶段，修建曼德勒经内比都到仰光的铁路线。既有铁路为 1000 毫米的米轨。2020 年初中方已与缅方签署铁路可行性研究备忘录。

（四）中缅铁路建设历程

中缅铁路项目酝酿已久，早在 2006 年，该项目就见于媒体报道。到 2011

年 5 月，中缅双方终于达成备忘录。

1995 年，由马来西亚总理马哈蒂尔率先倡议效仿泛欧铁路，兴建连接中国、缅甸、越南、老挝、泰国、柬埔寨、马来西亚和新加坡的"泛亚铁路网"，在全世界引起极大影响。马来西亚、越南、泰国、老挝等国纷纷兴起宏伟的高铁计划，这些计划同时也是"泛亚铁路网"计划的组成部分。

2010 年，中缅皎漂—昆明铁路工程项目公开。皎漂—昆明铁路是中缅共同实施的皎漂—瑞丽通道计划的一部分，铁路起于缅甸若开邦面对印度洋的皎漂深水港，从西南向东北贯穿缅甸中北部，经由云南瑞丽进入中国，直通昆明，这一工程难度小，可行性较高。铁路贯通后，将成为中国运送物资到海外的大通道，缅甸曼德勒和皎漂将兴建许多货场，中国将在皎漂港投资兴建开发区。

2011 年 3 月 8 日，中国商务部宣布，由于缅甸国内问题和铁轨尺寸差异，原定于 2011 年开工修建连接中缅两国的铁路线暂缓施工。

2011 年 4 月，中国铁路工程总公司与缅甸交通和通讯部签署该项目的谅解备忘录，规定工程建设须在签署之日起的 3 年内启动。工程原计划投资 200 亿美元，2015 年前建成，中方负责筹措大部分资金，相应拥有 50 年运营权。

2011 年 4 月 27 日，中国铁路工程总公司与缅甸交通和通讯部就建设缅甸境内木姐—皎漂铁路项目在缅甸首都内比都签署谅解备忘录。2011 年 5 月 27 日，中缅双方在北京人民大会堂签署《关于缅甸木姐—皎漂铁路运输系统项目谅解备忘录补充协议》。

2014 年 7 月，缅甸交通和通讯部对外宣称，中缅铁路工程仍未进入启动阶段。其主要是缅甸部分国民、社会组织与一些政党不同意此项目，因此决定将不实施该项目。

2015 年 12 月 6 日，我国《中长期铁路网规划》连接一类口岸区域性干线铁路、国家实施"一带一路"倡议、建设孟中缅印经济走廊的重要项目——大理至临沧铁路开工建设。

2016 年 7 月，中缅国际铁路通道中的广通至大理复线铁路段（时速 200 千米）累计完成投资 97.9 亿元，占总投资的 70.6%。该段铁路路基土石方、桥梁已完成设计总量的 97%，隧道完成设计总量的 88% 以上，全线 44 座隧道已贯通 39 座，占设计总量的 88.6%。全长 1900 米的南华 1 号隧道已贯通，全长 10.22 千米的控制性工程祥和隧道已掘进 6.4 千米。大理至瑞丽段铁路累计完成投资 54.9 亿元，占总投资的 37.4%，其中，高黎贡山隧道、怒江特大桥等重难点控制性工程正加快建设。大理至临沧铁路累计完成投资 15.9 亿元，占总投资的 10.6%。保山（芒市）至猴桥段已纳入规划。

2018 年 10 月 22 日，缅甸交通和通讯部与中国中铁二院工程集团有限责任公司（以下简称"中铁二院"）签署中缅铁路木姐—曼德勒段（缅甸境内起始段）铁路可行性研究备忘录。

2020 年 1 月，中铁二院向缅甸交通和通讯部递交了木姐—曼德勒段铁路可行性研究报告。此次，双方继续就曼德勒—皎漂段开展可行性研究。

2020 年 1 月 10 日，中缅合作开展缅甸曼德勒—皎漂铁路项目可行性研究谅解备忘录签署仪式在缅甸内比都举行。中国驻缅甸大使陈海表示，中缅铁路合作正持续推进，木姐—曼德勒段铁路在完成可行性研究的基础上，双方正围绕技术方案和融资方式开展深入探讨。曼德勒至皎漂段完成可行性研究意见征询，得到缅甸政府各部门及铁路沿线各省邦的支持。缅甸交通和通讯部部长丹欣貌表示，包括曼德勒—皎漂段铁路在内的中缅铁路合作是两国共建"一带一路"和经济走廊的重要项目，缅方高度重视。

2022 年 4 月 30 日，随着中铁五局铺轨牵引车将最后一组 500 米长钢轨精准推送到位，大理至瑞丽铁路线大理至保山段铺轨完成，为全面开展轨道精调和动态检测等工作创造了有利条件，向着年内开通运营目标迈出了重要一步。大瑞铁路是中缅国际大通道的重要组成部分，全长 330 千米，桥隧比 76.5%，是我国《中长期铁路网规划》中完善路网布局和西部开发的重要项目，全线采取大理至保山、保山至瑞丽分段建设模式。

2022 年 7 月 22 日，大理至保山段通车。大理至瑞丽铁路线大理至保山段（以下简称"大瑞铁路大保段"）开通运营现场会在保山隆重举行，标志着大瑞铁路大保段正式通车运营，昆明至保山最快 3 小时 26 分可达，大理至保山最快 1 小时 09 分可达，结束了滇西地区不通火车的历史。

2023 年 2 月，缅甸国家铁路工作人员称，中铁二院与缅甸交通和通讯部多次举行会议，讨论曼德勒—皎漂段线路相关信息，标志着木姐—皎漂铁路项目正在务实推进。

第四章　交通运输与经济发展的关系

交通运输是国民经济的基础性、先导性产业，该产业发展水平与国民经济有着极为重要的联系，被喻为国民经济"大动脉"。交通运输业能促进经济的发展，推动社会的进步，而经济的发展可促进交通运输的发展，两者之间存在相互协调、相互依赖、相互促进的耦合关系。

一、交通运输与经济发展关系基础理论

（一）运输经济理论

当前绝大多数学者认为交通运输与经济发展两者的关系主要体现在交通运输具有推动经济发展的作用，优化交通运输条件有利于促进经济发展。交通运输具有直接效应和间接效应，直接效应指的是直接运输投入效应，而间接效应可称为乘数效应，交通运输条件的改善能够降低运输成本，能够满足各类市场对运输服务的需求，开拓了各类市场范围，从而为各类市场规模化生产奠定基础。在宏观上，交通运输能够影响城市和经济布局，通过运输能够改变国家（地区）资源分配、分布情况。交通运输与经济发展相互关系的理论主要有以下几个。

1. 运输化理论

运输化理论认为工业化的重要特征之一是运输化，并提出前、中、后三个不同运输化发展阶段，不同经济发展阶段均有相应的运输化特点。前运输化发展阶段：多种多样的近现代交通运输方式独立成长。中运输化发展阶段：综合交通运输在经济发展中逐渐发挥着重要作用。后运输化发展阶段：影响经济发展有多个因素，分别是运输化的需求、市场机制、政策，运输化向资源、都市形态的信息化发展。

2. 交替推拉理论

交替推拉理论指出交通运输业在国民经济发展中扮演着支柱性产业的角色，认为交通运输的发展主要分为两种形态，分别为"繁殖期"与"繁衍期"，两者交替占据主导位置。"繁殖期"指的是该时期通过交通运输规模（量的增加）的扩大，推动经济发展，交通运输发展速度慢于经济发展速度；在"繁衍期"，交通运输追求"质"的提升，经济发展推动交通运输发展和完善，运输方式得到颠覆性的创新，新兴运输模式迅猛发展，交通运输结构焕然一新，经济发展需求依靠新兴运输模式的发展得以满足，此时交通运输发展速度快于经济发展速度。

3. 交通运输与经济发展相互作用理论

该理论认为交通运输与经济发展具有相互影响、相互促进的作用，认为交通使得各地区的经济发展得到联系，各地区经济的发展和联系必须依赖于交通，并且指出在各区域的发展中，交通运输能够决定各经济区域之间运输联系的数量、强度，能够对各经济区域的经济发展产生积极的影响，优化各区域资源配置；同时也指出在不同的经济发展阶段，都有各自经济发展特点，因此会对交通运输产生不同的发展要求。

以上运输经济理论均强调了交通运输在经济发展过程中具有至关重要的作用。

（二）区位理论

区位理论是区域经济学、经济地理学等的核心理论，产生于19世纪，是在古典政治经济学的地租学说、比较成本学说基础上吸收其他学科的理论成果发展起来的。

1. 农业区位理论

德国农业经济和农业地理学家杜能从单个运输因素论述了农业生产及经济空间的分布，认为生产成本的决定因素是运输费用，并依照不同运输距离产生的交通运输成本决定经济地租的大小，提出了以城市为中心，由里向外形成六种不同类型的环形农业同心圆，说明了农业区位选择与运输成本息息相关，反映了土地利用方式存在客观规律性和优势区位的相对性，为区位理论的进一步发展奠定基础。

2. 工业区位理论

工业区位理论的研究核心是研究运输费用与成本。德国著名工业布局学者韦伯阐述了古典工业区位理论的基本理论框架，建立了劳动费用执行理论、运费指向论和集聚指向论三种影响工业区位选择的理论，提出了最小费用区位法则的经典理论，并指出运输费用对工业区位布局起决定性作用。第一阶段，运输区位法则中运费确定区位，刻画了以原料产地和消费地作为区位决定基础图形的区位图形；第二阶段，劳动费用节约额大于运费的增加额，决定区位的是劳动费用节约额与运费增加额等同的相切线；第三阶段，大规模的产业集聚会使工业区位由运费最低点转向集聚（分散）的区域。

杜能的农业区位论和韦伯的工业区位论是古典区位论的主要代表，他们都把微观的静态平衡作为着重关注点。

3. 城市区位理论（也称中心地理论）

德国城市地理学家克里斯塔勒提出了城市区位理论，也称中心地理论。他将研究对象从农业、工业扩大到城市，系统阐述服务供给和城市聚落的区位布局，根据基本假设提出各级中心地会组成一个有规律递减的多级正六边形空间结构，即一般均衡状态下的中心地空间分布模型。

4. 市场区位理论

德国经济学家廖什提出了市场区位理论。在该理论中，他将市场需求作为空间变量，并将最大利润替代了韦伯最小费用区位法则，探讨市场区位体系与工业企业最大利润的区位问题，最终形成了一个具有正六边形面状的市场最大利润区位论。现代区位理论不仅关注经济因素，而且将行为因素纳入区位选择理论体系中，其建立在对消费、行为、住宅和设施区位等领域的微观区位分析和实际利用的基础理论上，主要立足于空间产业经济研究，着重对区域和城市经济活动的优化组织，并着重分析宏观动态平衡的产业布局理论。

（三）中心－外围理论

阿根廷经济学家劳尔·普雷维什率先提出中心－外围理论，主要阐明西方资本主义国家与发展中国家的中心－外围不平等体系及其发展模式与政策主张。

美国经济学家弗里德曼将中心－外围理论引入区域经济学领域，从经济空间系统角度叙述了中心区与外围区二元空间结构的相互作用，认为两者存在依附与被依附的社会革新发展关系，并把区域经济发展划分为四个阶段。第一阶段为前工业化阶段，该阶段存在若干个不同等级的中心，但彼此之间缺乏联系，资源较少流动；第二阶段为工业化初期阶段，该阶段中心区进入计划过程，少数主导地带迅速膨胀，外围区域资源要素大量流入中心区；第三阶段为工业化成熟阶段，该阶段中心区开始对外扩散，外围区出现较小中心，中心区要素高度集中，开始回流到外围区；第四阶段为空间经济一体化阶段，该阶段多核心区形成，少量大城市失去了原有的主导地位，城市体系形成，资源要素在整个区域内全方位流动①。

美国经济学家克鲁格曼利用数学模型完善了该理论，其中心－外围理论主要围绕经济活动的空间集聚，运用规模报酬递增和不完全竞争、固定比例的运输成本建立了中心－外围模型，解释了在规模、运输成本和要素流动相互作用下，最终形成制造业和农业的中心－外围结构。其基本理论认为：产业地理集中的向心力和削减产业地理集中的离心力将决定经济活动在空间上处在聚集状态还是分散状态，市场规模效应、劳动力市场和经济外部性是地理集中向心力的主要力量，要素的不可流动性、地租、外部非经济是经济活动分散化的离心力量。向心力与离心力两者的主导地位决定了产业地理是集中还是扩散，解释了产业地理集聚的原因。

（四）增长极理论

增长极理论被认为是西方区域经济学中经济区域观念的基石。法国经济学家佩鲁认为不同区域发展速度会出现差别，部分增长过快的区域便成为增长极点，并通过各种方式向其他区域扩散。

西方经济学家布代维尔将此理论引入区域经济理论中，后期美国经济学家弗里德曼、赫希曼等人又在不同的角度上进一步分析和扩展了这一理论，使得区域增长极理论成为各个国家区域经济发展工作中的主流理论。

增长极对区域经济的影响程度十分高，增长极可以带动区域经济的整体发展。当区域内经济发展处在相对落后的时期时，区域内各种资源短缺，且发展速度较为缓慢，此时应集中区域内现有资源，配合良好的经济优惠政策培养增长极的产生。但是，增长极的产生也会导致经济发展不平衡。随着经济的发

---

① 张学梅、董恺凌：《高铁快捷货物运输组织与高铁经济研究》，四川大学出版社，2018年，第162页。

展，增长极对区域经济的促进作用逐渐减弱，此时应将优质资源与政策向落后的区域倾斜，在这种模式下各区域经济便可以实现迅速发展。因此，铁路的开通会改变区域内的通达性，从而为沿线区域带来各种资源，促进增长极的产生。

一个区域的交通体系对区域的经济影响也是至关重要的。区域的交通体系越健全，影响区域经济增长的各个因素流向增长极的速率就越快，此时，形成增长极的概率则越大，对区域经济发展的影响也越来越显著[①]。

（五）点－轴发展理论

点－轴发展理论是增长极理论的延伸。从区域经济发展的过程看，经济中心总是首先集中在少数条件较好的区位，成斑点状分布。这种经济中心既可称为区域增长极，也是点轴发展模式的点[②]。由于增长极（或经济中心）自身不能完全提供所需要的各种资源，便要从外界获取所需资源，这就需要建立与外界联系的通道，而各种交通运输方式便成为通道，并带动沿线经济的发展。随着时间的推移，交通运输通道沿线城市的经济持续发展，进而形成轴线。将区域经济发展与交通业连接在一起，表明一个区域的主要交通干线的开通能够对区域经济发展产生积极的影响并带来促进的作用。同时，由于优势点的优质资源众多，各点之间便形成轴线，相互促进、相互发展。

铁路的运行使轴的概念得到加深，在加快沿线城市间要素流动的同时，铁路逐步成为连接区域经济中心的重要轴线。

点－轴发展理论基本上符合生产力空间运动的客观规律，它将有利于最大限度地实现资源的优化配置，避免资源的不合理流动，同时，有助于消除区域市场壁垒。

（六）系统耦合理论

耦合原本是物理学中研究两个或两个以上电子元件相互之间从输入到输出产生相互作用的概念，随着应用范围的扩大，许多学者提出把耦合运用到自然或社会经济两个或者两个以上的系统中。

---

① 任倩文：《"长三角"区域交通运输与经济增长协调发展研究》，长安大学，2022 年，第 19 页。
② 张学梅、董恺凌：《高铁快捷货物运输组织与高铁经济研究》，四川大学出版社，2018 年，第159 页。

1. 系统耦合的概念

子系统之间相互协调、相互依赖、相互促进，形成一个新的整体系统，称为系统耦合。

2. 系统耦合理论研究的内容

系统耦合理论主要研究各耦合子系统协调、反馈、发展的作用机理。

3. 系统耦合的作用

系统耦合具有自组织性和协同作用，耦合系统内部子系统会自发地形成一定的结构和功能，并随着外部环境的变化或协同作用，产生新的耦合。

4. 系统耦合的实质

系统耦合的实质是多个系统在一定条件下，从低层次耦合向高层次耦合进化，不断达到新的高度耦合系统的演变过程。

5. 系统耦合的分类

系统耦合可分为良性耦合和恶性耦合。良性耦合是指子系统之间相互促进，使得大系统向高层次耦合方面发展。恶性耦合是指子系统之间存在相悖的因素，相互抑制，使得大系统向低层次耦合退化。

耦合的物理学特性决定了其具有可度量性，耦合度以及耦合协调度是考察系统耦合发展规律的重要手段和工具。耦合度用来定量测度耦合系统各子系统或者子系统内部要素主体之间相互作用程度。耦合度越高，反映系统之间相互作用程度越高，反之相互作用程度越低。耦合协调度则综合体现了耦合和协调，定量测度耦合系统整体的协调发展程度。耦合协调度越低，说明系统越趋向于无序状态；而耦合协调度越高，说明系统越趋向于有序。耦合协调度的变化反映各子系统或要素产生的协同效应会使系统从混沌无序的状态向着时间和空间上有序发展。

二、交通运输与区域经济耦合作用机理

（一）交通运输与经济发展的耦合关系

在交通运输与经济发展相互作用关系研究中，两者的相互关系可以用"耦

合"概念来形容。在交通运输与区域经济相互作用不断发展过程中，两者的耦合关系为"交互胁迫—交互促进—耦合共生"。

1. 交互胁迫

交互胁迫主要指当经济发展水平提升时，对水陆空综合交通运输需求增多，但受限于各种条件，交通运输基础设施发展缓慢，与经济发展出现差距，两者处在不协调的状态，最终阻碍经济发展水平和速度的提升，影响经济发展质量，两者发展水平越来越低。

2. 交互促进

交互促进是指交通运输扮演着经济发展中先行性、基础性的重要角色，合理、完善的交通运输系统能够对经济发展产生显著的促进作用。

在交通运输完善过程中，会引致更多的交通运输需求和投资，产生乘数效应和前、后向产业关联，同时在规模经济和集聚效应的推动下，主导产业发展，促进经济发展。经济发展的提高需要更高的交通运输水平支撑，从而能够为交通运输设施建设提供充裕资金，提升交通运输水平。

3. 耦合共生

耦合共生是指系统在经历了交互胁迫和交互促进状态之后，达到相对平衡状态，交通运输与区域经济相互匹配，既不出现交通运输落后于区域经济，也不会出现交通运输超前区域经济，两者朝着更高层次目标发展，共同促进整个经济社会的发展。

（二）交通运输与经济发展的耦合作用机制

交通运输与经济发展耦合作用机制为交通运输推动区域经济发展、区域经济发展拉动交通运输的交替推拉过程。两者具体表现如下。

1. 交通运输推动区域经济发展

交通运输是区域经济发展过程中重要的推动力，区域经济的发展离不开交通运输。交通运输通过不同的运输方式能够使生产要素、物质资源在区域内或区域间流通，增强区域经济联系，通过规模经济和产业集聚，进一步提升自身的区域经济比较优势，促进区域经济协调发展。交通运输推动经济发展主要表现在以下两个方面：

　　（1）促进区域经济增长。交通运输发展促进区域经济增长，一方面交通运输具有直接经济效应，通过优化交通基础设施等手段，提高地区通达性，降低成本，从而产生直接的经济效应；另一方面，交通运输具有投资乘数效应，对交通运输基础设施进行建设，能够通过自身的发展带动与之相关联的其他产业的发展，从而带来地区就业和经济的增长。因此，交通运输的发展能够促进城市化进程、产业集聚、劳动力集聚等发展，通过产业前、后向关联，带动其他产业发展，加快产业专业化进程，加速区域产业集聚，从而带动区域经济增长，加速城市化的进程。提高交通运输水平能够满足社会经济发展需要，有效地适应并促进区域经济的发展。

　　（2）优化区域产业结构。从经济结构分析，交通的规划建设要与区域的经济结构和产业布局相协调，交通运输促进区域经济统筹发展和产业结构的调整与升级。区域内部的产业结构优化和升级需要三次产业间的合理分配，而区域间的地理空间距离和经济距离能够通过合理完善的交通运输基础设施而缩短，从而加快各种生产要素在区域空间范围内的集聚和扩散，激发各产业的潜在动力，使得经济活动各产业部门相互联系，实现区域产业结构调整与升级，资源得到有效配置。同时，集聚效应和扩散效应的出现，导致区域核心产业竞争力的加强和区域优势产业的扩大，主导产业增强，使得区域产业布局和经济结构更加合理。产业推动的区域一体化是高效利用交通基础设施、实现区域经济发展的保障，在区域一体化条件下，区域内部与区域之间的经济活动将变得更为频繁。

　　2. 区域经济发展拉动交通运输

　　区域经济是交通运输发展赖以生存的基础和服务对象，交通运输的发展取决于区域经济发展的水平。交通运输作为经济活动、生产要素实现空间转移的载体，在经济不断向高水平发展过程中，会激发交通运输基础设施不断完善以满足经济发展新的需求，因此，交通运输效率不断提升，交通运输网络结构也会逐步升级。具体来看，经济发展对交通运输的拉动作用主要体现在增加交通需求、增加资金投入、技术完善。

　　经济发展水平的不断提高，表现为产业的不断发展，产业升级优化需要更大规模、更为先进的交通基础设施来满足，导致交通运输的需求和质量不断增加和提升，因此，交通运输的需求和质量要与经济发展水平相互匹配和适应。经济发展的同时，能够为交通运输基础设施提供更高端、更专业的技术支持，交通运输需求朝着多样化发展。另外，人们对交通运输的需求也会不断提升，也会促进交通基础设施不断完善和升级。高铁、轨道交通、动车等快速铁路的出现，都反映了经济发展水平的提高，政府有更多的资金投入交通基础设施的建设和升级中，从而扩大交通基础设施规模，使之与区域经济发展相匹配。

综上所述，交通运输与区域经济耦合协调就是两者发展速度达到协调一致状态，两者相辅相成，相互促进发展。当交通运输滞后于区域经济的发展水平时，影响经济发展质量。当区域经济处在领先发展阶段，需要更为发达的交通运输作为支撑时，会导致更多的交通运输需求，为交通运输的升级发展提供资金和技术支持，促进其与区域经济发展协调一致。反之，过度超前的交通运输会挤压其他产业生存空间，生产要素流失，资源得不到优化配置，使得区域经济发展水平下降。

三、区域经济与区际经济关系

（一）区域经济

区域经济也叫"地区经济"，是指分布于各个行政区域的那部分国民经济。它的形成是劳动地域分工的结果。在长期的社会经济活动中，基于历史、地理、政治、经济以及宗教等因素的作用，一些在经济等方面联系比较频繁的居民区逐渐形成了各具特色的经济区。区域经济是国民经济的缩影，具有综合性和区域性的特点。

区域经济是在一定区域内经济发展的内部因素与外部条件相互作用而产生的生产综合体。每一个区域的经济发展都受到自然条件、社会经济条件和技术经济政策等因素的制约。在一定的生产力发展水平条件下，区域经济的发展受交通、劳动力、资源、科技水平、创新能力、政策、对外开放程度、气候环境条件等因素的影响。

区域经济是经济地理学和区域经济学的共同研究领域，其内容主要包括：经济地带和经济区划分，形成区域经济的最重要因素——劳动资料，区域扩大利用自然资源的可能性，国民经济发展的地域比例，生产力合理布局的客观规律，区域经济发展过程，新区经济开发战略，发达地区经济的持续稳定增长，区域国民经济综合体和地域生产综合体组织，科技进步对生产布局和劳动地域分工体系的影响等。

（二）区际经济关系

区际经济关系是指不同区域间在各自经济发展过程中发生经济交往行为，

并通过生产要素和主导产品的区际流动而缔结的一种相互依存、相互促进、相互制约的经济关系。一个区域与其他区域间的经济关系是判断该区域经济发展水平的重要依据之一。经济越发达，区际经济联系越紧密。扩大开放、消除封闭、加强合作、克服冲突是区际经济关系合理化的要求与标志，是区域经济发展的内在要求。区域经济关系包含区域要素流动、区域分工、区域贸易、区域通达性等。

第五章 铁路与区域经济发展的关系

交通是促进社会经济发展的前提和基础，铁路作为交通系统重要组成部分，直接影响区域经济的发展。随着铁路建设的加快和区域交通网络建设的不断完善，铁路运输在缩短人流及物流信息的时空距离的同时，促进了不同地区经济及文化交流，加快了区域经济空间格局演化，优化了区域产业结构，促进了区域经济联动发展，提高了区域经济总量，加速了区域经济发展速度。铁路与区域经济发展的关系主要表现在以下几个方面。

一、促进生产要素流动

生产要素流动是指可流动的生产要素在区域内和区域之间的地域空间的位移。

空间经济学认为，生产要素的流动既受到流动性差异的影响，又受到一国经济要素与全球经济要素配置关系的影响。在经济全球化中，生产要素为了追求报酬的最大化而在全球范围内寻求最佳的配置位置。然而，由于要素流动往往会追求最佳配置，而集中到各个最优地区或者最优国家，造成生产要素任何时期在各个国家或者地区的分布都不尽相同。从分布特性来看其分布程度有高有低，要素分布的不平衡性是要素流动的显著特征。

在区域经济发展的过程中，始终伴随着从极化到扩散等作用，形成了一个聚合和扩散的过程，当生产要素为了寻找最优的资源配置时，会主动流向某个区域并在该区域产生极化作用，然后再达到一定程度向周边扩散形成扩散效应，最后是回流，即涓滴作用。当区域处于一种开放系统环境下，只要各个区域之间存在不平衡性，那么就会产生要素的流动。

从产业经济视角来看，生产要素主要是在产业内和产业间进行流动。当某个产业集聚了过多生产要素时，就会产生扩散效应，多余生产要素会向其他产业流动。

（一）扩散效应

扩散效应，是指随着经济的发展，经济中心地区会逐步向周边地区开始辐射、扩散，从而带动周边地区的发展，缩小两者之间的差异。扩散效应以资源要素的流动为基础，要素流动的深度、广度决定了扩散效应的影响程度。

铁路运输设施为产业扩散提供了有效路径，铁路运输越便利，各地之间的经济交流和联系越紧密，经济合作程度越深，为产业扩散提供了良好的外部环境。铁路对产业扩散的影响主要集中在两个方面：第一，铁路带动要素流动而产生的扩散效应。扩散效应是以要素的流动来实现的，铁路为要素的流动和扩散提供了载体，改善了要素流动和条件。一般而言，大城市在技术、资本、人才、信息等领域有着优势，而中小城市的发展需要这些要素的补充。铁路建成之后，大城市在资本、技术、人才、信息等领域相较以前能够更容易地流动到周边的中小城市，为中小城市的发展提供动力。第二，拥挤和成本上升带来的扩散。大量人口在大城市的集聚不仅使城市交通、住房、电力、就学、医疗等公共服务供给不足，也增加了城市中企业和个人的成本负担，不利于城市健康发展。成本的提高使得企业向中小城市扩散。企业沿着铁路朝周边地区布局既解决了企业成本较高的问题，也方便企业进入大城市，提升了铁路沿线地区的吸引力。

（二）极化效应

极化效应，是指处于高度发达地区，不断积累有利因素，使生产进一步集中，加速经济与社会发展，加速两极分化。

铁路的建设和发展增强了城市间、区域间的流动性，便利了生产要素向经济发展水平较高、发展环境优越的地区流动，进一步强化了大城市的优势地位，提升了大城市的吸引力，聚集更强大的发展势能。

铁路的"极化效应"将加剧人才、资金流、信息流的汇聚，促进旅游、商贸、房地产、文化教育和现代服务业的发展。如武广铁路开通后，沿线各地区充分利用区位优势，发展诸如会展、旅游、餐饮、住宿、零售等第三产业，实现了客流增长和经济发展之间的良性互动。依托铁路所营造的空间区位优势和势能，集聚优质生产要素，将培育形成一些原本不具发展基础或发展优势的高端服务业，成为带动城市现代服务业发展的新的增长点和增长极。

与之相反，经济发展缓慢、资源禀赋不足的地区面临着人才、资金、技术等本来就稀缺的生产要素资源进一步流失的风险，减弱自身发展的动力，进而拉大了不同区域之间的发展差距。以京沪铁路为例，在北京、济南、南京、上海这四个大城市之间分布着许多中小城市。京沪铁路开通之后，中小城市与大城市之间的通达性大大提升，大城市的消费市场更具有吸引力，中小城市的消费群体都朝着大城市流动，伴随其他要素的流动为大城市提供了更多的资源和优势，中小城市的发展受到一定影响。例如，南昌搭乘铁路到上海最快仅需 3 小时。由于上海比江西经济发达、市场繁荣、文化娱乐丰富，因此可能吸引不少江西的中高端消费者到上海度假休闲和购物消费，这仅是商贸方面的影响。对企业发展环境而言，由于铁路把上海、杭州这些人才、资金流、信息流汇聚的竞争对手直接搬到了自己家门口，因此对正在大力发展新兴产业、现代服务业、"总部经济"的江西将造成严重影响。

另外，铁路使中小城市成为"快旅时代"过境地，游客"旅游地和住宿地分离"成为常态，中小城市的旅游产业将受到较大冲击。从某种程度上讲，铁路是一柄"双刃剑"，"扩散效应"和"极化效应"并存，关键在于如何把握全局、趋利避害，实现收益的最大化。

二、促进产业集聚，打造新的经济增长点

（一）产业聚集

产业集聚是指一定产业在地理空间上的集中。产业集聚的目的是获取基于规模集聚、范围经济以及竞争所带来的集聚效应。产业聚集是一种常见的经济现象，最典型的例子当数美国硅谷，聚集了几十家全球 IT 巨头和数不清的中小型高科技公司。

（二）铁路对产业聚集的影响

铁路对产业集聚的影响主要聚焦在运输成本上。铁路设施一般需要大量的投资，产生很大的固定成本，因此铁路线路量具有规模经济的特点，在铁路沿线和站点布局可以节约交易成本和信息成本，获得较高的集聚效应。企业基于控制成本，共享基础设施和服务、共享信息等方面的考虑，聚集在一起形成产业集群。企业的集聚逐渐形成了产业集群的优势，产业的整体竞争实力得以增强，形成区域经济重要的增长点，甚至可能是增长极。铁路对产业集聚效应的影响主要表现在以下几方面。

1. 成本优势

企业在一定区域内的相互临近，或者同时处于生产链的某一个环节而分工不同，从而降低成本，如运输成本、库存成本、交易成本；有共同的交易市场与采购中心，从而降低原材料成本与销售成本；集群企业的临近使得信息的搜寻与获得更加迅速，从而降低信息成本；企业的集聚带来劳动力的集聚，从而减少劳动力的搜寻成本。同时，由于地理上的相互临近，内生信誉机制，减少了风险、增加了服务。最重要的是知识的外溢效应，使核心技术与知识扩散速度加快，有利于企业的创新。

2. 促进分工与合作

新的贸易理论认为，市场与分工交互作用产生的内生的绝对优势具有更为普遍的意义，竞争最终的结果将主要取决于资源使用的效率。在一定区域内集聚，能够更好地发现各个企业的比较优势，从而形成纵向与横向的协作，促进规模经济发展和产业结构升级，提高资源的利用效率。

3. 享有区域与品牌优势

由于一个区域在某一个或某些方面或品牌做得比较出色，从而提高了整体的知名度和提升了整体的企业形象，商品需求者就会自动来此地区购买商品。同时，地区集聚的诸多便利条件，也会吸引投资商前来投资。中小企业集聚具有明显的三个特点：产业相关性、相邻区域及集聚的企业形成网状组织、集聚区集聚效应的发挥依赖于企业间网络的健全及其密度。

4. 促进基础设施的共享

企业进行生产和经营，需要与之相适应的交通运输、邮政通信、水电供应等基础设施。公共基础设施的共享，有助于企业降低基础设施建设、使用和管理成本，提高设施的利用率，实现规模经济效益，产生更大的社会经济效益和环境效益。

三、对区域经济的拉动效应

铁路对区域经济增长拉动效应包括直接效应和间接效应，前者包括铁路修建和相关产品的生产过程中直接创造的经济增长、建设人员消费需求引起的相关产业部门扩张带来的经济增长，以及铁路建成后对经济的直接经济影响，如节约运输时间、降低运输成本、提高交通安全等对经济提升的效果。后者包括铁路修建和交通运输改善带来的间接经济效益，如产业布局的变化、城市化进程的加快、交通经济带的形成等带来的经济效益。

铁路投资具有直接拉动作用。首先，作为国民经济的组成部分，铁路建设直接引起国民财富的增加，促进经济增长。其次，铁路的技术经济优势带来的经济增长，即与以往的交通基础设施相比，铁路的修建带来交通运输业的革命，使产品和服务加速流动，并对原有资源配置方式产生革命性的影响。最后，铁路建设具有投资数额巨大、技术优势明显、涵盖产业多、建设周期长等特点，因此，对区域经济增长的贡献也比其他交通基础设施大。例如，京沪高铁总投资高达 2200 亿元，而基建投资超过 1000 亿元。除基建外，京沪高铁建设对工程机械设备的采购规模达 300 亿元，拉动桩工机械、混凝土设备等产品需求。长期而言，铁路板块中具有行业竞争力的上市公司将从中受益。因此，铁路建设的拉动作用与其他交通基础设施相比，作用更强，对经济增长的拉动效应也更明显。

铁路对区域经济增长的拉动效应大体可以分为基建、机车、运输、铁路产业链、旅游等多个板块。其表现形式为前向波及效应和后向波及效应，前向波及效应是指铁路对那些以铁路运输服务为其中间投入的生产部门所产生的波及效果。例如，铁路的修建将更多的产品送到消费地，同时也将更多的原材料运至生产地，这为原有生产部门扩大生产创造了有利条件，从而对生产企业和部门产生效果。后向波及效应即铁路与那些为铁路提供运输生产所需的中间产品的部门相联系而产生的波及效果。

铁路建设可以创造巨大的市场需求和就业机会，可带动更多的相关产业及其产量的增加，促进这些产业技术和产品质量上台阶。如列车车厢内要求保证旅客必要的乘坐舒适性，必须有良好的车窗设计、空调和减振降噪技术、卫生与排污技术等。铁路的修建会促进这些产品的生产部门扩大再生产，从而拉动区域经济的增长。铁路的区域经济增长拉动效应会对铁路的网络效应和路网收益产生影响，即铁路修建的成本收益规模会带动区域经济增长，从而对周围沿线地区的经济发展产生影响[1]。

---

[1] 张学梅、董恺凌：《高铁快捷货物运输组织与高铁经济研究》，四川大学出版社，2018 年，第 489 页。

四、推动区域经济一体化发展

(一) 铁路对区域经济的溢出效应

铁路的网络性可以促进区域经济活动的集聚与扩散，加强区域经济之间的联系，改善区际贸易和要素流动，影响区域经济系统的产业布局，对区域经济具有溢出正效应作用。一个区域的经济发展了，通过以铁路为载体的经济活动的扩散，带动周边地区的经济发展。铁路与其他基础设施在空间上的集聚，强化了其所在区域的区位优势，成为经济发展的优势地带，从而这些基础设施在区域走向上的一致性和相互依赖性使得沿线区域具备经济发展的有利条件，如低廉的运输成本、高效及时的信息交流、充足的能源保证等，这些条件会对沿线区域资源开发、各种经济活动和城镇的形成发展及各种经济联系产生极大的促进作用，触发并刺激沿线区域经济在新的水平上快速发展，逐渐使生产要素和主要经济活动向铁路沿线集聚，随着该区域经济系统经济发展水平的提高、铁路网络的优化，区域经济溢出效应也会逐渐显现。其中，正溢出效应的表现主要有知识及技术的溢出、生产要素和资源溢出等。而对沿线区域经济系统产生的环境污染、人口等生产要素的减少则属于负溢出效应。合理的铁路网络规划有利于增加该区域经济系统的空间溢出正效应，而减少空间溢出负效应。

铁路的空间网络化促进沿线区域经济活动的集聚和扩散，铁路网络的不断发展，增强了特定地点和区域的空间连通性和可达性，引起空间区位优势的变换，为空间经济的集聚和扩散提供了必要条件，导致空间经济向某一中心城市或某些城市集聚，在集聚一定阶段后沿某些基础设施向外扩散，逐步形成以产业发达和城市化程度较高的城市群或者产业群为轴线的区域经济系统间的竞争，从而提高了竞争的层次性，区域经济竞争格局也更加明显，同时，也促进了区域经济一体化的发展。

(二) 促进区域经济一体化发展

区域经济一体化，是指不同的空间经济主体之间为了获取生产、消费、贸易等利益，在社会再生产的某些领域内实现不同程度的经济联合和共同的经济调节，向结成一体的方向发展，包括从产品市场、生产要素、市场到经济政策的统一逐步演化。经济一体化分为世界范围内的一体化、不同国家之间的经济一体化和一个国家某些地区的经济一体化。区域经济一体化实际上是一个建立在区域分工与协作基础上，通过生产要素的区域流动，推动区域经济整体协调发展的过程。

区域经济一体化的发展主要受制度成本和运输成本的影响。制度成本主要是指不同地区之间不同的地方性法规、政策，以及人们的观念差异等而产生的成本，通常表现为区域之间商品、资本以及人员流动方面的限制。运输成本是由不同地区之间的空间距离带来的。一般而言，空间距离越远，交通运输越不便利，运输成本就越高，对经济活动的影响就越大。

在市场经济发展程度高的国家，不同地区之间的制度成本相对较小，而运输成本因其自然特征，成为其区域经济一体化中的主要成本。市场经济发展程度较低的发展中国家，不仅要统一市场，推进市场经济法治建设，还要推进交通基础设施建设，解决交通运输瓶颈，降低运输成本，为实现区域经济一体化创造良好的条件。地理距离是无法缩短的，但时间距离是可以缩短的，加强交通基础设施建设可以降低运输成本，提高区域的通达性，便于人员、信息、资本的流动，加深区域间的分工与协作，有效提升区域的整体竞争实力。

铁路的建设一方面有利于完善铁路网络的建设，与其他交通运输方式之间合作建成综合交通运输体系，促进区域交通一体化的建设。另一方面，铁路能够弥补既有交通运输方式之间的空白领域，促进要素的流动，为区域分工和协作提供更好的基础设施条件。以京沪铁路上海段为例，京沪铁路建成促进了上海虹桥综合交通运输体系的建设，把上海与周边的中小城市紧密地连接在一起，有助于上海及周边地区更好地完成经济分工与协作，在一个范围更广的区域内实现资源的优化配置，促进区域内部的优势互补和协同发展。

五、促进产业结构转型

交通功能一直都是城市建设及发展中的核心功能，铁路所到之处的城市区域都会为适应铁路经济发展需要而不断转变城市产业布局，以达到不断优化产业布局、完善城市产业体系及城市等级体系的目的，最终促进城市区域经济发展。随着铁路建设及发展，铁路沿线区域会在短时间内聚集很多产业，诸如餐饮业、旅游业等，甚至还会形成巨大的商业圈，建立很多大型商场，这不仅会让铁路沿线区域获取更多经济利润，还会为这些区域带来很多发展机遇，吸引很多外来投资，从而不断优化产业布局、完善产业结构和铁路服务体系。这些转变和优化都非常有利于区域城市产业布局优化及区域经济发展。

在铁路经济影响下，铁路沿线的城市区域会为适应铁路建设及发展而逐渐转变、优化产业结构，整个转变和优化过程实际上就是促进产业结构转型的过程。很多产业会不断创新自己的生产方式，并转变自己的经营理念，以促进产业与铁路经济协同发展，因此在铁路经济影响下产业结构逐渐发生转型。这是传统产业转型升级的最佳机会，也是提升区域经济发展速度的有效途径。

依托铁路所产生的"同城效应"，将实现区域资源共享，加快产业梯度转移，有效推动区域内产业优化分工，围绕构建铁路沿线产业链条，形成比较优势，促进沿线地区的产业协调互补发展。铁路建设加快了通道经济的培育，连接发达地区与欠发达地区，有利于消除区域壁垒，将欠发达地区的资源优势转变为现实经济效益，统筹区域协调发展，进而实现区域大开放格局。例如，沪宁、沪杭、宁杭、京沪等高铁的开通，带动长江三角洲地区协同分工、错位发展，有序的产业体系逐步完善，有效支撑并在很大程度上引导了上海知识型服务业体系，杭州以现代商务休闲、文化创意等产业为核心的高附加值产业体系，宁波以现代物流商贸和电子商务为主的商贸产业体系，苏州、无锡、常州等具有区域特色的新型制造业产业体系等的发展。

六、加快城市化进程

城市化也称为城镇化，是指随着一个国家或地区社会生产力的发展、科学技术的进步以及产业结构的调整，其社会由以农业为主的传统乡村型社会向以工业（第二产业）和服务业（第三产业）等非农产业为主的现代城市型社会逐渐转变的历史过程。

城市化进程是社会经济变化过程，包括农业人口非农业化、城市人口规模不断扩张，城市用地不断向郊区扩展，城市数量不断增加，以及城市社会、经济、技术变革进入乡村的过程。

城市化的过程是经济社会结构变革的过程，加快城市化进程的本质是要使全体国民享受城市化成果并实现生活方式、生活观念、文化教育素质等的转变，即实现城乡空间的融合发展。其中，包括产业的融合、就业的融合、环境的融合、文化的融合、社会保障的融合、制度的融合等，以期真正实现城市和农村人民群众的共同富裕、共同发展、共同进步[1]。

新建铁路将有效整合运力资源，释放既有铁路的运力，缓解客运和货运的

---

[1] 张学梅、董恺凌：《高铁快捷货物运输组织与高铁经济研究》，四川大学出版社，2018年，第182页。

紧张矛盾，提升城市的辐射能力，城市资源重新进行优化配置，有力推动沿线城市化进程。铁路对城市化发展的作用主要表现为以下几方面。

（一）提高城市可达性

铁路具有安全正点、便捷高效、节能环保、较强的环境适应性等比较优势。

从我国城市化发展的总体布局看，邻近城市群或城市圈之间的距离一般不超过 1000 千米，城市群或城市圈的覆盖范围一般不超过 500 千米。在 500 千米的运距范围内，高速列车的运行速度是公路大客车的 3 倍，具有速度优势；在 1000 千米左右的运距范围内，以京沪高速铁路为例，北京—上海直达时间 4 小时，旅客"门到门"的出行时间与飞机相当。所以，高铁可达性很强。在世界范围内，铁路已被广泛应用于区域间的干线运输和城市中的公共交通，在国土开发、推动城市化进程并改善城市交通状况等诸多方面，具有积极作用。

铁路尤其是高铁的发展改变了城市之间的空间、地域概念，方便了区域之间、城市之间的物资、信息、人才快捷流动，成为城市化进程中解决交通问题的发展趋势。

（二）促进城市分工合作，优化资源配置

城市化的基本特征是要素聚集。聚集经济是城市化的基本动力，扩散是资源聚集的表现，城市群的形成正是聚集和扩散机制作用的结果。不同于传统的运输方式，铁路以速度快、大运量等特点对产业有着较强的聚集和扩散作用，从而推动区域生产力布局的调整，促进区域经济发展，形成协调合理的城市群落。

在运输业形成规模经济条件下，铁路的优势可使制造业向具有运输优势的区位聚集，推动制造业向周围扩散。铁路对沿线产业的聚集与扩散的往复作用，使资源能够在整个区域实现优化配置，从而促进了城市体系内有发展优势的产业不断发展壮大，使沿线产业结构更趋合理，城市群也随之形成并完善。

（三）助力城市可持续发展

铁路是典型的节能环保绿色交通工具。铁路运输的货物周转能耗为公路运输的七分之一、污染排放量仅为公路运输的十三分之一。铁路节约建设用地，同样的运输量，铁路建设占地仅为高速公路占地的十分之一。现铁路大量采用全线高架形式，"以桥代路"更加节约土地资源。铁路占地少、运量大、效率高、能耗低、污染小等特点，有利于城市可持续发展。

（四）缩短时空距离，形成同城效应

同城效应是指对在相邻地区或更大范围内发生重要的作用和联动效应。随着城市间交通的便捷化和时空距离的不断缩短，各个城市的行政边界趋于模糊，一个城市的基础设施和服务功能越来越多地被其他城市分享，一个城市的人口、物流、信息流、商务流越来越突破传统的行政区域界限，在更广的城市群区域内流动、配置，形成一个紧密联系、共存共荣的城市群或大都市经济体。同城化效应是城市现代化发展的新趋势，也是经济全球化发展局势下城市间互相交流合作发展的必然产物。

交通运输设施是同城化建设的基础和保障。从既有的交通运输方式看，航空虽然速度快，但整体的便捷程度不高；高速公路便捷灵活，速度快，能够带来同城化感受，但与铁路相比，它受气候等自然因素和人为因素（如拥堵、车祸等）影响较大，正点率难以保障。铁路速度快、全天候运行能力强、正点率高，特别是公交化的运营模式更大大提高了两地通勤的效率，实现城市之间的无缝对接，为实现同城化奠定了基础。铁路的同城化效应主要表现为以下几方面。

1. 通勤就业同城化

跨城市的通勤就业是铁路同城化效应的重要表现。一方面，铁路快速灵活、公交化运营的特点能够很好满足人们在不同城市之间的运输需求，铁路与城市内部的交通运输联系紧密，提高了运输效率，完全可以满足通勤就业的需求。另一方面，铁路扩展了城市空间，大城市的企业逐渐向周边地区布局，助推了位置相近的城市之间跨城市的通勤就业。以京津城际铁路为例，在2008年8月1日开通之后，北京和天津这两个直辖市之间的通勤最短时间缩短为30分钟，使居住和工作可以在两个城市之间保持平衡，吸引了大量在北京工作的人群去天津居住。

2. 产业布局同城化

长期以来，不同城市在经济发展、产业布局上都各自为政，没有形成良好的协同效应，有的还存在较为普遍的产业同构现象。铁路的开通拉近了不同地区的时空距离，降低了空间距离对于商品、信息等要素流动的限制。不同规模、不同等级、不同经济发展水平的城市的产业布局能够站在更高的层面来规划，实现产业的跨空间转移。大城市可以充分发挥中心城市的功能，在技术密集型、资金密集型产业中有所作为，中小城市突出自身的特色，发挥自身的比较优势，在大的产业链上形成分工协作，使城市产业结构得到调整，形成层次清晰、优势互补、分工合理、运行高效的产业结构体系，推进区域经济的发展。

3. 文化娱乐同城化

铁路拉近了不同地区之间的时空距离，缩短了人们之间的心理距离，拓展了人们的城际生活圈，有助于不同城市居民的交流互动，推进不同地域之间的文化交流和融合。受地理位置和交通运输工具的限制，空间距离一直是影响不同地区居民交流沟通的客观因素。铁路的开通大大提升了区域的通达性，方便了人们的出行，为各种商业活动、旅游度假、文化交流等活动提供了便利，打破了城市之间的文化阻隔，改变了人们的生活方式，形成新的时空概念。

在实现城镇化的过程中，铁路的便利和高效有利于发挥各个区域间优势，实现资源和平台的互补，加快中心城市与卫星城镇之间联系和布局，减少人员流动时间与空间成本。同时，铁路还能有效激发沿线区域的经济发展潜力，从而促进当地经济的快速发展，直接推动沿线城镇化的建设，加快城镇化进程。

"高铁+互联网"时代，城乡融合发展体制机制基本建立，人口快速流动呈常态化。铁路部门利用现有铁路网发展市郊铁路和城际高铁，与地铁网、公交网衔接，实现多层次交通网络体系嵌套。良好的交通条件促进区域间、城乡间劳动力尤其是人才的快速流动。

新型城镇化建设，需要强化综合交通运输网络的支撑。城际铁路和市域（郊）铁路可以缩短市域核心区至周边区域的时空距离，使中心城市的功能辐射作用增强，带动区域城市统筹协同发展。如京津城际铁路，不仅使北京和天津这两个人口过千万的特大城市间形成"半小时经济圈"，实现了"同城化"，而且加快了京津区域经济一体化进程。

七、促进旅游业的发展

铁路既是旅游经济发展的必要前提，又是旅游经济发展的必然结果。铁路极大地延长了沿线城市的旅游产品辐射半径，带来旅游地的空间重组和功能转型。泛亚铁路对旅游发展的影响主要表现为以下几个方面。

（一）改变旅游方式，提高了出行质量

铁路满足人们日益增长的"快旅慢游"需求，为游客提供更加快捷、舒适、安全、稳定、新型的交通方式。铁路的运行缩小了游客"旅游时间比"，进而缩短游客对目的地的距离感知，在一定程度上延长游客在目的地的停留时间，催生"快旅慢游"现象。铁路快速、舒适、便捷的优越性将吸引游客改变传统的旅游方式，扩展客源流量与市场规模，激发游客的潜在需求。

（二）引发大规模、中高端、高价值客源群体出现

铁路不仅能促进客流量大幅增长，还将助力旅游消费人群、旅游产品、旅游形式的转变。大量高端商务旅客，以及商务旅游、会议旅游、会展旅游也将随之涌现。此外，以家庭为单位的自助旅行及以高端消费者为主力军的散客游，将成为泛亚铁路时代最具价值的潜在消费人群。中高端商务、休闲人员极易转化为高价值游客，对调整旅游产业结构十分有利。

（三）改变旅游结构，加速旅游产品转型升级

随着泛亚铁路网的贯通，一些处于"神经末梢"的二线城市，甚至从未纳入旅游线路的旅游县区将转变为面向全国和海外市场的旅游前沿地区，一大批桥头堡式的旅游产业增长将不断涌现。同时，杠杆效应将在旅游发展战略中发挥作用。铁路运营加强了全国各地的经济、文化、人员交流，实现客源的高速流动，随之而来的是其负载的一系列旅游才智、信息、文化、机遇等各种城市间旅游战略合作的软资源交换。铁路运营将优化资源配置，有效撬动各地旅游经济社会发展的协同推进，推动旅游业转型升级。

（四）促进区域旅游的发展

铁路及其网络的发展给沿线城市和旅行者带来极大"时空压缩"效益和明显的距离缩短感知[1]。城市之间的交通可达性不断优化和改善，旅游客源地、旅游目的地之间的旅游发展要素加快流动，对区域内旅游经济发展起到推动作用，更加优化沿线城市的旅游资源配置。

铁路及其网络为旅游景区带来大量的游客，形成一定的规模效应；同时，

---

[1]　张学梅、董恺凌：《高铁快捷货物运输组织与高铁经济研究》，四川大学出版社，2018年，第187页。

也拉近了景区之间的时空距离，使景区间的竞争更加凸显。为了吸引旅客、提高景区的竞争力，各景区将改善景区基础设施、提高服务质量，通过差异化建设，提升景区知名度，形成相对的竞争优势，实现旅游资源的优化配置。此外，区域间景点或景区离不开区域品牌独立生存，必须通过联动形成规模效应，实现互惠互赢，从而促进该区域旅游产业的发展。

八、泛亚铁路对区域经济的影响

泛亚铁路对区域经济的影响主要包括促进区域或区际要素流动、网络效应、区域分工、区域贸易、区域通达性、区域经济政策等方面。

（一）促进区域或区际要素流动

区域要素流动分为区域内要素流动和区际要素流动。泛亚铁路为区域要素的流动提供了载体，能够很好地满足区域要素流动的需求。通过区域要素的极化、扩散和注入过程，要素在区域及区际之间流动，促进了区际贸易、区际协作和区际投资的发展。

要素流动的作用主要有：形成规模经济，优化配置生产要素，促进技术创新扩散，深化分工，扩大专业化，促进行业和区域间的均衡等。

（二）泛亚铁路的网络效应

1. 交通网

交通网是指由交通枢纽和运输线路共同构成的网络系统。其布局受经济、社会、技术和自然的影响和制约。

铁路网就是由铁路线路、站点构成的网络。泛亚铁路就是由联合国亚洲及太平洋经济社会委员会（ESCAP）策划并打造的欧亚大陆铁路运输网络。

构建交通运输网络对经济发展和社会进步具有重要的意义。新时代的交通网络是一种投资大、使用期限长的公共产品，一旦形成，将在很大程度上影响城市化布局、区域规划建设以及经济带的形成。

2. 交通运输网络效应

交通运输业是以交通网络为基础的产业，同时具有网络共性和交通特性。交通运输业主要是由交通枢纽和运输线路组成，一般所跨范围较广，包含枢纽数量较多，所以它是一种较为复杂的网络型产业，有着与一般的网络型产业所不同的特性。首先，交通运输产业的主体有多个，而且彼此之间的影响较大，其中有一部分的设施设备是由国家组织兴建的，其服务由全社会共享，所以交通运输产业要求不同成分之间的配合要更加密切，彼此之间的兼容性与互补性更加明显。其次，一般的网络型产业都是以价格来进行相关环节的连接，而交通运输产业主体的多样性导致不同环节的连接因素也较多，网络效应的内部化结构较为复杂。最后，交通运输的能力是有限的，需要采取措施提高运输效率，这对运输的供需双方都有要求，从而导致交通运输产业的网络化结构更加复杂。

作为准公共产品的交通基础设施都具有网络性特征，网络性基础设施是指其空间范围内引起、支持生产要素在各区域之间转移的基础设施，其核心内容是作为一种通道，运输生产要素从一个区域流向另外一个区域，实现生产要素的空间移动。网络性基础设施在客观上使各区域之间连接成一个整体，是各区域间经济活动和区域相互作用联系的纽带。

铁路的网络性使得地理空间各单元连为一体。交通网络系统是区域经济空间的脉络，也是区域经济集聚与扩散的重要条件。另外，一条铁路的改善或新建不仅会影响这条线路本身及其所直接服务的区域，而且会影响铁路网络中的其他线路，进而对其他区域的经济发展产生影响。因此，铁路的网络效应决定了铁路网的优化对于区域经济的发展具有重要影响。铁路网络效应发挥的关键还在于该网络中骨干线路的运营，一条干线通车以后，就会将以前各区域的铁路线路串联起来，形成一个区域经济系统中的铁路网[①]。

3. 泛亚铁路的网络效应

泛亚铁路的网络效应决定了泛亚铁路网的构建和优化，对于区域经济的发展具有重要影响。泛亚铁路网络效应发挥的关键还在于该网络中骨干线路的运营，一条干线通车以后，就会将以前各区域的铁路线路串联起来，形成一个区域经济系统中的铁路网。通过网络效应能够优化产业结构、协调不同运输要素之间的关系，促进要素流动、拉动泛亚地区经济发展。

（三）泛亚铁路与区域分工

区域分工是区域之间经济联系的一种形式。由于各个区域之间存在着经济

[①]　张学梅、董恺凌：《高铁快捷货物运输组织与高铁经济研究》，四川大学出版社，2018 年，第176 页。

发展条件和基础方面的差异，因此，在资源和要素不能完全、自由流动的情况下，为满足各自生产、生活方面的多种需求，提高经济效益，各个区域在经济交往中就必然要按照比较利益的原则，选择和发展具有优势的产业。于是，在区域之间就产生了分工。

区域分工的意义在于，能够使各区域充分发挥资源、要素、区位等方面的优势，进行专业化生产；合理利用资源，推动生产技术的提高和创新，提高产品质量和管理水平；提高各区域的经济效益和经济发展的总体效益[①]。

泛亚铁路速度快、运能大，极大地拉近了不同地域之间的距离，扩展了城市空间，为企业提供了巨大的市场。同时，泛亚铁路投入运营之后，货物运输的技术水平、运输能力和运输速度将会得到进一步的提升，为区域之间资源和原材料的流动提供支撑。

泛亚铁路全天候运行、稳定性高，能够有效地保障区域间的分工和合作，既发挥了分工优势，又推进了合作的发展。以京津城际为例，对于北京、天津两个城市来说，泛亚铁路使两个城市的联系更加紧密，实现了无缝连接，创造了比单一城市更大的市场。

（四）泛亚铁路与区域贸易

区域贸易是指不同区域间商品和劳务的交换活动。区域贸易促进经济增长的作用主要表现如下：可以引进本区域缺乏的生产要素和产品，扩大区域生产和消费领域，提高生产效率；在开放的环境中，其他区域经济的发展可以成为本区域扩大的市场和新的投资来源，可以在更高层次上促进企业竞争和发展，从而促进区域经济的发展。

区域贸易受到区际交通运输规模、运输成本和运输时间限制。当经济发展到一定程度之后，商品的需求增加将受交通运输规模不足的影响，交通运输量不能满足运输需求，区域贸易也就处于一个瓶颈期，无法实现区域贸易的发展。商品的运输会产生一定的运输成本，只有在运输成本小于不同地区之间的价格差时，区域贸易才有赢利的空间和发展的动力。贸易之间的空间距离会增加运输时间，影响贸易的水平和规模。特别是一些易腐烂变质、不便运输的产品，因运输条件不便，只能在较小的市场内进行小规模的交易。

泛亚铁路运输速度快、发车密度大，拉近了区域之间的空间距离，提高了

---

① 张学梅、董恺凌：《高铁快捷货物运输组织与高铁经济研究》，四川大学出版社，2018年，第177页。

运输效率，以往易腐烂变质、不便于运输的产品能够快速方便地通过泛亚铁路进行运输。泛亚铁路能够提供强大的运能，运输密度大，能够满足运输规模的需要。相比于航空运输，泛亚铁路运输成本低，而且可以充分利用泛亚铁路客运的峰谷间隙期的运能资源，吸引更多企业和个人使用泛亚铁路进行货物运输，扩展区域贸易的规模[①]。

（五）泛亚铁路与区域通达性

交通是客运流、货物流和信息流等实现空间转移和流动的重要载体，在社会经济发展中发挥着重要支撑作用。交通对一个区域发展的影响，既表现在高速公路、等级公路、铁路等单一交通网络对区域的促进带动或制约影响，同时又表现在高速公路、等级公路、铁路、航空等组成的综合交通体系对区域的促进带动或制约影响。通达性是评价区域交通状况的重要指标，全面分析区域的通达性，对系统掌握区域交通状况意义重大。

区域通达性对于区域经济的影响主要是通过改变区域的区位优势，促进区域经济的发展。

企业沿泛亚铁路分布能够带来其成本的节约。泛亚铁路通过便捷的运输，降低企业的原料、工资等成本，从而使得其与其他交通运输工具相比具有较低的运营成本。此外，泛亚铁路使得沿线企业实现规模经济效应。由于企业聚集除了能创造一定的市场氛围和空间外，更主要的是以良好的通达性扩大产品市场的空间范围，以增强自身发展的潜力[②]。

泛亚铁路网络的建成，把每一个泛亚铁路站点纳入一个整体的高速通达网中，企业可以利用泛亚铁路以及与之配套的运输网络，满足较大范围内顾客的需求，从而有助于企业实现规模经济，进一步强化区域的优势区位条件，产生更大的经济效益。

（六）泛亚铁路与区域经济政策

区域经济政策是指政府制定和实施的旨在协调、促进区域经济发展的各种法令、条例和措施。它是政府干预区域经济、规范区域经济主体的经济行为、诱导和保证区域经济按既定目标发展的重要手段。

---

① 张学梅、董恺凌：《高铁快捷货物运输组织与高铁经济研究》，四川大学出版社，2018 年，第 178 页。

② 张学梅、董恺凌：《高铁快捷货物运输组织与高铁经济研究》，四川大学出版社，2018 年，第 179 页。

区域经济政策是一种特殊的经济政策，它的目的性非常强，主要针对某些类型的区域问题采取政府集中行动。区域经济政策是政府干预区域经济的重要工具之一，它具有调整资源配置、控制区域间差距扩大、促进区域经济发展和区域格局协调发展的作用。区域经济政策主要包含区域发展政策、区域关系政策和特殊区域发展政策。交通运输条件的改善，为区域经济发展和区域经济关系的发展创造了良好的条件。区域经济的发展因泛亚铁路的建设和运营而产生新的内容和趋势，给原有经济发展格局带来了变化，需要区域主管部门根据泛亚铁路带来的变化及时调整和完善既有经济政策，出台新的经济发展措施，为区域经济发展指明方向和路径，保证区域经济在新的条件下能够获得持续稳定发展。

第六章　泛亚铁路对沿线国家的影响

泛亚铁路，从亚洲大陆最南端的新加坡，一路向北、向西，深入亚洲和欧洲的腹地。泛亚铁路的线路连接着几十个国家、几十亿人民。它是一座连接亚、欧最大的"桥梁"和通道，是一条沟通太平洋、印度洋、大西洋的大陆桥。修建这条涉及国家众多、耗资巨大的铁路工程，对沿线国家影响巨大。泛亚铁路对沿线国家的影响主要有以下几个方面。

一、开启中国－东盟物流运输新格局

互联互通是时代潮流和世界各国的共同需要。泛亚铁路通过与既有铁路的整合，在欧亚构建了一条全天候、大运量、绿色低碳的陆上运输新通道和布局合理、覆盖广泛、层次分明、安全高效的铁路网络。建成的铁路网络将充分发挥运营效能、提升铁路运输的效率和品质，使货物运输变得更便捷。同时，畅通铁路网会不断以地区、国家或区域为中心向外辐射，形成新的综合交通运输格局，拓宽物流通道。完善的交通网络有利于打破运输方式间的界限、整合运输资源、优化运输线路和物流组织方式、提高物流效率、降低社会物流成本，促进物流业的发展。

泛亚铁路的中国－东盟通道包括东、中、西三条线，都是从云南昆明出发，经过越南、柬埔寨、老挝、缅甸等国，在泰国曼谷会合后经吉隆坡直达终点新加坡。按照泛亚铁路的规划，泰国处于中线，是泛亚铁路贯穿中南半岛的关键一段。中泰铁路项目被认为是泛亚铁路的突破口，也符合"一带一路"规划中"互联互通"的目标。中泰铁路合作项目4条线路涉及泰国南北国土，兼具客运和货运功能，不仅极大便利进出口，而且还可降低物流成本，沿线火车站还将成为泰国商品的对外展示和销售中心。

目前，中国和老挝境内相关铁路正在积极筹建，中泰铁路建成并与上述铁路连通后，将促进整个泛亚铁路中通道的贯通，形成贯穿大湄公河次区域快速客运和物流运输大通道。这对推进中国与东盟"一带一路"建设,改善中国与老挝、泰国及其他东盟国家间交通运输条件,逐步构建中国与东盟间安全、通畅的铁路运输网络,深化共建"一带一路"国家经贸、产业、能源资源合作等都具有重要促进作用。

越南也计划新修一条至老挝的铁路,并入由中国主导建设的泛亚铁路网。这条新铁路线长约 500 千米,将由越南中部省河静的永安港通往老挝首都万象。越南的农产品将通过泛亚铁路销售到各国,中国是越南主要出口市场之一。

铁路具有运输速度快、运量大、安全性高、受自然因素影响小、绿色环保等优势,远优于海上运输以及其他运输方式。泛亚铁路在畅通物流的同时,随着物流体系的优化、物流管理的改善,必将带来运输成本的降低。大宗货物在长途运输中,航空运输成本往往大于公路,铁路是最低的。通常铁路运输费用比公路运输费用要省 10%~20%。

国际贸易主要以海陆空等方式将商品送达,在运输成本因素的影响下,海运或陆运是国际贸易主要运输方式。世界银行宏观经济、贸易和投资全球实践局首席经济学家米歇尔·鲁塔等人认为,跨境贸易往往需要在节省时间和节省成本之间作选择。从货物运出工厂大门到抵达消费者手中,每延迟一天,就会使贸易量减少约 1%。

泛亚铁路加强了各国间的交通联系,尤其能运输一些保质期较短的产品,这会显著降低成本、推动贸易增长、提高贸易效率。世界银行 2020 年发布的题为"从'陆锁国'到'陆联国'——解锁中老铁路联通性的潜力"的报告认为,中老铁路不仅能够大幅降低昆明和万象之间的铁路物流成本,而且能够缩短从中国川渝地区到印度尼西亚首都雅加达的物流时间,大幅降低运输成本。

泛亚铁路作为国际陆路运输的组织方式,为亚欧国际贸易提供了除海运、空运之外的物流新选择。如中欧班列运输费用约是空运的 1/5,运输时间约是海运的 1/4,综合考虑高附加值货物在途时间成本,中欧班列与传统的海铁联运相比可以节约 8%~20% 的综合物流成本,且具有受自然环境影响小、稳定性高的特点,在满足高附加值、强时效性等特定物流需求方面具有比较优势。中欧班列平均碳排放量为航空运输的 1/15、公路运输的 1/7,在应对全球气候变化、引领全球交通运输可持续发展中发挥了良好的示范作用。

泛亚铁路是连接中国与东南亚的"黄金走廊",对促进中国与东盟国家深化合作具有重要作用。目前,泛亚铁路在中国境内部分均纳入中国《中长期铁路网规划》,已建成 150 千米,在建约 650 千米,开展建设前期工作的约 700

千米。铁路部门正在积极务实地推进老挝、缅甸铁路等重点项目合作，力争取得实质性更大突破。

届时泛亚铁路将成为中国连接东南亚的新通道。这条大通道纵贯中南半岛，将成为一条重要的国际通道，成为中国连接东南亚的钢铁丝绸之路。该通道有利于加强东南亚各国的物资交流，加快湄公河流域的开发，有利于加强中国西南部与东南亚的联系，有利于实现中国西南与东南亚两大市场的对接。

二、创新国际运输新模式，拓展国际联运新通道

随着泛亚铁路的建设，由泛亚铁路形成的铁路网不断延伸、向周边辐射，大幅提升了沿线口岸、枢纽和节点的承载能力。泛亚铁路与不同运输方式结合，打造出新的国际多式联运模式，形成了多向延伸、海陆互联、"水公铁"多式联运的空间布局，拓展了国际联运通道，开创了国际物流运输合作新局面。

（一）中老铁路打造国际运输新模式

中老铁路扩容辐射泰国、缅甸、老挝、马来西亚、柬埔寨、新加坡等近10个国家和地区，让西太平洋地区和欧亚腹地设施联通。作为中老铁路的起点，云南枢纽和辐射中心的优势越发凸显，以中老铁路为主线，向周边辐射，对接"一带一路"，涌现出"澜湄快线+跨境电商""中老铁路+中欧班列""中老铁路+西部陆海新通道班列""铁路快通"，以及西部陆海新通道+铁路+跨境公路联运等国际运输新模式，让运输方式更加多元化，形成特色鲜明的多式联运。

邦苏是曼谷行政区之一，位于曼谷市湄南河与廊曼国际机场之间，属于曼谷北部未来的一个商务区。随着中泰铁路计划的实施，泰国交通运输部计划将邦苏地铁站改建成可以取代现有曼谷站（华南蓬车站）功能的交通枢纽中心，修建新的邦苏高铁站。邦苏站将整个泛亚铁路网三条高铁路线汇集于曼谷，完工后所有需要经过马来西亚、新加坡、柬埔寨、中国、缅甸的火车都在该站转运，使曼谷成为整个东南亚交通枢纽。

泛亚铁路让柬埔寨成为东南亚运输网络的仓储核心。从柬埔寨出发，运输线可发散至泰国、越南和缅甸等国家。

2016年11月，国内首列"广州—南亚"公铁联运国际货运班列开通。南亚班列打通广东与西藏的内陆通道，同时也成为国内首条贯穿沿海内陆直达尼

泊尔、印度等国家的南亚通道。

（二）西部陆海新通道促进海铁通道互联互通

中国在规划泛亚铁路的同时，也进行了另一个更高层次的规划，也就是西部陆海新通道[①]。西部陆海新通道不仅是物流通道，更是经济走廊。2017 年 8 月，重庆、广西、贵州、甘肃 4 个省（区、市）签署"南向通道"（西部陆海新通道的前身）框架协议，建立联席会议机制。如今，西部陆海新通道的合作范围已扩展至重庆、广西、贵州、甘肃、青海、新疆、云南、宁夏、陕西 9 个省（区、市）。2019 年 8 月，国家发改委印发《西部陆海通道总体规划》，明确到 2025 年将基本建成西部陆海新通道。

西部陆海新通道是西部所有省区市连接东盟和欧亚大陆的重要通道，也是有机衔接丝绸之路经济带和 21 世纪海上丝绸之路的陆海联动通道。西部陆海新通道的建设使中国西南地区拥有缅甸和北部湾两个出海口，通过铁路和海运将我国西部地区与东南亚和欧洲联通。

西部陆海新通道以重庆为运营中心，各西部省区市为关键节点，利用铁路、海运、公路等运输方式，由重庆向南经贵州等地，通过广西北部湾等沿海沿边口岸，通达新加坡及东盟主要物流节点；向北与中欧班列连接，利用兰渝铁路及西北地区主要物流节点，通达中亚、南亚、欧洲等区域。西部陆海新通道逐渐形成由主通道、重要枢纽、核心覆盖区和辐射延展带四个维度构成的立体空间布局，进一步补全中国西部地区国际开放通道版图。西部陆海新通道已与中欧班列和长江黄金水道实现联通，并已初步实现丝绸之路经济带和 21 世纪海上丝绸之路的有机衔接。

西部陆海新通道是一个开放的国际"网络"，为中西部地区开辟了经由云南、广西、广东等地离境的南向通道。西部陆海新通道通过长江黄金水道和铁路线路联结东部港口向东通过中欧班列经满洲里和绥芬河口岸进出境通达中亚、中东欧，与西欧的西向国际通道有机衔接，形成了西向、东向、南向开放通道，促进了国际开放通道连接和融合，进一步强化了中西部地区在全球货物流通体系中的地位。如今，西部陆海新通道大大加强了中国—中南半岛、孟中印缅、新亚欧大陆桥、中国—中亚—西亚等国际经济走廊的联系互动，成为促进陆海内外联动、东西双向互济的桥梁和纽带。

---

① 孙东：《以昆明、南宁为核心打造中南半岛经济一体化》，https://www.lofter.com/lpost/4ba04006_2b45f3207。

三、发挥通道优势，促进沿线国家贸易发展

泛亚铁路是欧亚国家互联互通建设的重要组成部分，它的建成将为区域经济的发展和区域一体化的顺利推进提供基础保障。同时，也为"一带一路"倡议的有效实施奠定坚实的基础。

（一）泛亚铁路网推动经济合作网的构建

交通网络对经济发展和社会进步具有重要的意义，泛亚铁路构建的交通网络是一种投资大、使用期限长的公共产品。它的建成将在很大程度上影响相关国家城市化布局、区域规划建设以及经济带的形成。

泛亚铁路将编织一个巨大的经济合作网络，为亚欧内陆地区开启新通道，推动沿线国家和地区更好融入世界经济。依赖这个巨大的交通网络，亚洲国家和地区的经济贸易将获得高速发展的机会，成为东南亚国家和大湄公河次区域经济走廊各国经济往来的重要通道。泛亚铁路网将与孟中印缅经济走廊、中巴经济走廊和大湄公河次区域经济走廊形成互相支撑的体系，将有力促进沿线国家经济发展方式的转变，产业结构的转型、升级。

（二）中老铁路构建大通道助力大发展

中老铁路将与泰国、马来西亚铁路相连，成为泛亚铁路的重要组成部分，在中南半岛腹部打造了一条辐射缅甸、泰国、柬埔寨、越南等国的大通道[①]。

中老铁路可以将老挝、越南、泰国、缅甸和中国连接起来，不仅加强了沿线国家的联系，还将与快速增长的东南亚经济体与欧洲经济体联系起来。中老铁路不仅推动中老两国互惠互利，还将有助于发展地区经济，推动世界经济复苏。

中老铁路作为连接中国与东南亚的铁路运输通道，与《区域全面经济伙伴关系协定》（RCEP）生效带来的贸易、投资、人员往来的自由化、便利化等制度开放优势相结合，释放出巨大的经贸合作机遇，在大幅增进中国与老挝两国经贸发展的同时，也将促进泰国、缅甸、马来西亚、柬埔寨等国家经贸的发展，进一步增强中国与东盟地区的经贸联系。

---

① 《中老铁路助"一带一路"联通新未来》，中国政府网，https://www.gov.cn/zhengce/2015-12/07/content_5020638.htm。

中老铁路的开通对提升区域经贸往来的效果显著。中老铁路已与西部陆海新通道、中欧班列等实现连接，货物运往老挝、泰国、新加坡等 10 多个共建"一带一路"国家。运货种类由初期的化肥、百货等 100 多种扩展至电子、光伏、冷链水果等 1200 多种。中国超大规模市场和经济发展红利，正通过这条铁路源源不断分享给区域国家。

在与老挝首都万象仅一河之隔的泰国东北边贸重镇廊开，2022 年前 7 个月的进出口额已超过 2021 年全年。产自泰国的榴莲、椰子等水果通过中老铁路运往中国，开辟了泰国水果出口运输新局面。

（三）中越班列联通亚欧促进中国与东盟国发展

中越班列成为中国和东盟经贸往来的"直通车"。中越班列是一个连接国内至东盟国家的陆路国际联运班列，是中欧班列的重要组成部分。2022 年，世界经济在疫情冲击下，中国与东盟贸易仍呈现强劲发展势头，随着中国－东盟合作发展驶入"快车道"，中越班列自开行以来，发展势头持续向好，运载货物日益丰富，运量不断增加。中越班列日益成为中国与东盟国家经贸往来的"直通车"。

中越班列具有巨大优势和潜力。中越班列与中欧班列无缝衔接，打通了亚欧大陆桥南向通道，为欧洲、中亚、东盟贸易构建了一条安全快捷的国际物流新通道。

中越班列一头连接东盟市场，一头连接我国内地的消费市场，通过跨境集装箱联运班列，搭建了一条包含广西农产品和东盟热带水果、海鲜、农副产品的快捷销售网络，不仅推进广西边境贸易转型发展，促进内外贸易融合发展和消费提质升级，也为沿边人民的脱贫致富带来机遇。同时，随着西部陆海新通道的建设发展和铁路国际联运无纸化通关工作的深入开展，站点配套能力的不断加强，相关政策的持续完善，中越跨境集装箱班列迎来新的发展机遇，成为中国与东盟国家间国际贸易陆路运输更加通畅的物流新通道，吸引越来越多的企业选择中越跨境班列开展货物的出入境运输。

为提高中越跨境货物班列运输效率，铁路部门积极协调海关部门持续优化通关流程和运输服务，启用"铁路快通"模式，确保中越班列在口岸高效通行，搭建起一条中国面向东盟的快速陆路大通道，有力保障跨境物流畅通。在该模式下，符合条件的企业无须另行办理转关手续，海关通过铁路舱单系统即对电子数据进行审核、放行、核销，与以往的转关模式相比，能节约通关时间约 24 个小时，单箱还可节省费用 200 元以上。

铁路部门还加强货源组织，保障中越班列安全高效开行，为规模生产制造企业提供物流总包服务；成功开行"中越老"跨境多式联运、泰国进口水果、中越中欧联程运输等特色班列，进一步丰富了中国与东盟之间货物运输形式及路线。

（四）"中越老"跨境多式联运推动物流畅通

"中越老"跨境多式联运班列就像一座"桥梁"，激活经济发展的"新引擎"，打通物资生产、分配、流通、消费等各个环节，在四通八达的路网中实现货畅其流，有力助推中国和世界经济复苏发展，彰显大国担当，为国内国际经济社会发展坚定信心、创造活力、增添动力，让跨境贸易通道成为经济腾飞的跑道。

随着中国经济和东盟经济的不断发展，西部陆海新通道铁海联运班列逐渐成为中国和东盟之间贸易往来的重要方式。铁海联运班列的开行为中国和东盟国家带来了诸多好处，不仅加快了双方之间的贸易往来，而且有助于推动地区经济的发展，为双方带来更多的机遇。

（五）西部陆海新通道通海达陆货畅其流

西部陆海新通道铁海联运班列为中国和东盟国家提供了更加快捷、高效的贸易通道。传统的陆路和海运物流方式需要跨越多个国家和地区，加上中间环节多、时间长、流程复杂等问题，导致物流成本和时间成本较高。而铁海联运班列通过铁路、公路、海运等多种交通方式联合运输，可以大幅缩短运输时间和降低运输成本，使得货物能够更加快捷地抵达目的地，满足双方企业和消费者的需求。

西部陆海新通道铁海联运班列有助于促进中国和东盟国家之间的贸易往来和互信合作。随着贸易规模的扩大和贸易结构的升级，中国和东盟国家之间的贸易合作逐渐由简单的商品交易向更加多元化和高端化的合作转变。而铁海联运班列作为一种新型的贸易合作方式，有助于提高双方之间的合作效率和效果，促进更加广泛和深入的贸易合作和互信合作。

（六）泛亚铁路搭建欧亚新通道

泛亚铁路与中欧班列、西部陆海新通道的无缝连接，搭建了联通欧亚的新通道。目前，中欧班列形成了西部、中部、东部三条运输大通道，紧密了亚欧大陆的陆路联系。截至 2023 年 9 月，中欧班列共铺画了 86 条运行线路，通达欧洲 25 个国家的 217 个城市，逐步"连点成线""织线成网"，运输服务网络覆盖欧洲全境，形成贯通欧亚大陆的国际运输大动脉。中欧班列的快速发展，有力推动了沿线国家之间的政策沟通、设施联通和贸易畅通，带动了资金融通和民心相通，促进了亚欧大陆互联互通。

中欧班列为共建"一带一路"国家进出口贸易创造了新机遇，同时也为共建"一带一路"国家和地区开放合作发挥了重要促进作用。中欧班列给共建"一带一路"国家带来了新的商机，增加了就业机会，提高了当地人民的生活水平。通过中欧班列搭建的开放合作平台，将各国的产品源源不断地进口到中国，也将我国的汽车、机械设备、家居建材等 5 万多种商品便捷地出口到欧洲。中欧班列开启了中欧贸易的新篇章，为共建"一带一路"国家经济高质量发展注入全新动力，更为沿线人民群众带来了实实在在的收入。2021 年，中欧货物贸易额达 8281 亿美元[①]，创历史新高。2022 年欧盟 27 国对华贸易额为 8563 亿欧元，较上年增长 22.8%[②]。

中欧班列在促进亚欧经贸合作与商品流通的同时，在数字贸易网络建设、全球供应链变革、沿线区域经济的发展、亚欧一体化建设等方面发挥了重要作用。中欧班列的发展，有效促进国内市场与国外市场的直接对接和精准耦合，推动构建以国内大循环为主体、国内国际双循环相互促进的新发展格局，打通两个市场和利用两种资源，促进沿线国家和城市对内对外开放，增强了企业的市场竞争力和国际影响力。

中欧班列与中老班列、中越班列衔接，打通了连接东盟的新通道，搭建起欧亚、东南亚贸易新桥梁。中欧班列与泛亚铁路对接，整合了亚洲和欧洲的物流网络资源，成为对接"一带一路"、联通东盟的重要载体。泛亚铁路与西部陆海新通道、中欧班列等实现无缝连接，增强了辐射效应和跨境货运能力；丰富了中国、东盟及欧洲的国际多式联运运输方式；实现了向北连接丝绸之路经济带，向南连接 21 世纪海上丝绸之路和中南半岛经济走廊；加强了与快速增长的东南亚经济体和欧洲经济体的联系。

---

① 《中欧合作量质齐升》，中华人民共和国国家发展和改革委员会网，https://www.ndrc.gov.cn/xwdt/ztzl/zgzdogjhz/202204/t20220426_1323141_ext.html。

② 《2022 年欧中贸易增长 22.8%》，中华人民共和国商务部网，https://eu.mofcom.gov.cn/zojm/tj/art/2023/art_37f70e3d4d8f4532b253e12068d8df1e.html。

四、促进贸易畅通，助力 RCEP 行稳致远

《区域全面经济伙伴关系协定》（RCEP）是 2012 年由东盟发起，历时八年，由中国、日本、韩国、澳大利亚、新西兰和东盟十国共 15 方成员制定。

2022 年 1 月 1 日，RCEP 生效实施，全球最大自由贸易区正式启航。RCEP 是亚太区域经济一体化变局的产物，它对标国际高水平自贸规则，是东亚地区规模最大的自贸区，同时也是东盟最具"含金量"的自贸协定。

（一）RCEP 助力中国东盟经贸合作再提速

RCEP 将推动形成欧盟地区、北美地区和东亚地区三足鼎立的全球经济新格局，推动全球经济重心东移，促进国际经贸规则重构，也将加速改变东盟在世界经济格局中的地位与作用。

据中国海关总署数据，2023 年前 7 个月，中国对东盟进出口 3.59 万亿元人民币，同比增长 13.2%，占中国外贸总值的 15.24%[①]。这是中国东盟经贸合作的成果，也是 RCEP 交出的亮眼成绩单。半年多来，尽管国际形势复杂严峻，但 RCEP 持续释放政策红利，助力中国东盟经贸合作再提速。

RCEP 生效后，中国西部陆海新通道铁海联运班列增加了原糖、淀粉、木材等特色货源项目，开通了"RCEP—北部湾港—河南""东南亚—钦州—西安""印度—北部湾港—贵阳"等特色铁海联运外贸线路；作为中国面向东盟的门户港，中国广西北部湾港口近期新开多条集装箱航线，大力促进与东盟多国的集装箱班轮往来；中老铁路建成通车、中老泰铁路实现互联互通等，使陆海联运国际物流通道更加便捷通畅。中国东盟跨境物流蓬勃发展，带动中国—马来西亚"两国双园"、中新南宁国际物流园等一批产业园区加快建设，推动跨境电商、海外仓等新业态新模式加速成长，为中国东盟经贸合作增添活力。

（二）RCEP 加速地区产业链、供应链融合

泛亚铁路将加快区域内生产要素的自由流动，释放巨大的市场潜力，为东盟经济增长注入强心剂，有助于东盟加快经济复苏的步伐。由 RCEP 建成引发的市场开放和竞争效应，将促使东盟进一步开放市场，加快贸易投资自由化

---

① 《贸易快报——2023 年前 7 个月中国—东盟贸易简况》，中华人民共和国商务部网，http://asean. mofcom. gov. cn/zgdmjm/tj/art/2023/art _ 2359507b3df843eab7889af7973b27a5. html。

和便利化，也将为东盟产业转型升级提供外部动力。RCEP 的市场扩容和运行规则将有助于提升亚区域价值链与产业链的影响力，促进区域生产网络的深度融合与发展；有利于加速地区产业链、供应链的融合，降低国际贸易风险，为区域经济发展提供强大动能。

RCEP 将加速东盟融入全球价值链和区域生产网络的进程。多边贸易体制和区域自贸协定是推动世界经济发展的主要动力。高标准和高质量的 RCEP 规则，将激励企业依托各国比较优势进行跨境整合，优化区域产业链和供应链布局，提高综合生产率和产品竞争力，促进沿线国家经济高质量地发展，推动形成互利共赢的区域合作格局，助力 RCEP 行稳致远。

RCEP 生效实施以来为区域及全球繁荣发展增添新活力。RCEP 大幅提升区域合作水平和区域经济复苏信心，拉动各成员国外贸增长成效显现，让区域内货物贸易成本明显降低，产业链、供应链、价值链深度融合，有力促进了成员国间经贸合作和区域经济一体化。同时，中日韩通过 RCEP 首次建立起自由贸易伙伴关系，为三国加快区域价值链合作奠定了基础，推动区域合作迈向更高水平。

面对世界经济增长乏力，经济全球化和自由贸易的严峻挑战，RCEP 成员国共同努力，相互开放市场，密切合作关系，求合作发展，推动 RCEP 协定高效落地实施。尽管成员国在经济体制、发展水平、规模体量等方面差异巨大，但 RCEP 在多样性与高标准之间找到平衡，不仅为区域经济，也为世界经济提供了稳定性和确定性。RCEP 各成员国携手努力，发出了维护多边主义、坚持开放合作、促进自由贸易、实现共同繁荣的积极信号，不仅对各成员国共渡难关具有重要意义，也为经济全球化深入发展提供新动力。RCEP 不仅推动了成员国之间的整体贸易结构持续调整和规模不断扩大，也进一步扩大了 RCEP 整体对区域外的贸易规模，为地区和世界繁荣发展注入强劲的正能量，有效推动多边贸易体系发展。

五、互联互通促进东盟一体化进程

东盟共同体，简而言之，即东盟国家在共同利益和地区认同的基础上作为一个整体出现在国际交流中，以维护盟国的权利和利益的实体组织，它由东盟经济共同体、东盟安全共同体和东盟社会文化共同体三部分组成。2003 年 10 月，第九届东盟首脑会议发表了《东盟第二协约宣言》，正式宣布将于 2020 年建成东盟共同体。2015 年 12 月 31 日东盟共同体正式成立，标志着东盟一体化进程取得重大进展。

（一）促进东盟国家基础设施建设

泛亚铁路加快了东盟国家设施联通的进程，中泰铁路、中老铁路、印尼雅万高铁、越南河内轻轨项目、柬埔寨金边—西港高速公路、马来西亚东海岸铁路和中新国际陆海贸易新通道等一大批项目稳步推进。柬埔寨在中国的帮助下修建了许多公路，不仅实现了国内的联通，也实现了与越南、老挝、泰国的连接，推动了湄公河地区和东盟的一体化发展。泰国正努力推动中泰铁路项目、粤港澳大湾区和泰国"东部经济走廊"对接，对于加快区域联通建设步伐具有重要意义。

泛亚铁路拉近了时空距离，促进东盟国家深度合作。它宛如一条金丝带，在拉近东盟各国时空距离的同时，把各经济圈串联起来，推动统一市场的形成，促进市场规模的扩大。

（二）推动区域经济一体化

区域经济一体化的实质是世界经济多极化和世界政治多极化。其含义包括：一是在经济发展不平衡规律的作用下，当今世界经济正在摆脱超级大国的控制，有利于平等合作、公平竞争；二是经济全球化背景下的区域经济组织不仅是竞争的产物，更是大势所趋。

经济是政治的基础和前提，政治上的国际联盟也需要相应的经济联盟作保障，多数区域合作或者自由贸易安排都有着明显的政治含义。随着世界多极化的发展，区域经济一体化的趋势将会进一步加强。从某种意义上说，区域经济一体化体现了国际经济与政治正朝着平等、民主方向发展的趋势，有利于推动建立公正合理的国际新秩序，有利于促进国际关系民主化。

经济一体化涉及成员间贸易壁垒的撤除和各种合作互助关系的建立。合作的建立往往要求参加者改变现有的制度或机构，或建立新的制度和机构以使一体化地区的市场能适当而有效率地运转。

RCEP加强了东南亚地区价值链的重新整合，促进中国与东南亚各国之间的经贸互通需求的增加，加快了"泛亚铁路东南亚段"的建设进程，对推进区域经济一体化发展具有积极的影响。

RCEP具有经济体量大、包容性强、发展潜力广阔等特点。RCEP涵盖全球29.7%的人口、28.9%的GDP以及全球最有增长潜力的中国市场和东盟市场。与全球其他自由贸易协定相比，RCEP包容性更强，不仅涵盖货物贸易、争端解决、服务贸易、投资等传统议题，也涉及知识产权、数字贸易、金融、电信等新议题，其货物贸易开放水平将达到 90％以上，高于 WTO 开放标准。

RCEP 是目前世界上规模最大的自由贸易区，既能满足区域内发达经济体高标准规则的要求，又能满足发展中经济体开放、包容、共享的发展要求。RCEP 的实施使各成员国比较优势获得更好释放、资本流动更加便捷，加快商品与要素流通、深化分工合作、提高生产效率，推动区域经济一体化向纵深发展，将为成员国经济发展创造重大发展机遇。

RCEP 实施后，市场对物流的需求扩大，要求物流更畅通、更便捷。不断增加的货物贸易迫使相关国家加快泛亚铁路的建设。泛亚铁路的建成组网后，将进一步加快商品与生产要素的流通，为成员国经济发展创造机遇。

RCEP 协议生效后，90％以上的货物贸易将实现零关税，贸易投资自由化、便利化水平大幅提高，区域综合物流和供应链互联互通有效改善，各国之间商流、物流、资金流、信息流更加通畅，产业结构互补性明显增强，经济联系更加紧密，将形成一个更加开放、更具发展潜力的大市场，进一步加强和深化区域经贸合作，推动区域经济一体化迈上新台阶。

（三）加快东盟一体化的进程

多年来，东盟成员国一直在为实现一体化而努力。2007 年发布的东盟经济一体化蓝图提到经济共同体的目标：建立单一市场和制造业基地；使整个东盟成为一个有经济竞争力的地区；缩小经济发展差距；更好地融入经济全球化的进程。这些目标如果能如期实现，将带动本地区经济增长，内生动力不断增强，促进各成员国经济不断发展。

东盟经济共同体的发展对深化区域合作具有重要的促进作用，尤其是在推进东亚一体化进程中将发挥更重要的促进作用。从东盟经济共同体的发展历程来看，一个繁荣、稳定的东盟不仅有利于维护地区稳定，而且有利于地区经贸合作稳定发展。

在 RCEP 落地实施的过程中，东盟各国政府将致力于深化区域合作，消除贸易壁垒，推动投资贸易自由化、便利化，以实现利益最大化，使东盟经济共同体成为富有活力的经济共同体。此外，东盟各国政府将持续深化区域货币金融合作，促进区域经济金融一体化发展，为区域经济发展畅通融资渠道，助力东盟经济共同体发展，增强东盟经济共同体的凝聚力和吸引力，为东亚经济一体化注入新活力。

RCEP 的生效，为区域产业链、供应链的重组和布局调整提供了新的契机。由于 RCEP 的累积原产地原则，在增加产业价值链布局灵活性和多样性的同时，也将使各成员国之间的产业链实现更紧密的联结，成员国企业参与跨国产业链打造将变得更加顺畅。在全球经济重心东移和产业链供应链呈现区域化、近岸化发展趋势的背景下，RCEP 的累积原产地规则，将鼓励企业更多地使用区域内原产产品，促进生产要素在区域内自由流动，有利于深化区域产业链分工和合作，降低企业生产成本，提高产品竞争力，增强供应链弹性和韧性，形成多方共赢的局面。

RCEP 不仅有利于促进各成员国经济融合，还将助推各成员国实现更多领域的对接。这种溢出效应主要体现为经济溢出和政治溢出两个层面。为了保障 RCEP 的顺利运行，各成员国将把政策沟通范围扩展到更多功能性部门，同时这一过程也将促使各国加强政治引领，充分展示各国推进经济合作的政治意愿，以此管理好相互间日趋复杂的经济相互依赖关系。

在 RCEP 的推动下，东盟成员国和签约国之间将加速构建以符合各方需求为中心的区域价值链体系，加强多边投资质量，充分发挥空间聚集效应，以促进域内国家经济与贸易协同发展。经济的持续发展和贸易的深度整合，将有利于成员国增进互信、凝聚共识、扩大合作；有利于改善关系、加强团结、促进东亚地区的稳定；有利于以东盟主导的区域合作机制和以东盟为中心的东亚区域合作架构构建，加强东盟在本地区合作中的中心地位；有利于加快东盟一体化的进程。

六、连接西部陆海新通道，惠及沿线国家

（一）西部陆海新通道

西部陆海新通道位于中国西部地区腹地，北接丝绸之路经济带，南连 21 世纪海上丝绸之路，协同衔接长江经济带，在区域协调发展格局中具有重要战略地位。

西部陆海新通道是由西部省份和东盟国家共同合作打造的国际陆海贸易新通道。西部陆海新通道重点推进广西北部湾国际门户港、海南洋浦区域国际集装箱枢纽港、重庆物流和运营组织中心以及成都国家重要商贸物流中心重要物流枢纽建设，并以这四个国际物流枢纽为核心，完善沿线枢纽与集疏运体系，稳步推进沿线周边国家和地区物流枢纽和节点的建设。利用铁路、海运、公路等运输方式，向南、向北通达世界各地。西部陆海新通道纵贯中国西部地区，

向北连接丝绸之路经济带，从新疆到哈萨克斯坦、乌兹别克斯坦、吉尔吉斯斯坦等，然后到土耳其、伊朗；向南连接 21 世纪海上丝绸之路，经过北部湾港和泛亚铁路到越南、柬埔寨、泰国、马来西亚和新加坡。一条走廊把东欧、西亚、中亚、中南半岛与中国西部省（区、市）的经济紧密地联系起来。这是一条具有区域协同、多元协作，衔接欧亚大陆的战略大通道。西部陆海新通道是构建区域发展和对外开放新格局的重大战略部署。目前已形成三条主干线，西线基本贯通，中线能力扩大，东线持续完善。公路瓶颈路段全面打通，以铁路为骨干、高等级公路为补充的干线运输能力大幅提升，形成中国境内 13 个省（区、市）、境外 5 个东盟国家共同推进的新格局。

西部陆海新通道利用铁路、公路、水运、航空等多种运输方式，由重庆向南经贵州等地，通过广西北部湾等沿海沿边口岸，通达新加坡及东盟主要物流节点；向北与中欧班列连接，利用兰渝铁路及西北地区主要物流节点，通达中亚、南亚、欧洲等区域。

西部陆海新通道纵贯西部地区，陆海集聚。西部陆海新通道建设与泛亚铁路建设、西部大开发、长江经济带和成渝地区双城经济圈建设等战略对接，将有力促进区域间人流、物流、资金流、信息流高效联通，推动东盟国家与我国西部地区物流、商贸、产业、旅游、文化等领域深度融合，形成"陆海内外联动、东西双向互济"的开放格局。

（二）打造西部陆海新通道的意义

东盟是中国周边共建"一带一路"的重要伙伴，也是共建"一带一路"的优先方向，建设西部陆海新通道的意义在于：

第一，有利于进一步完善通道沿线基础设施，有效疏通国内和泛亚铁路跨境运输瓶颈和堵点，不断提升通道沿线贸易水平。

第二，有利于推动中国－东盟贸易投资、金融、产业合作与人文交流，促进各国规则、规制、标准、管理制度等有效对接。

第三，有利于 RCEP 更好发挥作用。

第四，有利于为东盟企业提供更加便捷的物流通道，开拓中国西部乃至亚欧大陆腹地的广阔市场。

第五，有利于稳定发展亚太地区产业链、供应链。

因此，把西部陆海新通道打造为"一带一路"高质量发展新平台具有重要意义。

西部陆海新通道有助于打造高质量开放型经济体系，充分发挥西部陆海新通道运营组织中心统筹协调职能，促进"13＋2"省（区、市）合作机制向跨境、跨区域合作延伸。以物流发展促进经贸合作、产业发展，推动产业链提升，吸引东部优质企业落户西部陆海新通道沿线地区，提升区域中心或枢纽城市产业聚集能力。

西部陆海新通道铁海联运班列开行，实现由线及面、渐成网络，并与中欧班列实现无缝衔接，中国西部地区和东盟国家的商品通过西部陆海新通道快速抵达彼此市场。

西部陆海新通道向南开辟了与 RCEP 成员国合作新路径。2022 年上半年，RCEP 成员国通过西部陆海新通道发运货物的国家达 13 个，西部陆海新通道向北拓宽亚欧大陆国家发展新空间。东南亚国家的服装、电子等产品，可经西部陆海新通道由重庆通过中欧班列运抵欧洲市场；德国汽车、西班牙红酒、波兰牛奶、保加利亚玫瑰精油等货物，顺势搭上中欧班列进入中国市场，并进一步通达东南亚市场。

西部陆海新通道通过多种运输方式联通中国与东盟国家，有效提升了物流效率。比如，在西部陆海新通道开通之前，印度尼西亚、马来西亚等国家向中国西部地区出口货物，需要先运抵东部沿海地区，再通过公路或水运转至西部，耗时长达 1 个月，而在西部陆海新通道开通后，这一时间可以缩短 10 天以上。与此同时，西部陆海新通道也已逐步成为中国中西部地区货物出海、出境最快速、便捷的运输通道。

西部陆海新通道为中国和东盟合作提供了更大空间。西部陆海新通道作为一条直接连通中国广大内陆腹地和东盟地区的贸易走廊，将迎来 RCEP 刺激下更多货物运输需求。西部地区作为当前中国劳动力成本洼地，将成为与RCEP 成员国共同打造产业链、深化产业合作和供应链合作的重要地区。

西部陆海新通道向北拓宽亚欧大陆国家发展新空间，通过中欧班列将沿线各国串联起来，成为联结上海合作组织国家等众多沿线国家合作的重要纽带；向南连接我国西部地区和东盟国家，让中国西部地区和东盟国家融入世界，为沿线国家和地区创造新的发展机遇。

中国是世界最具潜力的消费市场之一，西部陆海新通道与中欧班列实现无缝衔接，为中国消费市场的广阔需求开辟便捷通道，让沿线欧亚国家可以充分共享发展成果。

依托西部陆海新通道的稳定性、时效性优势，我国正联动沿线产业园区、边境经济合作区，打造面向东盟各国的特色产业园项目、物流枢纽，加速跨境产业链、供应链的构建。

2017 年 9 月，南向铁海联运通道常态化运行班列在重庆首发，西部陆海新通道从愿景变为现实。如今，以重庆、成都、广西北部湾港、海南洋浦港 4 个重要枢纽为支撑，我国西部地区有了一条更短更快的出海通道。东盟的产品也有了运往我国西部或转搭中欧班列直达欧洲的快速通道。

中老铁路开通后，重庆迅速开行全国第一批中老铁路（重庆—万象）班列，并实现"周周班"常态化运行。2022 年 3 月 26 日，西部陆海新通道中越（重庆果园港—越南河内）首趟国际跨境货运班列开行，又为重庆—东盟跨境贸易带来新机遇。港口方面，广西钦州正在建设国内首个海铁联运自动化集装箱码头，北部湾港集装箱航线达 60 余条。

东盟已连续 3 年成为重庆第一大贸易伙伴。2021 年，重庆与东盟进出口额达 1292 亿元，同比增长 15.2%；重庆实际利用东盟国家外资 16.36 亿美元，同比增长 124%；重庆对东盟国家实际投资 4673 万美元，同比增长 41%。

随着 RCEP 的实施，西部陆海新通道沿线省（区、市）与东盟经贸往来愈加密切，带动其对东盟进出口额稳步提升。商务部国际贸易经济合作研究院与西部陆海新通道物流和运营组织中心共同发布的《新通道 新格局 国际陆海贸易新通道发展报告 2017—2022》显示，5 年来，沿线省区市与东盟国家进出口贸易额不断攀升，由 2017 年的 589 亿美元增至 2021 年的 1077 亿美元，运输货物品类由 50 余种发展到 640 余种。

七、推动欧亚经济一体化进程

泛亚铁路、中欧班列和西部陆海新通道形成的国际大通道，让欧亚联系更紧密，为欧亚国家间互联互通奠定了坚实的基础，为欧亚国家经济的交往、人文交流、政策沟通、凝聚共识、拓展合作空间与合作共赢提供了新的平台，开启了欧亚各国相互合作的新篇章。

泛亚铁路建设将有助于推进相关法律、法规建设，优化营商环境，提升通关便利化水平，扩大市场开放、消除贸易障碍；有助于激发沿线国家贸易动能和拓展贸易机会，使之进一步融入全球经济，促进沿线国家经贸繁荣。

泛亚铁路在推动贸易畅通、货币流通、政策沟通、人心相通的同时，可促进沿线国家相互理解、消除分歧、建立互信、构建多边机制，并在此基础上建立政治互信、经济融合、文化包容的利益共同体、命运共同体和责任共同体，加速亚太经济区域一体化进程。

2018 年欧盟委员会发布了《连接欧洲和亚洲——对欧盟战略的设想》政

策文件。文件提出，欧亚关系具有全球意义，未来几年关系可能会进一步加强。对于欧洲和亚洲而言，加强对话合作、管控分歧、深化伙伴关系、共谋和平发展是推动欧亚关系向好发展的关键因素。欧盟官员在解读文件时指出，欧亚合作可以成为全球稳定和区域经济繁荣的引擎。支撑欧盟欧亚互联互通政策的是可持续发展、低碳经济、数字化、投资创新和全球领导力等欧盟多元政策。在实施过程中，欧盟将致力于打造基于规则基础上的欧亚互联互通伙伴关系，同时在双边、地区以及国际组织层面上增进合作。

八、促进我国西部大开发战略的实施

中国是东亚面积最大的国家，拥有极长的边境线。无论是从东亚、东南亚还是从中亚来看，中国都处于亚洲的中心，在泛亚铁路网络中的作用不可取代。

我国《中长期铁路网规划》将新建和改扩建云南通往越南、老挝等东南亚国家的出境铁路通道列入完善路网布局的规划之中。泛亚铁路的建设，将使中国成为连通东盟和欧亚大陆的枢纽，对进一步促进云南省、西部地区及东盟国家的经济发展具有极为重要的经济意义和战略意义。

随着全球经济一体化和中国改革开放的不断推进，中国对外经济贸易合作日益加深。西部地区在我国对外关系上具有重要的地位，是丝绸之路经济带国内段的前沿，是连接我国与中亚、西亚、南亚以及欧洲地区国际战略大通道的重要依托。但西部地区不沿海，缺乏便捷的国际海运通道，严重制约了区域开放型经济的发展。"一带一路"倡议和"西部大开发"战略的实施，西部地区在拥有丰富自然资源、交通区位优势以及雄厚经济基础的经济中心城市积极推进国际陆港建设。国际陆港是港口功能向内陆地区的延伸，具有物流节点、集装箱集散和存储、海关检查、通关、报关等功能，具有方便快捷的运输通道。国际陆港的建设有利于促进西部地区外向型经济发展、促进产业集聚和转移、推进物流高质量发展、促进区域经济发展以及社会稳定。

内陆港是沿海港口物流要素的内陆前置。内陆港依托物流通道、区域口岸经济、港口区域一体化、综合交通、多式联运和管理体制上具备经济性条件的港口内陆联动节点，通过多种运输方式连接沿海港口，具备集装箱运输、装卸、仓储、中转服务、关检服务等基础服务功能。

泛亚铁路构建的欧亚交通物流网，将为西部大开发注入更强劲的动力。这不仅有利于中国西部及其外围经济腹地的经济迅速扩张，而且将改善我国西部地区较为闭塞的地域局限，促进我国中西部地区和沿边地区对外开放。目前，我国西部地区很多经济中心城市为发展区域经济，扩展国内、国际市场需要，都在积极推进国际陆港的建设，目前陕西、甘肃、新疆、四川、云南、内蒙古、重庆、青海等省（区、市）已经布局国际陆港。近年来，随着国际陆港的建设，西部地区物流基础设施水平得到了极大的改善，交通运输网络不断地完善，对外开放新格局也逐步形成。

以泛亚铁路为主线，以国际陆港为节点的亚欧国际陆港运输网络建设，以及与中欧班列和西部陆海新通道的衔接，畅通了西部物流通道，改变了我国对外开放"东快西慢""海强陆弱"的局面，打造了高水平对外开放新格局。

九、提高人民币国际化水平

（一）人民币国际化

人民币国际化就是人民币能够跨越国界，在境外流通，成为国际上普遍认可的计价、结算及储备货币的过程。

泛亚铁路的建设和发展，将会进一步拉近中国同东盟国家和欧洲的距离，把欧亚大陆中心地区资源进行整合，而在这一过程中，人民币的作用会逐渐凸显出来。泛亚铁路的建设在促进欧亚贸易的同时，必将活跃货币流动。沿线国家互联互通不断发展，将进一步提升跨境贸易发展和人民币跨境支付需求，为人民币在沿线国家的使用提供了新机遇。

（二）人民币国际化有序推进，认可度稳步提升

在贸易环节使用人民币，必然伴随人民币的流出，从而增加人民币的境外储备。同时境外人民币可以通过对国内进行人民币投资以及购买人民币债券等方式流回国内，从而形成人民币的国际循环流动，这种流动速度将随着跨境贸易和金融交易的活跃逐渐加快。这一过程中，人民币的计价结算与投资功能将逐步被加强，促使人民币国际化程度不断加深。中国对东盟国家铁路建设进行直接投资，在促进东盟国家基础交通设施发展的同时，为东盟国家的经济发展提供多样选择，也让人民币逐步进入东盟国家的货币交易市场。

亚洲是当今世界最具发展活力和潜力的地区之一，占世界经济的比重逐年呈现不断上升的态势。2022年亚洲经济在世界经济总量的比重提高至47.4%。

2021年，商务部新闻发言人介绍，30年来，中国与东盟双方经贸合作不

断深化，经济融合日益加深，释放出蓬勃生机。在贸易方面，中国－东盟贸易规模不断扩大，从 1991 年的不足 80 亿美元增长到 2020 年的 6846 亿美元，扩大 80 余倍[①]。自 2009 年起，中国连续 12 年保持东盟第一大贸易伙伴；2020年，东盟首次成为中国最大的贸易伙伴[②]。

2020 年中国－东盟人民币跨境收付逆势上扬，东盟国家人民币跨境资金流动金额累计达 4.15 万亿元，同比增长 72.4％。截至 2020 年末，中国－东盟双边货币合作水平持续提升，中国和东盟国家签署的双边本币互换协议金额达7560 亿元，涉及国家包括马来西亚、泰国、新加坡、印度尼西亚和老挝。人民币在东盟使用基础设施进一步完善[③]。

到 2020 年底，东盟国家共有 74 家金融机构成为人民币跨境支付系统（CIPS）参与者。2020 年全年，CIPS 共处理中国与东盟国家跨境人民币业务金额 1.9 万亿元，同比增长 50.5％。2020 年末，新加坡、马来西亚、泰国和菲律宾共 4 个国家建立人民币清算行，东盟国家商业银行中有 252 家和中国境内的 124 家商业银行建立了人民币结算代理行关系[④]。

随着 RCEP 正式签署并陆续生效，中国－东盟双边经贸联系更加紧密。在《中国－东盟战略伙伴关系 2030 年愿景》指导下，中国和东盟国家将推进各领域合作，人民币在东盟国家使用也将迎来新的发展机遇。RCEP 将推动中国－东盟实现更高程度的贸易投资自由化，进一步促进双边贸易投资发展。中国－东盟货币合作持续深化，人民币在东盟国家使用环境不断优化，将促进更多的东盟市场主体使用人民币进行跨境支付结算。

RCEP 成员国是人民币跨境结算的重要区域。人民币在 RCEP 中地位的提升，有助于稳定亚太地区的贸易环境，减少汇率波动带来的风险，有助于降低贸易成本，提高贸易效率。随着人民币在亚太地区的广泛使用，更多的企业将选择使用人民币进行跨境贸易。这将有助于亚太地区国家之间的经济融合和贸易互联互通，为地区经济增长提供强大动力。

中国人民银行发布的《2022 年人民币国际化报告》显示，人民币国际化

---

① 《外贸发展聚焦高质量》（锐财经），人民网，http://yn. people. com. cn/n2/2021/1129/c372455-35026780. html。

② 《商务部：启动中国－东盟自由贸易区 3.0 版建设》，央视新闻，http://ysxw. cctv. cn/article. html?item_id=9133416707172088375。

③ 《2021 年人民币东盟国家使用报告》，中国人民银行广西壮族自治区分行网，http://nanning. pbc. gov. cn/nanning/133342/4429084/index. html。

④ 《2021 年人民币东盟国家使用报告》，中国人民银行广西壮族自治区分行网，http://nanning. pbc. gov. cn/nanning/133342/4429084/index. html。

各项指标总体向好，人民币支付货币功能稳步提升，投融资货币功能进一步深化，储备货币功能不断上升，计价货币功能逐步增强。

2022 年全国人民币跨境收付金额合计 42 万亿元，比 2017 年增长了 3.4 倍。其中，经常项目 10.52 万亿元，资本项目 31.62 万亿元，证券投资收付金额占资本项目收付金额的 75%[①]。

中国金融市场双向开放步伐不断加快，金融基础设施建设不断完善，以及境外投资者境内投资政策和流程的不断优化，境外投资者配置人民币资产将进一步便利，有望推动更多的境外投资者投资人民币金融产品，促进离岸人民币市场快速发展。

---

① 潘功胜：《2022 年跨境人民币收付总额 42 万亿元 比 2017 年增长 3.4 倍》，中国财经网，https://baijiahao.baidu.com/s?id=1759323336836856195&wfr=spider&for=pc。

第七章 中国在泛亚铁路中的作用

2006 年 11 月，联合国亚洲及太平洋经济社会委员会运输部长会议在韩国东南部港口城市釜山举行，新华社记者对联合国亚洲及太平洋经济社会委员会执行秘书金学洙进行专访。金学洙对中国在泛亚铁路网建设中所起的作用给予很高的评价。他说："中国在亚洲大陆拥有相当大的面积，中国对铁路的大规模建设和投资对亚洲的铁路交通做出了巨大贡献。中国在未来 5 年计划新建铁路 1.7 万千米，这是相当令人鼓舞的。如果没有中国的巨大投资，泛亚铁路网的梦想很难实现。中国对基础设施的巨大投入，使中国在泛亚铁路网的建设中发挥着中心作用。"[①] 中国在泛亚铁路中的作用主要体现在以下几方面。

一、中国在泛亚铁路中具有重要的战略地位

中国位于亚洲东部地区，东面同中国相邻的国家有朝鲜，北面同中国相邻的国家有俄罗斯、蒙古国，西北面同中国相邻的国家有哈萨克斯坦、吉尔吉斯斯坦、塔吉克斯坦，西面同中国相邻的国家有阿富汗、巴基斯坦，西南面同中国相邻的国家有印度、尼泊尔、不丹，南面同中国相邻的国家有缅甸、老挝、越南。同中国隔海相望的国家有 6 个：东面同中国隔海相望的国家为韩国、日本，东南面同中国隔海相望的国家为菲律宾，南面同中国隔海相望的国家为马来西亚、文莱、印度尼西亚。

从联合国亚洲及太平洋经济社会委员会提供的规划图来看，泛亚铁路有四条通道：

其一，北部通道连接欧洲和太平洋，途经德国、波兰、白俄罗斯、俄罗斯、哈萨克斯坦、蒙古国、中国至朝鲜半岛。在波白边界（由标准轨至 1520

---

① 《中国在泛亚铁路网建设中发挥着中心作用》，新浪网，https://news.sina.com.cn/c/2006-11-12/092310475971s.shtml。

毫米阔轨）、中哈边界和中蒙边界（由 1520 毫米阔轨至标准轨）换轨。

其二，南部通道连接欧洲和东南亚，途经土耳其、伊朗、巴基斯坦、印度、孟加拉国、缅甸、泰国，然后分别进入中国广西、云南，经马来西亚进入新加坡。在伊巴边界（由标准轨至 1676 毫米阔轨）、印缅边界（由 1676 毫米阔轨至 1000 毫米窄轨）和中泰边界（由 1000 毫米窄轨至标准轨）换轨。

其三，南北通道连接北欧与波斯湾。主线始于芬兰赫尔辛基，穿越俄罗斯国土至里海，然后分成三条支线：西线经阿塞拜疆、亚美尼亚进入伊朗西部，中线以火车轮渡经里海进入伊朗，东线经哈萨克斯坦、乌兹别克斯坦进和土库曼斯坦进入伊朗东部。三线在伊朗首都德黑兰会合，最后抵达伊朗港口阿巴斯港。

其四，东南亚走廊连接中国、东盟及中南半岛，以中国广西南宁和云南昆明为起点，以新加坡为终点，纵贯中南半岛的越南、老挝、柬埔寨、泰国、缅甸、马来西亚等国家。

在四条通道中，北部通道、南部通道和东南亚走廊都涉及中国，独特的地理位置决定了中国在泛亚铁路中的重要地位。

因云南的地理位置与越南、老挝、缅甸等东南亚国家接壤，在泛亚铁路网的建设中，占据了非常重要的地理位置。据云南省中长期铁路规划，云南将建设成"五出境、八出省"的铁路网。其中的"五出境"，就是泛亚铁路网的重要组成部分。从中国昆明出发，就可以通过五条铁路通道，与东南亚进行连接；而昆明与中国内陆，则由"八出省"铁路线紧密相连。毫无疑问，昆明将是泛亚铁路网中最重要的城市之一。随着玉蒙铁路铺通，泛亚铁路东线将加快建设进程。这条铁路将从昆明沿玉溪直到河口，打通中国－东盟陆地国际大通道，玉溪、蒙自等将成为国际大通道上的重要枢纽。

广西具有把我国铁路网与泛亚铁路连通的优势。广西建成的现代化铁路网，向北通过湘桂、黔桂等铁路，与国家铁路骨干网连接，沟通中部、北部腹地；向南通过广西沿海铁路，把钦州、北海、防城港等北部湾港口与内陆连接，构建西南最便捷的出海大通道；向东通过南广、黎湛等铁路，与粤港澳紧密相连；向西通过云桂、南昆等铁路，连通西南各省（区、市）。

目前，以南宁为中心，一个沟通中国西南、西北、中南以及珠江三角洲地区的高速铁路网正在形成。黔桂线、焦柳线、南昆线等线路的扩能将进一步打通西南出海出边大通道，黄百铁路的修通将使得广西与大西北的连接更紧密，南广铁路修通后则可以大大缩短从广西至珠江三角洲地区的时空距离，湘桂铁路扩能等工程又将使得广西能够快步融入京广大动脉。这就意味着，东南亚的铁路只要连通了南宁，就可以迅捷地进入广阔的中国腹地。广西区位优势有望成为泛亚铁路的重要节点。

与此同时，中国和东盟各国围绕合作共建北部湾国际门户港，高质量建设西部陆海新通道，取得了初步成果。2021 年北部湾港已开通 52 条集装箱航线，实现与世界 100 多个国家和地区的 200 多个港口通航①。货物吞吐量为 2.69 亿吨，居全国沿海港口第 9 位，同比增长 13.09%，增速居全国首位②；集装箱吞吐量为 601.19 万标箱，居全国沿海港口第 8 位，同比增长 19.01%，连续四年保持两位数增幅，增速居全国首位③。

二、中国铁路优势助力泛亚铁路建设

中国铁路具有路网规模大、技术先进、安全可靠、性价比高等优势。

（一）路网规模大幅提升

截至 2022 年底，全国铁路营业里程达到了 15.5 万千米，其中高铁 4.2 万千米，占到全球高铁总里程的三分之二以上，规模位居全球第一④。铁路已经覆盖了全国 81% 的县，高铁通达 93% 的 50 万人口以上城市，基本形成了布局合理、覆盖广泛、层次分明、安全高效的铁路网络。

（二）装备技术水平不断攀升

铁路装备实现升级换代，复兴号系列产品涵盖不同速度等级、适应各种运营环境，智能型动车组在世界上首次实现时速 350 千米自动驾驶。中国铁路总体技术水平迈入世界先进行列，高速、高原、高寒、重载铁路技术在世界处于领先地位，形成了具有独立自主知识产权的高铁建设和装备制造技术体系。

在高铁运行管理方面，我国综合运用大数据、GIS+BIM、北斗导航、卫星遥感、无人机智能巡检等新技术，结合传统检测、信息化技术，为高铁设备

---

① 《海铁联运班列 4 年增长近 25 倍》，人民网，http://politics.people.com.cn/n1/2021/0129/c1001-32016764.html。

② 《货物和集装箱吞吐量增速全国第一! 北部湾港 2021 年报出炉》，当代广西网，https://www.ddgx.cn/show/55265.html。

③ 《乘风破浪扬帆起 行稳致远踏征程》，广西壮族自治区海洋局网，http://hyj.gxzf.gov.cn/gzdt/zhww/t7862542.shtml。

④ 《2022 年末，全国铁路营业里程达 15.5 万公里》，京报网，https://baijiahao.baidu.com/s?id=1768820547305320063&wfr=spider&for=pc。

运维提供更智能、更高效、更全面的数据和信息支撑。例如，京沪高速铁路，综合运用大数据、GIS+BIM、北斗导航、卫星遥感、无人机智能巡检等新技术，结合传统检测、信息化技术，开发了京沪高铁智能综合运维管理系统，涵盖了高铁设备全专业、全过程信息和空天地全方位数字模拟，实现了基于大数据技术的高铁设备管理智能分析、故障诊断与辅助决策，构建了多专业、一体化的智能运维典型场景，逐步形成"让高铁数据发出智能声音"的高速铁路智能运维新理念，推进高铁运维由"故障修""计划修"转向"状态修""预测修"的智能化新模式。这些技术的应用大大提高了高铁的安全性。

（三）高铁技术日臻完善

中国高铁技术标准《高速铁路设计通信信号》《高速铁路设计基础设施》《高速铁路设计供电》，经国际铁路联盟（International Union of Railways, UIC）认可纳入国际标准。

中国制定的高铁技术标准，在总结世界高速铁路设计成功经验、系统集成等先进技术的基础上，引入中国高速铁路总体设计理念，吸纳中国高速铁路建设系统优势技术，为世界高速铁路建设运营贡献了中国智慧和中国方案。

在国际标准中纳入我国的优势技术与关键参数，为推广中国铁路技术，实现全系统、全要素、全产业链"走出去"提供了标准支撑，创造了有利条件。我国充分依托国际标准化平台，主持参与铁路重要技术标准的制订和修订，显著提升了中国铁路标准的国际影响力。

中国铁路具备规模、技术、资金等多方面竞争优势，在大力推进泛亚铁路国内线建设的同时，也提供技术，积极参与泛亚铁路国外线的建设，为相关国家铁路建设带来中国速度和高标准、高规格、高水平的铁路线。

三、中国积极参与和推动泛亚铁路建设

建设中的泛亚铁路东南亚段分成东线、中线、西线三条线路。东、中、西线都与我国相连，是连接我国与东南亚的"黄金走廊"。结合东盟国家建设方案，中国制定了中国境内泛亚铁路三大建设方案，即东线中越、西线中缅、中线中老国际铁路通道，并将其纳入中国政府确定的《中长期铁路网规划》，经云南省政府与国家铁路局协商，这三大国际铁路通道建设均明确在 2005 年至

2015 年期间实施①。

2013 年 9 月 2 日，中国铁路总公司在南宁举行的中国－东盟互联互通交通部长特别会议上表示，中国加快铁路建设的决策为泛亚铁路建设带来重要机遇，目前中国境内泛亚铁路已建成里程 150 千米、在建项目约 650 千米，正在开展前期工作项目约 700 千米②。

（一）泛亚铁路东盟路线东线

泛亚铁路东盟路线东线，自昆明经河内至新加坡，全长约 5450 千米，中国境内段自昆明向南经玉溪、蒙自至河口，全长 377 千米。

（1）昆玉铁路扩能改造工程，线路全长 49.3 千米，2010 年 11 月开工建设，设计时速为 200 千米，2016 年 12 月 28 日开通运营。

（2）新建玉溪至蒙自铁路，全长 147 千米。玉蒙铁路是中国实施西部大开发战略和云南省桥头堡建设重点工程，是规划建设的云南国际铁路大通道（泛亚铁路东盟路线）东线的重要组成部分。2005 年 9 月 1 日开工，2012 年 8 月 14 日铁路全线铺通，2013 年 2 月 23 日开通运营，2019 年 1 月 5 日正式开行动车。

（3）新建蒙自至河口铁路，长约 140 千米。2008 年开工建设，工程进展顺利，2014 年 12 月 1 日建成开通。蒙河线的贯通，标志着中越边境的河口北站正式接入全国准轨铁路网。

至此，泛亚铁路东盟路线东线国内段全线通车。这条铁路亦称昆（明）玉（溪）河（口）铁路，北起昆明，途经玉溪、通海、建水、蒙自、屏边，南至中越国际口岸河口，全长 377 千米。

（二）泛亚铁路东盟路线中线

泛亚铁路东盟路线中线，自昆明经万象至新加坡，全长约 3900 千米，中国境内段自昆玉铁路玉溪南站接轨经思茅、景洪、尚勇至磨憨，约 600 千米。2021 年 12 月 3 日，中老铁路全线开通运营。

---

① 《泛亚铁路中国境内三大建设方案确定　中越通道玉溪至河口铁路先行》，新浪财经，https://finance. sina. cn/sa/2006－06－05/detail－ikkntiam0274883. d. html.

② 《中国积极推进泛亚铁路建设　已建成 150 公里》，人民网，http://politics. people. com. cn/n/2013/0904/c70731－22802167. html.

（三）泛亚铁路东盟路线西线

泛亚铁路东盟路线西线，自昆明经广通、大理、保山至瑞丽出境进入缅甸，经仰光至新加坡，全长约4760千米，中国境内自昆明至瑞丽，长约600千米。

（1）昆明至广通铁路扩能工程约99千米，于2007年开工，2013年12月27日，成昆铁路复线广通至昆明段开通运行。

（2）广通至大理铁路扩能工程长约173千米，于2012年开工，2018年7月建成通车。

（3）大理至瑞丽的大瑞铁路全长约330千米。项目分两段建设：大理至保山段133千米，于2008年6月开工，2022年8月开通运营；保山至瑞丽段约196千米，该段铁路建设正加紧推进。

大瑞铁路是泛亚铁路西线的重要组成部分，是我国《中长期铁路网规划》中完善路网布局和西部开发的重要项目，是中缅国际大通道铁路的重要一环。大瑞铁路全线建成通车后，将对助力西南地区乡村振兴战略和民族团结进步，加快建设面向南亚、东南亚辐射中心，重塑"南方丝绸之路"，具有重大意义，为"一带一路"沿线各国共同繁荣带来新发展机遇。

此外，中国发挥铁路的行业优势、技术优势，积极参与东盟国家的铁路建设，加速推进雅万高铁、中泰铁路等项目建设，加快泛亚铁路互联互通。

四、中国成为东盟国家转口贸易的重要"通行国"

（一）中国一流的交通网为亚欧贸易发展奠定基础

目前我国建成了全球最大的高速铁路网、高速公路网、世界级港口群，航空航海通达全球，综合交通网络总里程突破600万千米。铁路、公路共增加里程约110万千米，相当于绕行地球赤道27圈半，形成了以高速公路为骨架、普通干线为脉络、农村公路为基础的全国公路网。高速铁路、高速公路对20万以上人口城市的覆盖率均超过95%。

中国高铁、中国路、中国桥、中国港、中国快递成为亮丽的"中国名片"。规模巨大、内畅外联的综合交通运输体系有力服务并支撑了我国作为世界第二大经济体和世界第一大货物贸易国的运转。

中国布局合理、覆盖广泛、层次分明、安全高效的铁路网为亚欧通道的畅通提供了坚实的基础。目前，我国云南、贵州、四川、重庆等省（市）在加快推进重要铁路建设的同时，加速高速公路网络建设和航空枢纽建设，着力构建枢纽支撑、运转高效、衔接顺畅的陆、海、空互联互通的物流大通道。

泛亚铁路在与我国连通的过程中，充分利用我国现有交通网络，向周边辐射，与我国许多地区实现无缝连接，不断延伸和开启新的运输通道。

2021 年 12 月，全长 1035 千米的中老铁路建成通车。全长 845 千米的中泰铁路预计到 2027 年全线建成。中泰铁路通车后，将实现与中老铁路衔接，经老挝磨丁和中国磨憨可以抵达昆明，接入中国铁路网。中越两国已经同意开展基础设施建设与互联互通合作，尽快完成老街—河内—海防标准轨铁路规划评审。

此外，中缅铁路中国境内昆明至瑞丽段全线通车指日可待。届时，云南将成为中国面向东南亚的铁路枢纽中心，将由内陆省份变成连通东南亚的内陆港。

泛亚铁路网与广西铁路网对接，广西就将成为大湾区、长三角、华中两湖通往东盟的桥头堡。衡柳铁路—柳南城际铁路或湘桂铁路柳南段—南凭高铁，将会成为华中、华东、华北最便利的货物运输大动脉。南凭段全线通车之后，将会成为广西对接泛亚铁路最便捷的通道。届时，衡柳线和南衡高铁可以进行分工，南衡高铁主要承担客运功能，衡柳线主要承担货运功能，这时，衡柳铁路—柳南城际铁路或湘桂铁路柳南段—南凭高铁，将会成为华中、华东、华北通往东盟最便利的货运通道。合湛高铁建成通车后，广湛高铁—合湛高铁—广西沿海铁路也将成为大湾区通往东盟最重要的铁路通道。

（二）中国为亚欧贸易提供了新的陆海通道

1. 西部陆海新通道

西部陆海新通道位于中国西部地区腹地，北接丝绸之路经济带，南连 21 世纪海上丝绸之路，协同衔接长江经济带，在区域协调发展格局中具有重要战略地位。

2019 年 8 月，国家发展和改革委员会印发《西部陆海新通道总体规划》，标志着西部陆海新通道正式上升为国家战略。《西部陆海新通道总体规划》明确提出西部陆海新通道的空间布局，包括主通道、重要枢纽、核心覆盖区和辐射延展带。

主通道围绕重庆、成都与北部湾出海口，以三条铁路通道为主体。其中，中通道自重庆经贵阳、南宁至北部湾出海口（北部湾港、洋浦港），东通道自重庆经怀化、柳州至北部湾出海口，西通道自成都经泸州（宜宾）、百色至北部湾出海口，三条通道共同形成西部陆海新通道的主通道。主通道不光是铁路，还包括公路、水运和航空等。

重要枢纽包括重庆、成都、北部湾港、洋浦港。重庆定位为通道物流和运营组织中心，重点发挥在整个通道中资源要素牵引和组织作用。成都定位为国家重要商贸物流中心。西部陆海新通道一定要有"海"，所以一个重要的海上战略枢纽是北部湾港，它是陆海衔接的关键节点，定位为国际门户港。此外，还有海南洋浦港，定位为区域国际集装箱枢纽港。

核心覆盖区主要涵盖云南、贵州等西南省（区、市），包括贵阳、南宁、昆明等重要节点城市和物流枢纽，通过完善区域综合交通运输网络，强化与主通道的联系。依托国家级新区、自由贸易试验区以及各类开发性平台，通过创新通道运行组织模式、提高整体效率和效益等，为西南地区经济社会高质量发展提供有力支撑。除了省会城市之外，核心覆盖区重要节点枢纽还包括经济体量比较大的地级市和其他地区，如广西柳州、贵州遵义等，都是重要的工业城市和区域中心。

辐射延展带涵盖甘肃、青海、新疆、陕西、宁夏等西北省（区）。兰州、西宁、乌鲁木齐、西安、银川等都是通道上重要节点城市。

2. 西部陆海新通道的重要作用

西部陆海新通道精准对接"一带一路"，衔接"丝绸之路经济带"和"21世纪海上丝绸之路"，在服务和融入构建新发展格局中具有重要战略作用。目前在这一方面，西部陆海新通道建设取得积极进展。特别值得一提的是，它在"一带一路"面向东盟和面向中亚国家经贸交往中的地位越来越重要。这些年来，我国和东盟互为第一大贸易伙伴，我们和上海合作组织成员国，特别是中亚国家经贸联系也更加紧密。在这样的形势下，西部陆海新通道作为我国西部地区乃至中亚地区与东盟国家之间距离最短、用时最少的陆海运输大通道，与中欧班列等有机联动，正在成为我国与东盟、中亚国家之间，以及东盟与中亚国家之间重要的经贸流通合作走廊，这是其战略价值的重要体现。此外，它串接长江经济带发展、粤港澳大湾区建设、海南自由贸易港建设，以及黄河流域生态保护和高质量发展等国家区域重大战略，连接成渝双城经济圈、北部湾城市群，以及黔中、滇中等城市群，在促进区域协调发展中也具有重要作用。

3. 西部陆海新通道辐射西部融入全球

西部陆海新通道的建设已形成一个东西互济、陆海统筹的开放发展新格局。西部陆海新通道将中国陆海联运优势同东盟国家的陆运需求和中亚国家的海运需求，进行了有效的对接，帮助中亚国家开辟更快捷的对接东盟出海通道和东盟国家经西部陆海新通道和中欧班列的陆运通道直达中亚、欧洲。西部陆海新通道已从辐射西部到融入全球，畅通国内国际双循环。

目前，西部陆海新通道铁海联运班列已覆盖我国 18 个省（区、市）、61 个城市、120 个站点，通达全球 119 个国家和地区的 393 个港口，货物运输品类 940 多种，广西北部湾国际门户港区域辐射带动力显著增强。

西部陆海新通道不仅是物流通道，也是产业融合大走廊。西部陆海新通道畅通了物流通道，同时促进了区域间跨境产业链、供应链和创新链的形成。中国与东盟、中国与中亚国家，均具备产业链合作的巨大空间，构建区域产业链和供应链符合各方期待。

（三）中欧班列连通亚欧大陆的新通道

通过不断努力，中欧班列已成为便利快捷、安全稳定、绿色经济的新型国际运输组织方式，成为共建"一带一路"国家广泛认同的国际公共物流产品。为稳定和保障国际产业链、供应链畅通，高质量共建"一带一路"，提供了有力支撑。中欧班列与泛亚铁路对接，整合了亚洲和欧洲的物流网络资源，成为对接"一带一路"、联通东盟的重要载体。

中欧班列联结东亚和欧洲全球两大经济圈。亚欧大陆人口占世界人口的75％，地区生产总值约占世界总额的 60％。同时，亚欧经济发展潜力巨大，特别是共建"一带一路"国家资源丰富，经济互补性强，合作空间广阔，为中欧班列的发展提供了客观条件。

中欧班列将铁路网、物流网、铁路货运场站和物流枢纽相结合，使干线运输和支线分拨配送相衔接，实现仓配一体和运输物流融合，成为贯通中欧、中亚供应链的重要方式。

中欧班列依托陆桥、向陆而生，在沿线国家共同努力下，开创了亚欧国际运输新格局，搭建了沿线经贸合作新平台，打造了富有韧性的国际物流供应链，拉紧了沿线国家交流互鉴的纽带，开启了亚欧合作发展新篇章，成为具有强大辐射力、带动力和影响力的国际物流品牌。

五、中国助推东盟跨境贸易快速发展

中国与东盟经济合作潜力巨大。东盟和中国拥有众多人口，是一个巨大市场。东盟国家基本上都是发展中国家，经济发展水平不高，与中国经济互补性较强。目前，东盟国家正以泛亚铁路为纽带与中国紧密相连，打造中国与东南亚连接的"国际走廊"；以中国全球贸易大国、优质的交通网、世界级的港口转运设施为依托，以铁路、公路、水运、航空、管道为载体，构成骨干交通网络和畅通的物流体系；以人流、物流、信息流、资金流为基础，开展区域内投资贸易和经济合作。中国在地理位置、铁路技术、交通网络、经济贸易等方面的优势，使中国成为东盟最大贸易伙伴、第一大出口目的地和货物贸易重要的"通行国"。

2021 年中国－东盟贸易指数为 298.02，创历年新高，比 2020 年增长 23.6%，比 2012 年增长 183.6%[①]。中国－东盟贸易指数保持良好的增长态势，表明中国与东盟贸易在中国－东盟自由贸易区建设不断深化的支持下实现持续稳定发展。我国已成为全球第二大消费市场、第一贸易大国，利用外资和对外投资稳居世界前列，参与全球经济治理能力不断增强，有力促进了经济繁荣、社会发展、民生改善。

2021 年，中国与东盟货物贸易保持高速增长，总额达 5.67 万亿元人民币[②]。按美元统计，双方贸易总额达 8782.1 亿美元，同比增长 28.1%。其中，我国对东盟出口 4837.0 亿美元，同比增长 26.1%，自东盟进口 3945.1 亿美元，同比增长 30.8%[③]。东盟连续两年成为中国第一大贸易伙伴。越南、马来西亚、泰国为中国在东盟的前三大贸易伙伴。

2022 年，中国与东盟货物贸易增长强劲，我国与东盟贸易总值达 6.52 万亿元人民币，同比增长 15%，占我国外贸比重的 15.5%，较 2021 年上升了 1%。其中，对东盟出口 3.79 万亿元，增长 21.7%；自东盟进口 2.73 万亿元，增长 6.8%。按美元计价，我国与东盟贸易总值达 9753.4 亿美元，增长 11.2%。其

① 《2021 年中国—东盟贸易指数为 298.02　创历年新高》，光明网，https://m.gmw.cn/2022-09/17/content_1303144590.htm。

② 《再创历史新高　中国和东盟经贸合作提质升级》，中华人民共和国国家发展和改革委员会网，https://www.ndrc.gov.cn/xwdt/ztzl/zgdmydylcntzhz/202202/t20220228_1328069_ext.html。

③ 《中国—东盟 30 年经贸合作主要成果》，中华人民共和国商务部网，http://asean.mofcom.gov.cn/zgdmjm/gk/art/2021/art_7c5efbb0122646008a666f163f96d8ac.html。

中，出口 5672.9 亿美元，增长 17.7％；进口 4080.5 亿美元，增长 3.3％[①]。

2022 年，中国对东盟全行业直接投资 143.5 亿美元，其中前三大投资目的国为新加坡、印度尼西亚、马来西亚。东盟对华实际投资金额 105.8 亿美元，其中前三大投资来源国为新加坡、泰国、马来西亚。中国企业在东盟新签工程承包合同额 606.4 亿美元，完成营业额 326.9 亿美元，按新签合同额计，印度尼西亚、菲律宾、马来西亚为中国在东盟的前三大工程承包市场。

根据海关总署发布的最新数据，2023 年前 5 个月，中国货物贸易进出口总值 16.77 万亿元人民币，同比增长 4.7％。其中，出口 9.62 万亿元，增长 8.1％；进口 7.15 万亿元，增长 0.5％。中国与东盟贸易总值 2.59 万亿元，增长 9.9％，占中国外贸总值的 15.4％。其中，对东盟出口 1.56 万亿元，增长 16.4％；自东盟进口 1.03 万亿元，增长 1.4％。按美元计价，中国与东盟贸易总值 3770.7 亿美元，同比增长 2.1％。其中，出口 2266.6 亿美元，增长 8.1％；进口 1504.2 亿美元，下降 5.8％[②]。

以上数据也说明，《区域全面经济伙伴关系协定》（RCEP）的生效实施与中国－东盟自贸区形成叠加效应，区域经济一体化带来的红利正在逐步释放。中国已连续 13 年保持东盟最大贸易伙伴，东盟作为中国最大贸易伙伴地位进一步巩固。

随着泛亚铁路东南亚段的建成、RCEP 的生效实施和"一带一路"建设的不断深入，将有效推动中国与东盟的贸易投资自由化、便利化进程，为区域经济融合发展提供强劲动力。

---

① 《2022 年东盟仍居中国第一大贸易伙伴》，广西凭祥综合保税区管理委员会网，http://pxzhbsq. gxzf. gov. cn/xwzx/dmzx/t15685984. shtml。

② 《前 5 个月我国货物贸易进出口同比增长 4.7％》，中国日报网，https://baijiahao. baidu. com/s?id=1768029203518361396&wfr=spider&for=pc。

第八章　"一带一路"携手泛亚铁路
助力东盟发展

一、"一带一路"倡议的内容

（一）"一带一路"的含义

"一带一路"是"丝绸之路经济带"和"21世纪海上丝绸之路"的简称。2013年9月和10月，中国国家主席习近平分别提出建设"丝绸之路经济带"和"21世纪海上丝绸之路"的合作倡议。

"一带一路"不是一个实体和机制，而是合作发展的理念和倡议，是依靠中国与有关国家既有的双多边机制，借助既有的、行之有效的区域合作平台，旨在借用古代"丝绸之路"的历史符号，高举和平发展的旗帜，积极发展与共建"一带一路"国家的经济合作伙伴关系，共同打造政治互信、经济融合、文化包容的利益共同体、命运共同体和责任共同体。

（二）"一带一路"的框架思路

"一带一路"贯穿亚欧非大陆，一头是活跃的东亚经济圈，一头是发达的欧洲经济圈，中间广大腹地国家经济发展潜力巨大。丝绸之路经济带重点畅通中国经中亚、俄罗斯至欧洲（波罗的海），中国经中亚、西亚至波斯湾、地中海，中国至东南亚、南亚、印度洋。21世纪海上丝绸之路重点方向是从中国沿海港口过南海到印度洋，延伸至欧洲，从中国沿海港口过南海到南太平洋。

根据"一带一路"走向，陆上依托国际大通道，以沿线中心城市为支撑，以重点经贸产业园区为合作平台，共同打造新亚欧大陆桥、中蒙俄、中国—中亚—西亚、中国—中南半岛等国际经济合作走廊；海上以重点港口为节点，共同建设通畅安全高效的运输大通道。中巴、孟中印缅两个经济走廊与推进"一带一路"建设关联紧密,要进一步推动合作,取得更大进展。

中国提出的共建"一带一路"倡议,基于"丝绸之路"的历史文化内涵,向世界展示了全新的合作理念和合作模式。其精髓是"丝路精神"与全球化的有机结合,其内涵是包容性和全球化。"一带一路"倡议得到越来越多国家和国际组织的积极响应,成为当今世界深受欢迎的国际公共产品和国际合作平台。

(三)"一带一路"建设的核心及内容

1."一带一路"建设的核心

"一带一路"建设的核心是共商、共建、共享。

共商,即各国人民一起共商发展大计。共商强调彼此尊重各国的利益,求同存异、相互信任、集思广益,使"一带一路"建设兼顾双方或各方利益和关切,体现双方或各方智慧和创意。共建,即各国共同建设。共建强调在"一带一路"的范围内优化资源配置,调动多方主体积极参与、精诚合作、各取所长,共同推进"一带一路"建设。共享,就是让建设成果更多更公平地惠及沿线各国人民,打造利益共同体和命运共同体。共享强调互利共赢,让"一带一路"建设惠及各国人民,给各国人民带来更多更公平的福祉。

2."一带一路"建设的主要内容

"一带一路"建设主要包括以下几个方面:

(1)政策沟通。加强政策沟通,是"一带一路"建设的重要保障。加强政府间合作,构建多层次政府间宏观政策沟通交流机制,共同协商解决合作中的问题,深化利益融合,促进政治互信,达成合作新共识。

(2)设施联通。基础设施互联互通是"一带一路"建设的优先领域。在尊重相关国家主权和安全关切的基础上,共建"一带一路"国家宜加强基础设施建设规划、技术标准体系的对接,共同推进国际骨干通道建设,逐步形成连接亚洲各区域以及亚欧非之间的基础设施网络。设施联通主要涉及交通、能源、信息等方面的联通。

(3)贸易畅通。投资贸易合作是"一带一路"建设的重点内容。宜着力研究解决投资贸易便利化问题,消除投资和贸易壁垒,构建区域内及各国良好的营商环境,同共建"一带一路"国家和地区共同商建自由贸易区,激发释放合作潜力,做大做好合作"蛋糕"。

（4）资金融通。资金融通是"一带一路"建设的重要支持。深化金融合作，推进亚洲货币稳定体系、投融资体系和信用体系建设。扩大共建"一带一路"国家双边本币互换、结算的范围和规模。推动亚洲债券市场的开放和发展。共同推进亚洲基础设施投资银行、金砖国家新开发银行筹建，有关各方就建立上海合作组织融资机构开展磋商。加快丝路基金组建运营。深化中国－东盟银行联合体、上海合作组织银行联合体务实合作，以银团贷款、银行授信等方式开展多边金融合作。支持共建"一带一路"国家政府和信用等级较高的企业以及金融机构在中国境内发行人民币债券。符合条件的中国境内金融机构和企业可以在境外发行人民币债券和外币债券，鼓励在共建"一带一路"国家使用所筹资金。

（5）民心相通。民心相通是"一带一路"建设的社会根基。传承和弘扬丝绸之路友好合作精神，广泛开展文化交流、学术往来、人才交流合作、媒体合作、青年和妇女交往、志愿者服务等，为深化双多边合作奠定坚实的民意基础；进一步加强人文交流，开展教育、科技、文化、媒体、医疗、卫生、民间交往等领域合作，促进不同文明互学互鉴、各国民众相知相亲；加强历史文化遗产保护，联合打造具有丝路特色的旅游产品。

（四）"一带一路"建设成果丰硕

截至 2023 年 10 月，中国已与 150 多个国家、30 多个国际组织签署 200 多份共建"一带一路"合作文件，涵盖投资、贸易、金融、科技、社会、人文、民生等领域，形成一大批标志性项目和惠民生的项目。

1. 设施联通

设施联通是共建"一带一路"的优先领域，构建了"六廊六路多国多港"的互联互通总体架构。"六大经济走廊"分别是中蒙俄、新亚欧大陆桥、中国—中亚—西亚、中国—中南半岛、中巴、孟中印缅经济走廊。截至 2022 年底，中巴经济走廊累计为巴基斯坦提供直接投资 254 亿美元，创造 23.6 万个就业岗位[①]。"六路"包括铁路、公路、海运、航空、管道和空间综合信息网络。其中，中老铁路全线通车，让老挝从"陆锁国"变成"陆联国"，间接为

---

① 《弘扬中巴传统友谊，推进各领域务实合作》，人民网，http://paper.people.com.cn/rmrb wap/html/2024—06/07/nw. D110000renmrb _ 20240607 _ 1—03. htm。

老挝增加 10 万余个就业岗位，预计使老挝总收入增长 21％①。雅万高铁跑出东南亚"最快速度"，累计为当地带来 5.1 万人次就业。蒙内铁路对肯尼亚经济增长贡献率达到 2％。截至 2023 年 6 月底，"丝路海运"航线已通达全球 43 个国家的 117 个港口②。中国已与 104 个共建国家签署双边航空运输协定，与 57 个共建国家实现空中直航，跨境运输便利化水平不断提高。中欧班列已成为共建"一带一路"的旗舰项目。中欧班列通达欧洲 25 个国家的 200 多个城市。截至 2023 年 10 月，中欧班列十年来累计开行 7.8 万列，运输货物 740 万标箱，货值超 3400 亿美元③。

2. 贸易畅通

贸易畅通是共建"一带一路"的着力点，是推动各国经济持续发展的重要力量。中国已与 28 个国家和地区签署了 21 个自贸协定，自贸伙伴覆盖亚洲、大洋洲、拉丁美洲、欧洲和非洲。2013 年至 2022 年，中国与共建国家进出口总额累计 19.1 万亿美元，年均增长 6.4％。2013 年至 2022 年，中国与共建国家双向投资累计超过 3800 亿美元，其中，中国对外直接投资超过 2400 亿美元④。

3. 合作园区建设

一大批园区凭借自身优势迅速发展，如中白工业园、泰中罗勇工业园等。截至 2023 年 6 月底，中国已同 40 多个国家签署了产能合作文件。中国企业与"一带一路"国家政府、企业合作共建的海外产业园超过 70 个⑤。

4. 资金支持

亚洲基础设施投资银行（以下简称"亚投行"）、丝路基金等多边金融合作

---

① 国家发改委：《中老铁路开行以来间接为老挝增加 10 万余个就业岗位》，光明网，https://baijiahao.baidu.com/s?id=1779356524090104079&wfr=spider&for=pc。

② 《"一带一路"数据"说"——中国与共建国家海上互联互通水平不断提升》，光明网，https://baijiahao.baidu.com/s?id=1779718660816478033&wfr=spider&for=pc。

③ 外交部：《中欧班列已成为共建"一带一路"的旗舰项目和标志性品牌》，国际在线网，https://baijiahao.baidu.com/s?id=1779414342049834766&wfr=spider&for=pc。

④ 《2013—2022 年中国与共建"一带一路"国家进出口额年均增长 6.4％》，中华人民共和国商务部中国服务贸易指南网，http://tradeinservices.mofcom.gov.cn/article/ydyl/yaowen/gnyw/202310/156201.html。

⑤ 《共建"一带一路"：构建人类命运共同体的重大实践》，中国政府网，https://www.gov.cn/zhengce/202310/content_6907994.htm。

机构相继成立，为"一带一路"建设和双多边互联互通提供了有力资金支持。截至 2023 年 6 月底，亚投行已有 106 个成员。从成员数量看，亚投行已成为仅次于世界银行的全球第二大国际多边开发机构。亚投行批准 227 个投资项目，共投资 436 亿美元，项目涉及交通、能源、公共卫生等领域。截至 2023 年 6 月底，丝路基金累计签约投资项目 75 个，承诺投资金额约 220.4 亿美元①。

5. 金融合作

截至 2023 年 6 月底，共有 13 家中资银行在 50 个"一带一路"国家设立 145 家一级机构，131 个国家的 1770 万家商户开通银联卡业务，74 个国家开通银联移动支付服务。中国已与 20 个"一带一路"国家签署双边本币互换协议，在 17 个国家建立人民币清算安排②。

6. 民心相通

民心相通是共建"一带一路"的社会根基。中国与共建"一带一路"国家在教育、文化、体育、旅游、考古等领域合作不断深化。截至 2023 年 6 月底，中国已与 144 个"一带一路"国家签署文化和旅游领域合作文件。中国在 44 个国家设立 46 家海外中国文化中心，其中"一带一路"国家 32 家；在 18 个国家设立 20 家旅游办事处，其中"一带一路"国家 8 家。截至 2023 年 6 月底，中国已与 45 个"一带一路"国家和地区签署高等教育学历学位互认协议。中国与 60 余个"一带一路"国家的多个城市结成 1000 余对友好城市，与 72 个国家和地区的 352 家民间组织结成丝绸之路沿线民间组织合作网络，开展民生项目和各类活动 500 余项③。

二、"一带一路"助推泛亚铁路建设

"一带一路"倡议旨在促进共建"一带一路"国家的经济合作、文化交流

---

① 《共建"一带一路"：构建人类命运共同体的重大实践》，中国政府网，https://www.gov.cn/zhengce/202310/content_6907994.htm。

② 《共建"一带一路"：构建人类命运共同体的重大实践》，中国政府网，https://www.gov.cn/zhengce/202310/content_6907994.htm。

③ 《共建"一带一路"：构建人类命运共同体的重大实践》，中国政府网，https://www.gov.cn/zhengce/202310/content_6907994.htm。

和民心相通。"一带一路"的核心内容之一就是要促进基础设施建设和互联互通，其建设内容与泛亚铁路建设和东盟互联互通规划有很多契合之处。"一带一路"与东盟国家发展战略对接，受到东盟国家的普遍欢迎和认同。依托泛亚铁路打造中国—中南半岛经济合作走廊，是"一带一路"倡议的重要组成部分。泛亚铁路联通"一带一路"将成为连接中国与东南亚的"黄金走廊"。

互联互通是联通发展合作的主要载体，是共建"一带一路"的落脚点，其中基础设施的互联互通是重点。在这方面，中国与东盟合作成果斐然。中老铁路助力老挝实现"陆联国"梦想，不仅提升老挝的对外贸易额、推动老挝旅游业发展，而且有助于中国形成稳定高效的国内国际双循环运输通道，助推国际产业链、供应链稳定畅通。雅万高铁是中国、印度尼西亚两国务实合作的旗舰项目，也是中国高铁首次全系统、全要素、全产业链在海外建设的"第一单"。雅万高铁的开通将激发沿线数千万人口经济活力，助推东盟最大经济体的经济持续增长。此外，金港高速公路通车，使得柬埔寨这个欠发达国家迈入"高速时代"。中老泰铁路、马来西亚东海岸铁路等项目建设提速，大湄公河区域铁路联盟正式成立。中欧班列与西部陆海新通道班列有效联通，将东盟与欧洲、中亚货物贸易通道有机衔接，成为"一带"与"一路"联通的示范区。

三、"一带一路"使泛亚铁路效应倍增

（一）互联互通为东盟发展注入新动能

截至 2022 年 7 月底，中国企业在东盟国家开展工程承包合作累计完成营业额超过 3800 亿美元。我国在东盟国家拥有在建项目涵盖铁路、地铁、公路、桥梁、港口、航空、水利、电力、通信、房建、市政、矿业开采等众多领域。

随着共建"一带一路"不断走深走实，基础设施合作成效显著。中老铁路开通，金港高速公路通车，印尼雅万高铁运营，中老泰铁路、马来西亚东海岸铁路系列项目建设提速，中马、中印尼"两国双园"做大做强，西部陆海新通道实现了联通东盟、走向世界，成为共建"一带一路"框架下重要的国际公共产品和国际合作重要平台。中欧班列与西部陆海新通道班列互联互通，有机衔接了东盟与欧洲、中亚，加速中国与东盟的互联互通，为共建"一带一路"国家发展奠定了坚实基础。

以通道促物流，以物流促经贸，贯通南北，连通区域，成为中国与东盟国家共建"一带一路"的生动写照。随着互联互通不断深化，中国与东盟还将书

写更多互利共赢新篇章，为稳定国际产业链和供应链、促进全球经济复苏注入更多动能。

（二）互联互通促进交通网络日臻完善

交通网络系统由设施网络、径路网络、组织网络及需求网络构成，相互交织的网络形成了人类社会经济活动空间相互作用乃至城市体系结构的重要表征。其中，交通节点形成设施网络，交通线路构成径路网络，而节点与线路的结合形成组织网络。

交通运输产业是典型的网络型产业，具有明显的网络效应。网络效应能够优化产业结构、协调不同运输要素之间的关系、科学制定运输方案、促进运输行业的发展。

一个地区、一个国家、一个城市的交通随着铁路、公路、桥梁、港口、航空、电力、通信等基础设施的建成，交通由点变线，交织成网，形成更高水平的陆海空网络。互联互通促进交通网络的不断扩大和配套设施的日臻完善，使交通运营能力、运营服务、运营管理能力大幅提升，交通网络效应日益凸显，对于区域经济的发展具有重要影响。

（三）完善的交通网络放大了泛亚铁路效应

"一带一路"的建设为泛亚铁路网的拓展奠定了坚实的基础。交通网络的不断完善，使泛亚铁路的影响力不再局限于沿线地区，而是触及的整个网络区域，并带动当地仓储、物流、运输、生产链、供应链、消费链和相关行业的发展，促进整个区域经济、社会的发展。

中老铁路开通而出现的"澜湄快线＋跨境电商"和"中老铁路＋中欧班列"的运输方式开创了东盟国家国际运输的新模式。它与西部陆海新通道、中欧班列的无缝连接，大大增强其辐射效应和跨境货运能力。

中哈（连云港）物流合作基地加速了新亚欧大陆桥的升级，陆海跨境联运更加高效便利，形成了东西联动的发展格局；同时，使东南亚等国和哈萨克斯坦的产品能方便、快捷地流通。中欧班列线路辐射面不断扩大，开通了中亚五国、中欧（德国、波兰）、中俄、中土（跨里海）、中吉乌、中蒙6条精品运输通道，覆盖104个国际货运站点，有力促进了沿线国家贸易畅通。

中哈（连云港）物流合作基地实现了远洋干线、深水大港、内河航运、国际班列、物流场站互联贯通。国际物流园开出的中欧班列，已实现对中亚地区主要站点全覆盖。从中亚运输的主要货源已形成了特色货源专列运输。运往中亚和欧洲地区的货物通过连云港陆海联运直通中亚地区。未来，连贯东西的新亚欧陆海联运通道将更加畅通高效。

日臻完善的交通网络、配套设施和"一带一路"构建的合作共赢机制，营造了良好的投资环境，为共建高质量"一带一路"奠定了坚实基础。目前东盟已经成为中国最重要的对外投资目的地和外商直接投资来源地。投资领域从制造、采矿、批发零售等行业逐步拓展到农业、电力、供水、电信、基础设施、高新技术、数字经济、绿色经济以及更加丰富的商贸服务领域。

近年来，世界经济一体化成为当前经济发展的重要方向，随着东盟国家交通、通信和数字基础设施的快速发展，跨境电子商务正成为中国－东盟贸易中的一种重要模式，并表现出强劲的发展潜力。东盟跨境电商的迅速发展就是一个典型的案例。跨境电商相关法律法规的不断完善，交易平台的快速发展，跨境物流、供应链、支付等技术的持续改善及全球数字化进程的加速，有力支撑了中国－东盟跨境电商的发展，并带动了快递、海外仓等行业的协同发展。2020年，泰国、新加坡、马来西亚、印度尼西亚、越南的跨境电商市场也逆势上涨，交易额达到600亿美元左右，印度尼西亚跨境电商交易额占进出口贸易总额的10％以上①。根据中国国际金融股份有限公司的相关研究，伴随着电子商务渗透率的提高，东南亚电子商务市场规模将从2019年的390亿美元增长到2025年的2330亿美元②，对应的年复合增长率为35％。总部位于新加坡的跨境电商平台Shopee，2021年商品交易总额为625亿美元，同比增长率为76.8％③。

2022年7月8日，博鳌亚洲论坛研究院推出了《从中国－东盟合作经验看"一带一路"跨境电商发展》报告。该报告提出，亚太是全球跨境电商表现最出色的地区，占全球市场规模的53.6％，中国与东盟的贡献功不可没。随着中国与东盟不断加深的经贸往来、快速提升的数字基础设施建设、政府政策的有力支撑及数字化跨境支付快速发展，中国与东盟跨境电商合作取得突破性进展。

---

① 《〈2020东南亚电子商务报告〉解读电商新风口》，搜狐网，https://www.sohu.com/a/439037067_100303558。

② 《出海东南亚：电商与金融科技融合下的新机遇》，腾讯网，https://mp.weixin.qq.com/s?_biz=MjM5NzY5MDUwNA==&mid=2651806157&idx=2&sn=377e8db2acbe20005ec6498b74b79e61&chksm=bc6d22ecfb57a53fa63e4a3ae72a10f42016d6d1aca9bff0bf4569751329ab4dccefc060bf68&scene=27。

③ 《东南亚电商热潮：Shopee、Lazada及TikTok战局解析》，搜狐网，https://www.sohu.com/a/846638152_121850900。

四、RCEP 助力高质量"一带一路"建设

（一）RCEP 与"一带一路"的关系

"一带一路"倡议是国际合作的广泛框架，包含"五通"建设。RCEP 属于贸易畅通的范畴。通过制度性的协定安排，RCEP 为各成员国提供了货物、服务、资金、人员、技术和信息跨境流动的更便利条件，提升了各方开展贸易投资活动的效率。"一带一路"倡议则为 RCEP 的一致意向形成创造了良好氛围，有助于 RCEP 生效后产生更大的积极效果。此外，两者在时间上也相互配合，互为补充。"一带一路"倡议是一个周期相对较长的倡议，其目的是通过协同与配合不断提高资源整合的效率，在相对有限的资源约束下实现更好的发展。而 RCEP 在签署后是否对经贸合作产生立竿见影的效果，需要通过实践检验并进一步完善和更新。

（二）RCEP 与"一带一路"高度契合互为补充

RCEP 与"一带一路"倡议"平等、合作、共赢"的理念高度契合，体现出强大的包容性和开放性，成为跨区域、跨文化合作的新典范。

RCEP 与"一带一路"具有一定的功能互补性，协同发展将有力促进区域协调均衡发展，推动建立开放型区域经济一体化发展新格局。

RCEP 在区域经贸规则领域实现了重要突破，是区域内经贸规则的"整合器"，涵盖了货物、服务、投资等全面的市场准入承诺，并且对服务贸易的开放度超过了成员国间原有的双边自贸协定的开放度，使"一带一路"建设内容更加丰富。作为以发展中国家为主体的自由贸易协定，RCEP 在制定高标准国际经贸规则的同时兼顾了发展中国家的利益，具有较强的包容性和灵活性，因而 RCEP 经贸合作规则体系对覆盖众多发展中国家的"一带一路"区域规则体系建设具有重要的借鉴意义。

RCEP 成员国的经济发展水平不一，社会制度、历史文化和宗教信仰各异，但均按照同一协定开展贸易和投资，充分展现了 RCEP 的包容性与开放性，这与和平合作、开放包容、互学互鉴、互利共赢的丝路精神相一致。RCEP 可谓"一带一路"合作平台的缩影，其逐步释放的政策红利、日渐增多的货物贸易、服务贸易等将促进各方加深交流、密切合作，深化产业链、价值链的升级，提升区域供应链稳定性，为成员国共建"一带一路"创造了更多的

可能性，也为国际社会提供了共建"一带一路"的成功示范。作为全球规模最大的自贸区，RCEP 将成为吸引更多国家参与共建"一带一路"的积极力量。

（三）RCEP 与"一带一路"相得益彰相互促进

RCEP 和"一带一路"倡议有重合的部分，也有各自的特色，可以相互促进、相互支撑。一方面，可以发挥 RCEP 在贸易、投资领域高质量、包容性的规则优势，在知识产权、电子商务、竞争政策、政府采购等议题树立国际规则典范，为共建"一带一路"高质量发展提供启示和借鉴，促进"一带一路"建设高质量发展；另一方面，可以发挥共建"一带一路"在机制建设、互联互通、金融合作、人文交流等方面的综合效应，促进区域产业链、供应链、价值链融合，促进区域经济一体化。

RCEP 的多数成员国也是"21 世纪海上丝绸之路"的重要节点国家，可以说正是"一带一路"倡议的成功推进，让中国与 RCEP 成员国间的经贸关系更紧密，成为助力 RCEP 成功签署的重要因素。同时，RCEP 实施后将更充分地发挥重要平台作用，不断发挥自身的制度性安排优势，源源不断地释放红利，助力成员国间深化合作、互利共赢，提升区域内产业链、供应链、价值链的稳定性和互联互通，不断扩大"一带一路"的朋友圈，使更多国家及企业参与"一带一路"建设，扩大"一带一路"的影响力和成效。从这个意义上说，RCEP 不仅是中国构建自由贸易区网络进程中的重要事件，也是推动共建"一带一路"的一个重要里程碑。截至 2022 年，中国已连续 13 年保持东盟第一大贸易伙伴地位[1]，我国与东盟有充足的动力和潜力进一步深化多边贸易投资机制，向周边国家和地区释放经贸合作红利，从而吸引和助力更多的共建"一带一路"国家参与 RCEP 区域合作，不断提升亚太地区区域一体化水平。

（四）RCEP 是"一带一路"取得的重要成果

通过实施"一带一路"倡议，实现了合作共赢。中国实现了外汇保值增值和基建产能的释放转移，共建"一带一路"国家实现了基础设施的跨越式完善和经济发展。这是"一带一路"倡议实施十年主要的合作模式，也是"一带一路"倡议取得成功的必要条件。同时，"一带一路"倡议以先进的理念、务实的做法、巨大的包容性，提供了建设的充分条件。这个必要条件与充分条件的

---

① 商务部：《中国连续 13 年保持东盟最大贸易伙伴》，新华网，http://www.xinhuanet.com/2022-08/29/c_1128957174.htm。

结合，让"一带一路"十年建设取得丰硕成果，从而用实际成效赢得了国际社会的普遍欢迎和热烈响应，成为深受欢迎的国际公共产品和国际合作平台。

"一带一路"倡议一直秉持开放包容、平等互利的建设理念，也一直欢迎欧美等发达国家以资金和技术优势参与"一带一路"倡议建设。发达国家通过参与"一带一路"的项目建设，可以获得广阔的市场，促进自身的经济发展。澳大利亚、日本、韩国和新西兰加入的 RCEP 已全面生效，实际上也就是发达国家参与"一带一路"倡议的一种特殊形式，也标志着共建"一带一路"有了新发展模式，进入一个新发展阶段。

政策沟通畅通各国交流渠道，强化合作机制，增强各国共同发展的信心和决心，从而加快落实 RCEP 的各项贸易投资规则，并通过对话沟通进一步拓宽 RCEP 的合作领域。设施联通对各国的基础设施建设做出了巨大贡献，满足了沿线新兴经济体和发展中国家现代化发展的现实需求，为 RCEP 区域内货物运输和数据传输打好了现实基础，有利于货物贸易、服务贸易及投资增长，有助于在电子商务、智慧城市等数字经济领域开展创新合作。民心相通促进人文交流合作。人文交流，促进了民心相通，聚焦了人民促和平、谋发展的共同梦想，推动了人民相知相交、互学互鉴、心灵相通、情感相融，培育了"互信、互谅、互利、互助"的合作精神，有利于各国携手建设更为紧密的命运共同体。

五、"一带一路"助力中国—东盟工业化和产能合作

工业化和产能合作是共建"一带一路"合作新方向。工业化是现代化核心，只有工业化发展到一定阶段，才能充分实现现代化。随着传统基础设施建设的逐步完成，工业化和产能合作将成为中国与东盟共建"一带一路"的重点方向。

中国与东盟国家地缘相近，产业链和分工体系门类齐全、互补性强，具备产能合作的良好基础。以"两国双园"模式，整合双方资源，实现优势互补。中马钦州产业园区和马中关丹产业园区开启了中国—东盟国际产能合作的新模式。2021 年，中国以福建省福州市福清元洪投资区为中方园区，印度尼西亚以民丹工业园、阿维尔那工业园和巴塘工业园为印度尼西亚方合作园区，双方以海洋经济、食品加工、纺织化纤等为重点产业合作建立"两国双园"。同年，中菲也建立"两国双园"：中国以漳州五个中方园区，同菲律宾巴丹自由港区在食品加工、海洋经济、现代农业、油气合作、冷链物流、新能源等产业开展

合作。上汽通用五菱印度尼西亚制造基地、文莱摩拉港等一大批标志性的产能合作项目在海外相继建成和投产。中国－东盟国际产能合作带动了双方经济增长和就业,加快了东盟国家工业化进程,提升了中国和东盟在全球产业链布局中的地位。

东盟国家大都资源比较丰富,工业化则多处于初级阶段,而中国处于工业化中高级阶段,双方在工业合作方面互补性较强。比如,印度尼西亚镍矿资源丰富,中国企业以整个镍产业链为主导,辐射带动产业集群,将镍矿加工为镍铁和新能源电池材料,不仅为印度尼西亚创造大量税收、就业和外汇收入,也大大提升了印度尼西亚工业化水平,为推动印度尼西亚实现现代化打下了重要基础。

同时,在新型工业化领域,聚焦数字经济产业和绿色经济产业合作,实现弯道超车。在数字经济产业领域,中国与东盟在数字基础设施、电子商务、数字技术研发等重点领域开展了卓有成效的合作。未来,双方在数据安全保护与政策沟通协调、智慧城市等领域的合作将具有广阔前景。在绿色经济产业领域,双方对绿色发展合作高度认同。未来,中国与东盟将加强在新能源技术开发应用、绿色投融资、能力建设等方面的合作,推动能源转型和产业结构升级,推动建立中国－东盟清洁能源合作中心,共同推进低碳经济发展和绿色可持续增长,力争在新型工业化方面占得先机,朝着各自发展目标阔步前进。

六、"一带一路"引领中国与东盟共同繁荣

2023年是"一带一路"倡议提出十周年,也是构建更为紧密的中国－东盟命运共同体理念提出十周年。中国视东盟为周边外交的优先方向和共建"一带一路"的重点地区。十年来,共建"一带一路"在东盟不断落地生根、开花结果,成为构建更为紧密的中国－东盟命运共同体的实践平台,使得双方共同享受到共建"一带一路"所带来的发展红利,并推动各自现代化进程向前发展。这进一步彰显了共建"一带一路"对地区合作的内驱力与引领力。

十年来,中国和东盟国家辛勤耕耘,积极推进高质量共建"一带一路"。双方在互联互通、产能合作、建立健全本地区供应链、产业链、价值链等方面取得丰硕成果。"一带一路"建设为东盟国家老百姓带来了实实在在的福祉,当地民众对"一带一路"认知度、对华好感度持续提升,有力促进双方民心相通。

十年来,"一带一路"合作领域不断拓展,合作打造新增长点方兴未艾。

中国与东盟多个国家签署了绿色发展、数字经济、蓝色经济等领域投资合作备忘录，为共建"一带一路"拓展了更大的发展空间。"丝路电商"朋友圈不断扩大，中国与东盟多个国家建立了双边电子商务合作机制。

2015年开始实施的"中新（重庆）战略性互联互通示范项目"是中国和新加坡设立在中国西部地区的中新第三个政府间合作项目，是两国共建"一带一路"的产物，由此项目延伸出来的国际陆海贸易新通道高效联通欧亚，以互联互通共促区域经济一体化。

赤口河泵站灌溉项目是共建"一带一路"与菲律宾"大建特建"规划对接的重点项目和"大建特建"旗舰项目，也是中菲两国政府重点推进的基建项目和民生工程。2022年6月，由中国政府资金支持的赤口河泵站灌溉项目竣工仪式隆重举行。项目建成后，将为当地8700公顷农田提供高效可靠的灌溉用水保障，提高农作物产量，增加农民收入，直接惠及4000多家农户。

中方出资设立的澜湄合作专项基金，支持缅甸农业、畜牧和灌溉部实施了30余个项目，帮助缅甸提升水稻、咖啡、蔬果、澳洲坚果等农产品种植技术和附加值，建设缅甸农业研究所、桑蚕研发中心、食品加工培训中心、农业推广实验室等。中方还援助缅甸在内比都埃恩达和敏彬建成了两个减贫示范村，积极帮助缅甸解决电力、交通等制约农业农村发展的基础设施问题，以实实在在的行动助力缅甸发展，造福缅甸人民。

中国与东盟健康丝路建设稳步推进。从打造"健康丝绸之路"，到构建人类卫生健康共同体，国际公共卫生合作一直以来都是"一带一路"建设的重要组成部分。中国与东盟携手构筑"中国东盟健康之盾"，打造卫生健康合作典范。此外，中国还通过设立专项基金对东盟国家医疗基础设施建设提供援助、举办培训班、互派留学生等途径助力东盟国家公共卫生能力建设。

七、中国－东盟携手共建高质量"一带一路"

共建"一带一路"顺应了经济全球化的历史潮流，顺应了广大发展中国家对促和平、谋发展的愿望。"一带一路"建设有利于泛亚铁路沿线各国发挥自身优势，破解发展难题。共建"一带一路"彰显了同舟共济、权责共担的命运共同体意识，为完善全球治理体系变革提供了新思路、新方案。

中国始终把东盟作为周边外交优先方向和高质量共建"一带一路"重点地区。中国与东盟各国一道，积极弘扬丝路精神，秉持共商共建共享原则，坚持开放、绿色、廉洁理念，全面推进政策沟通、设施联通、贸易畅通、资金融通、民心相通，努力实现高标准、惠民生、可持续目标，携手打造更高水平的战略伙伴关系，建设更为紧密的中国－东盟命运共同体。

中国和东盟国家山水相连、人文相通，友好交往源远流长。中国高度重视中国－东盟关系发展，截至 2023 年，双方建立对话关系 32 年，特别是建立战略伙伴关系 20 年来，始终与时俱进、携手前行。近年来，双方加强战略沟通，推进务实合作，共建"一带一路"，深化人文交流，妥善处理分歧，维护地区稳定，推动中国－东盟关系进入全方位发展的新阶段。

东盟国家处于"一带一路"的陆海交会地带，是中国推进"一带一路"建设的优先方向和重要伙伴。十年来，中国和东盟国家不断加强战略对接，在经贸投资、互联互通、产能合作、绿色转型、数字经济等领域合作捷报频传，硕果累累，携手打造了高质量共建"一带一路"的东南亚样板。

中国与东盟十国均已签署双边共建"一带一路"合作文件。2019 年 11 月，第 22 次中国－东盟"10＋1"领导人会议发表了中国－东盟关于"一带一路"倡议与《东盟互联互通总体规划 2025》对接合作的联合声明，标志着中国和东盟就高质量共建"一带一路"的对接与合作进入快车道，彰显了双方合作发展的信心和决心，为中国－东盟全面战略伙伴关系发展注入新动力。《东盟互联互通总体规划 2025》设定的可持续基础设施、数字创新、无缝衔接的物流、良好的规章制度、人员往来五大战略目标与"一带一路"倡议提出的政策沟通、基础设施联通、贸易畅通、资金融通、民心相通的"五通"理念高度契合，强化了战略对接。

"一带一路"倡议推动中国－东盟经贸合作持续深化。中国和东盟已互为最大贸易伙伴，双向贸易额连创新高。2022 年，中国与东盟贸易总值达9753.4 亿美元，同比增长 11.2%①。2022 年，中国企业在"一带一路"沿线非金融类直接投资主要投向的 10 个国家中，6 个为东盟国家②。"一带一路"倡议为东盟国家企业带来更多商机，助力东盟国家贸易和投资快速、多元发展，双方务实合作成效显著。随着中国企业对东盟国家投资结构和质量不断优化，中国东盟经贸合作增长势头将更加强劲。

在政治安全层面，中国与东盟照顾彼此重大关切，尊重各自发展路径，以真诚沟通增进理解和信任，以求同存异妥善处理分歧和问题，共同维护和弘扬

---

① 《2022 年中国－东盟贸易增长强劲》，彭拜新闻，https://www.thepaper.cn/newsDetail_forward_21549943。

② 《2022 年中国－东盟贸易额近万亿美元，10 年扩大 1.2 倍》，2023 年 8 月 25 日，北京日报客户端，https://baijiahao.baidu.com/s?id=1775170091106219385&wfr=spider&for=pc。

亚洲价值观。在东盟对话伙伴中，中国第一个加入《东南亚友好合作条约》，第一个同东盟建立战略伙伴关系，第一个明确支持东盟在区域合作中的中心地位，携手应对亚洲金融危机、国际金融危机、新冠疫情等挑战，更强化了双方命运共同体意识。

"一带一路"倡议不断提升东南亚地区互联互通水平。金港高速公路引领柬埔寨迈入"高速时代"，中老铁路助力老挝实现"陆联国"梦想，东盟首个高铁雅万高铁成功试运营，越南河内轻轨二号线项目落成投用，中老泰铁路、马来西亚东海岸铁路建设提速，国际陆海贸易新通道高效联通欧亚，中国和东盟以高效互联互通共促区域经济一体化欣欣向荣。

中国与东盟数字丝路建设成绩斐然。2017年12月，中国、老挝、泰国等七国共同发起《"一带一路"数字经济国际合作倡议》。2020年被称为"中国与东盟数字经济合作年"。中国面向印度尼西亚、老挝等国开展了北斗应用系列活动，中国协助泰国打造5G智能示范工厂，中国分别在老挝、柬埔寨、缅甸等国家建设了海外云计算中心。双方持续加强在电子商务、科技创新、5G网络、智慧城市等领域合作，不断推进中国－东盟合作提质升级。

作为一衣带水、山水相连的友好邻邦，30多年来，中国与东盟关系实现历史性跨越，合力创造"东亚奇迹"，走出一条睦邻友好、合作共赢的光明大道。双方已发展成为最全面、最具实质内涵、最为互利共赢的战略伙伴，成为推动构建人类命运共同体的生动例证。

附：中国与东盟全面战略伙伴关系建设历程①

1991年7月19日，中国国务院委员兼外交部部长钱其琛首次应邀出席马来西亚首都吉隆坡举行的第24届东盟外长会议开幕式，开始了中国与东盟的磋商对话关系。

1992年7月，中国成为东盟的磋商伙伴。

1996年7月，中国由东盟的磋商伙伴国升格为东盟的全面对话伙伴国。

1997年12月，中国－东盟首脑非正式会晤在马来西亚举行。国家主席江泽民发表了《建立面向21世纪的睦邻互信伙伴关系》重要讲话。会晤结束后，双方发表了《中华人民共和国与东盟国家首脑会晤联合声明》。

2000年11月25日，第四次中国－东盟"10＋1"领导人会议在新加坡举

---

① 《中国－东盟关系（10＋1）》，外交部网，https://www.fmprc.gov.cn/wjb_673085/zzjg_673183/yzs_673193/dqzz_673197/dnygjlm_673199/zghdny_673203/。

行，朱镕基总理首次提出建立中国一东盟自由贸易区的构想。

2002年11月4日，第六次东盟与中、日、韩"10+3"和第六次中国一东盟"10+1"领导人会议在柬埔寨首都金边举行，正式签署了《中国+东盟全面经济合作框架协议》，决定到2010年建成中国一东盟自由贸易区。

2003年10月，第七次中国一东盟"10+1"领导人会议在印度尼西亚巴厘岛举行。中国政府宣布加入《东南亚友好合作条约》，并与东盟签署了宣布建立"面向和平与繁荣的战略伙伴关系"的联合宣言。

2004年1月1日，中国一东盟自由贸易区的先期成果——"早期收获计划"顺利实施，500多种农产品率先降税。

2004年11月3日至6日，首届中国一东盟博览会在广西南宁隆重举行。

2004年11月，温家宝总理出席老挝首都万象举行的第八次中国一东盟"10+1"领导人会议。会议发表了《落实中国一东盟面向和平与繁荣的战略伙伴关系联合宣言的行动计划》，双方还签署了《中国与东盟全面经济合作框架协议货物贸易协议》《中国一东盟争端解决机制协议》《中国一东盟交通合作谅解备忘录》等文件。

2006年10月30日至11月3日，中国一东盟建立对话关系15周年纪念峰会、第三届中国一东盟博览会、第三届中国一东盟商务与投资峰会在中国广西南宁举行，会议发表了《中国一东盟纪念峰会联合声明——致力于加强中国一东盟战略伙伴关系》。

2007年1月，第十次中国一东盟"10+1"领导人会议在菲律宾宿务举行。温家宝总理出席会议并发表《共同谱写中国一东盟自贸区服务贸易协议》等合作文件。

2008年12月30日，中国政府正式任命薛捍勤为首任中国驻东盟大使。

2009年8月，中国与东盟共同签署《中国一东盟自由贸易区投资协议》。协议的签署标志着双方成功完成了中国一东盟自贸区协议的主要谈判。

2010年1月1日，中国一东盟自由贸易区正式建成。这是一个惠及19亿人口、接近6万亿美元GDP、4.5万亿美元贸易总额、由发展中国家组成的最大自贸区。

2011年1月，中国一东盟外长会议在昆明举行。此次会议是首次在华举行中国一东盟外长会，对进一步推进包括互联互通在内的中国一东盟战略合作，提升双方关系水平具有重要意义。

2011年7月，中国外交部部长杨洁篪出席在印度尼西亚巴厘岛举行的中国一东盟"10+1"外长会，会议通过了《南海各方行为宣言》指导方针，为推动落实《南海各方行为宣言》进程、推进南海务实合作铺平了道路。

2011 年 8 月 12 日，第十次中国－东盟"10＋1"经贸部长会议在印尼万鸦老举行，来自中国和东盟 10 国的经贸部长参会。会议一致同意将中国－东盟贸易谈判委员会改名为中国－东盟自贸区联合委员会。会议发表联合新闻声明，表示期待第八届中国－东盟博览会 10 月份在南宁举办。

2011 年 11 月，温家宝总理在中国－东盟建立对话关系 20 周年纪念峰会上宣布，中方将于 2012 年在雅加达设立常驻东盟使团。

2012 年 11 月，温家宝总理出席第 15 次中国－东盟领导人会议。温家宝总理提出：第一，坚持互尊互信、睦邻友好。中方愿与东盟国家加强在安全和战略领域对话与合作，为东亚持久和平、稳定和繁荣提供更有力的支撑。第二，支持东盟维护团结、联合自强。中国不仅反对霸权主义和强权政治，也反对大国共治或大国主宰地区事务。第三，本着协商一致、照顾彼此关切的精神，妥善处理分歧和矛盾，维护东亚合作发展大局。第四，同舟共济，应对国际金融危机。我们要排除各种干扰，全面推动东亚一体化进程，促进本地区实现更长时期、更高水平、更好质量的发展①。

2013 年 9 月，李克强总理出席第十届中国－东盟博览会和中国－东盟商务与投资峰会开幕式并发表主旨演讲，就进一步加强中国与东盟的合作提出五项倡议。

2013 年 10 月，国家主席习近平在印度尼西亚国会发表《携手建设中国－东盟命运共同体》重要演讲。习近平主席全面阐述了中国对东盟政策，明确了中国－东盟关系的长远发展目标；指出中国同东盟国家在发展进程中有共同追求，在维护地区繁荣稳定上有共同利益，在国际和地区事务中有共同语言；强调中国将继续坚持与邻为善、以邻为伴，坚持讲信修睦、合作共赢，愿同东盟国家商谈缔结睦邻友好合作条约，携手建设更为紧密的中国－东盟命运共同体，作守望相助、安危与共、同舟共济的好邻居、好朋友、好伙伴②。

2014 年 12 月 29 日，中国－东盟经贸合作分析会召开，中国－东盟商务理事会发布了 2014 年中国－东盟自由贸易区十大新闻。

2015 年 10 月 23 日，首次中国－东盟执法安全合作部长级对话在京举行。

---

① 《温家宝总理出席第 15 次中国－东盟领导人会议》，外交部官网，https://www.fmprc.gov.cn/wjb＿673085/zzjg＿673183/yzs＿673193/dqzz＿673197/dnygjlm＿673199/xgxw＿673205/201211/t20121120＿7491853.shtml。

② 《习近平主席在印度尼西亚国会的演讲》，人民网，http://world.people.com.cn/n1/2017/0308/c411452－29132303.htm。

中方与东盟10国执法安全部长、警察首长以及国际组织代表举行对话会，决定共同建立"安全促发展"中国－东盟执法安全合作部长级对话机制，以共同应对非传统安全领域面临的挑战。

2015年11月12日，澜沧江－湄公河合作首次外长会在云南景洪举行，澜湄合作机制正式建立。中国、泰国、柬埔寨、老挝、缅甸、越南六国外长一致同意正式启动澜湄合作进程，宣布澜湄合作机制正式建立。这是沿岸六国携手推动的首个合作机制。

2016年4月，中国与东盟国家海运协定正式生效。

2017年11月13日，在菲律宾马尼拉举行的第20次中国－东盟领导人会议上同意发表《中国－东盟战略伙伴关系2030年愿景》，以规划双方关系未来方向，为建设开放包容、持久和平、普遍安全、共同繁荣和可持续发展的世界做出贡献。

2018年11月14日，中国和东盟在新加坡通过《中国－东盟战略伙伴关系2030年愿景》(the China－ASEAN Strategic Partnership Vision 2030)，决定构建以政治安全、经贸、人文交流三大支柱为主线，多领域合作为支撑的合作新框架，打造更加紧密的命运共同体。

2019年3月，第22次中国－东盟"10＋1"领导人会议在泰国曼谷举行，发表了《中国－东盟关于"一带一路"倡议同〈东盟互联互通总体规划2025〉对接合作的联合声明》，明确了双方合作的目标、方向、重点和举措，彰显了双方发展合作的信心和决心，是落实《中国－东盟战略伙伴关系2030年愿景》的重要一步，在"一带一路"国际合作中具有示范作用。

2020年，在中国－东盟自贸区基础上，东盟10国以及中国、日本、韩国、澳大利亚、新西兰等15个国家，正式签署《区域全面经济伙伴关系协定》(RCEP)，标志着全球规模最大的自由贸易区域又进一步扩大范围。在RCEP框架下，中国和东盟在分享超大规模市场、进一步发挥互补优势、合理配置生产要素等方面具有更广泛的共同利益，产业链、供应链、价值链合作前景也更加广阔。

2021年11月22日，在中国－东盟建立对话关系30周年纪念峰会上，中国和东盟共同宣布建立面向和平、安全、繁荣和可持续发展的全面战略伙伴关系。在《落实中国－东盟面向和平与繁荣的战略伙伴关系联合宣言行动计划(2021—2025)》所列重点领域的基础上，进一步明确中国和东盟就《中国－东盟建立对话关系30周年纪念峰会联合声明》以及双方商定领域深化务实合作的承诺。东盟重视中国提出的本地区共建和平家园、安宁家园、繁荣家园、美丽家园、友好家园的愿景。

2022 年 4 月 22 日，中国科技部官网发布《中国－东盟建设面向未来更加紧密的科技创新伙伴关系行动计划（2021—2025）》，双方同意在科技创新政策、联合研发、技术转移、人才交流领域开展合作。

2022 年 9 月 16 日至 19 日，在广西南宁举办了主题为"共享 RCEP 新机遇，助推中国－东盟自由贸易区 3.0 版"的第 19 届中国－东盟博览会和中国－东盟商务与投资峰会。共有 267 个投资合作项目签约，总投资 4130 亿元，比上届增长 37%，10 亿元以上项目有 87 个，呈现重大项目多、投资规模大、区域合作广等特点，是中国－东盟博览会促进经贸合作水平的具体体现。

2022 年 11 月 11 日，第 25 次中国－东盟领导人会议提出了《中国－东盟全面战略伙伴关系行动计划（2022—2025）》，进一步明确中国和东盟就《中国－东盟建立对话关系 30 周年纪念峰会联合声明》以及双方商定领域深化务实合作的承诺。会议上，李克强总理建议：以实施《中国－东盟全面战略伙伴关系行动计划（2022—2025）》为契机，推动双方务实合作提质增效①。

---

① 《李克强在第 25 次中国－东盟领导人会议上的讲话（全文）》，中国政府网，https://www.gov.cn/xinwen/2022－11/12/content_5726332.htm。

第九章 泛亚铁路助力中国－东盟产业链供应链互联互通

一、通道优势推动互利共赢产业链供应链的构建

泛亚铁路的价值不仅体现为"通道经济"，当路网越织越密、物流节点越来越多地被打通时，运输通道会不断扩宽，参与运输货物的品类和服务外贸企业也会越来越多，必将促进相关国家和地区加快物流基础设施建设，为提高物流通行效率和承接产业转移奠定基础。同时，物流基础设施建设将助推"通道经济"向"通道＋物流＋枢纽经济"和外向型产业集聚区转化。

新通道带来新机遇，新机遇促进新发展。泛亚铁路沿线国家正依托新通道加强物流节点、枢纽的布局和建设，着力提高通道运行效率、加快产业链供应链的构筑。

（一）中国积极融入大循环，打造多元产业链供应链

在全球供应链加速重塑过程中，中国作为全球供应链的重要中心之一，既面临重大发展机遇，也面临巨大挑战。中国积极参与和主导区域自由贸易协定，推动国内国际双循环产业链供应链拓展延伸。中国抓住 RCEP 等自由贸易协定优惠政策，利用强大的市场、完善的产业链配套能力和日益优化的投资环境与东盟国家共同构筑产业链供应链，打造与东盟全面战略合作的重要枢纽，为深化东盟经贸合作创造条件。

1. 广西依托西部陆海新通道构筑产业链

广西稳步扩大渝桂、川桂、滇桂、黔桂等海铁联运班列规模，积极推动豫桂、鄂桂等海铁联运班列常态化开行，巩固陕桂、青桂等西北方向集拼班列，探索推动北部湾港与内陆集装箱办理站开通定时定点集装箱运输直达班列；强

化海铁联运班列与中欧班列高效衔接，稳定开行广西直达中欧班列；拓展和加密南宁机场国际货运航班，不断优化服务保障措施。

广西大力推进多式联运发展，实施《支持开行中越集装箱国际铁路联运班列合作备忘录》，提升中越多式联运水平，研究推动海运和铁路货物运输标准衔接互认。通过建设北部湾港航运服务集聚区，加大招商力度，丰富航运服务业态，发展高端航运服务业。支持北部湾航运交易有限公司建设北部湾航运交易平台。加快北部湾金属材料交易中心及西南有色金属、矿产品交割交易中心建设，拓展钦州片区原油、矿产品等大宗商品保税期货交割业务，推动大宗商品供应链管理取得新突破。

广西加强陆海产业链供应链对接整合，重点发展以石油化工、新材料、装备制造等产业为龙头的临港产业集群，做大做强临港产业体系。高质量建设南宁临空经济示范区，大力发展电子信息、生物医药、先进装备制造等产业集群。

广西打造国际化的产业园区，深化产业与经贸合作，推进打造中马"两国双园"升级版、中泰（崇左）产业园；促进海南自由贸易港与广西北部湾经济区联动发展，加快建设川桂国际产能合作产业园、深百产业园等省际合作园区，加快建设中国（广西）自由贸易试验区及协同发展区，加快构建跨境、跨省产业链供应链。

2. 云南借助通道经济全局发力

（1）打造国际班列铁路枢纽节点。

云南依托中老铁路和中欧班列建成一批中老铁路沿线铁路专用线及场站、口岸基础设施、通关查验设施等项目，通关便利化、智慧化水平显著提高，客货运输能力实现倍增，常态化开行中老货运班列；全面建成沿线昆明、玉溪、普洱、西双版纳等物流枢纽；加快发展多式联运、冷链物流、智慧物流；显著提升货源集散能力；大幅降低物流成本，建成区域性货运班列集结中心；加快发展沿线跨境农业、物流、旅游、能源、电商、金融等产业；全面加强国际产能合作，推进中国（云南）自由贸易试验区、昆明综合保税区、中国老挝磨憨—磨丁经济合作区等各类开放平台的建设和发展；促进沿线州（市）外贸进出口总额大幅增长，沿线各类市场主体活力和内生动力不断增强。

（2）培育千亿级物流产业。

中老铁路在玉溪设立的密集站点，玉溪国际物流港建设，更加凸显玉溪区位和交通优势。研和站和玉溪站将成为西南地区最大的货运编组站。"通道＋

枢纽＋网络"的现代物流运行体系，将区位和交通优势转化为经济社会发展优势，大力促进枢纽经济和铁路经济的发展，助力玉溪市建设海关保税库（保税物流中心），玉溪大化产业园区，玉溪研和、化念、元江车站货运设施和联运体系，玉溪（生产服务型）国家物流枢纽，玉溪滇中绿色农产品产业园冷链物流项目等。

3. 新疆突出区位优势打造开放高地

新疆内联西北五省（区），外接欧亚八国，是丝绸之路经济带的核心区。随着"一带一路"建设的深入推进，新疆西引东来、东联西出的区位优势更加凸显，中欧班列的车轮越转越快，线路越开越多，为稳定国际产业链供应链、促进欧亚经贸合作做出了积极贡献。

新疆正抓住中欧班列开通、中巴经济走廊高质量发展和中阿巴互联互通赋予新疆的新机遇，立足丝绸之路经济带核心区定位，全力打造内陆开放和沿边开放高地。加快贸易集聚区、产业集聚区建设，加强东西部合作。为推进设施联通，构建基础设施互联互通网络体系，支撑核心区建设，努力把新疆建成丝绸之路经济带的一个节点和具有枢纽功能的核心区。

精河县位于乌鲁木齐通向霍尔果斯、阿拉山口两大口岸的铁路、公路交会处，区位优势明显。作为新疆最繁忙的两大口岸腹地，精河充分发挥东联西出、西引东进功能，集货物、聚产业，正在从通道经济迈向产业经济。

新疆立足霍尔果斯区位优势，打造贸易集聚区、产业集聚区，加强东西部合作，并做好配套的制度建设和政策支持，同时推动产业优先。伊犁河谷的"两霍两伊"是伊犁河腹地的四个节点，集聚了绿洲经济、山地经济、旅游、畜牧业等。新疆十分重视优势资源的加工利用和优质品牌的创建营销，积极探索数字经济和人才战略，为"两霍两伊"城市带发展提供重要支撑。此外，发挥欧亚大陆桥的双向辐射作用，不断优化营商环境，吸引投资。

喀什地区自 2022 年 2 月获批设立跨境电商综合试验区以来，这座南疆重镇的跨境电商业务进一步提速。喀什综合保税区立足的喀什经济开发区与霍尔果斯经济开发区，是新疆推进核心区建设的两个重要支点。新疆提出，落实落细国家赋予的特殊政策，推进霍尔果斯经济开发区提质增效、喀什经济开发区加快发展，加快构建面向中亚、西亚、南亚和欧洲的特色产业集群。

4. 黑龙江构建自贸片区助力产业发展

根据国务院印发的《中国（黑龙江）自由贸易试验区总体方案》，绥芬河自贸片区实施范围 19.99 平方千米，将重点发展木材、粮食、清洁能源等进口加工业和商贸金融、现代物流等服务业，建设商品进出口储运加工集散中心和面向国际陆海通道的陆上边境口岸型国家物流枢纽，打造中俄战略合作及东北亚开放合作的重要平台。

黑龙江省围绕对外贸易转型升级，加强口岸互联互通基础设施建设，畅通国际物流通道，打造口岸集疏运体系，深入对接"滨海 1 号"，提高"哈绥俄亚"班列运行效益。聚焦贸易新模式、新方式，大力发展新型贸易，不断延伸合作触角，优化贸易布局，推动传统边境贸易转型升级。

黑龙江省围绕振兴实体经济，推动产业集聚发展，依托进口资源优势，推进落地加工不断提质增效。积极引导和支持企业"走出去"，探索跨境投资合作新模式，完善跨境产业布局，延伸产业链，提升价值链，壮大口岸特色加工产业和实体经济。

（二）泰国借助地理优势打造东盟物流中心

从地理位置上看，泰国地处东盟中心，位于中南半岛的中部，与柬埔寨、老挝、缅甸、马来西亚接壤，东南临泰国湾，西南濒安达曼海，且海岸线狭长，为其发展成为区域性生产中心和货物集散中心奠定了良好的区位基础。

在泰国国内，双轨列车与轻轨网络的扩建投资正逐年增加，线路将于 2027 年全部建成，届时可减轻首都曼谷 30% 的物流运输压力。中国合作建设的中泰铁路正加快建设。中泰铁路是泰国首条标准双轨高速铁路，线路将延伸至与老挝首都万象一河之隔的廊开府，并实现与中老铁路磨丁至万象段的连接，往北延伸经过老挝可进入中国云南，往南延伸可到马来西亚、新加坡和马六甲海峡。

此外，为进一步加强与"一带一路"倡议对接，实现打造东盟物流中心的构想，泰国还斥资 3420 亿泰铢（约合 656 亿元人民币）推出了东部经济走廊（EEC）框架下的"无缝物流"计划，拟打造东盟物流中心，从而提升物流业的核心竞争力。泰国计划投资支持超级群集基础设施建设构架，完善泰国公路、高速公路、铁路、码头网络无缝连接。目前，该计划正紧密实施中，若顺利进行，到 2026 年泰国将实现物流成本降低 12%，推动泰国国内生产总值（GDP）增长 4.9%。

东盟物流中心的建设将使泰国成为连接中国与东盟自由贸易区的国际物流中心和重要枢纽。往外延伸，还有助于拉动欧洲、非洲和南亚国家对中国西南地区的贸易出口，中国西南地区的对外开放程度将进一步得到提升。

　　泰国国家石油公司等企业积极参与国际陆海贸易新通道建设，以中老铁路为主要通道，依托重庆交通物流基础设施和产业基础，与重庆市江津区共同打造"小南垭—曼谷"双向铁路运输通道，全面开启与重庆在国际物流供应链产业链及贸易领域的战略合作。

　　根据重庆市中新示范项目管理局与泰国国家石油公司签订的合作协议，双方将立足中国西部—东盟产业特点，探索在重庆打造东盟进出口商品分拨中心，在东南亚建立重庆企业的海外仓；支持泰方的塑料颗粒、橡胶、木薯粉、棕榈油、水果等产品在重庆实现集散分拨；推动重庆农机、通机、五金、建材等工业制品及轻工业产品、电商产品、化肥等产品销往泰国市场。同时，推动新加坡企业积极参与中泰贸易，开展渠道对接、贸易信息化及融资等业务合作。

　　（三）越南聚焦产业链布局，加快基础设施建设

　　近年来越南国内和进出口贸易的快速发展为物流业快速发展提供了强劲的驱动力。多家国际物流公司加快在越南布局，投资越南物流市场。

　　2022年1月，新加坡的新兴越南物流发展公司宣布在越南开展价值3500万美元的物流服务项目。

　　北美货运巨头速客（SEKO Logistics）于2022年3月下旬在越南开设办事处。其拥有30万平方米的仓储空间、350台集装箱牵引车和150辆货运卡车。

　　德国敦豪航空货运公司（DHL Express）表示，将投资位于越南首都河内内排国际机场周边的新项目，总利用空间达4500平方米，是该公司此前仓储面积的2倍。新仓库将采用包括自动化、智能建筑和节能在内的综合解决方案。除此之外，该公司还提升了河内—香港、胡志明市到美国航线的货运能力。

　　总部位于瑞士日内瓦的全球第一大班轮公司地中海航运（MSC）表示，希望在胡志明市沿海的边和区新建一座转运码头，以满足越南不断增长的贸易需求。该公司已投资2000万美元在北宁和古芝（胡志明市）建设货物分拣中心，将成为该集团在东南亚最大规模的两个分拣中心。2022年，该公司追加投资300万美元以增加运输工具，然后在全国范围内扩展至1500个邮局。

　　国际企业加紧布局之时，中国企业也加快了建设的步伐。阿里巴巴集团菜鸟网络（Cainiao Network）设在隆安省边沥县的Cainiao P. A. T仓储物流中心，2023年第二季度正式投入运行，总面积11万平方米。深圳运连网科技物

流公司布局的通往河内的货运航线，将方便深圳及珠江三角洲地区与越南的经贸往来，有效助力深圳及珠江三角洲地区的跨境电商出海，加强与越南的经贸往来。而中国快递企业在越南的进展更是如火如荼，顺丰、百世、圆通等国内快递企业均已在越南开展业务。

（四）老挝加快配套设施建设，提升产业发展承载能力

从中国昆明纵向进入中南半岛的中老泰铁路和横向连接老挝万象与越南永安海港的铁路，为老挝对外贸易架织了一张国际铁路的十字结构网。基于该网的布局，中南半岛的公铁货物得以经由中老磨憨—磨丁经济合作区而进入亚太国家及欧洲市场，万永铁路将弥补老挝没有临海边境的弱点，也是磨憨—磨丁向东延伸至南海的动脉，成为合作区在国际贸易竞争中的一大优势。

中国与老挝在经济发展战略上有着较高契合度，双方致力于推动跨境物流领域的合作。2013 年，中国政府提出"一带一路"倡议，号召共建"一带一路"国家在贸易畅通、设施联通等方面加强合作。为响应"一带一路"倡议，老挝政府于 2016 年正式提出"变陆锁国为陆联国"战略，充分发挥东南亚"十字路口"的地缘优势，不断强化与邻国之间的互联互通。在此背景下，中国与老挝于 2019 年 4 月签订《中老两党关于构建中老命运共同体行动计划》，将跨境物流和交通基础设施建设作为双边合作的重点领域，以加快推进老挝"变陆锁国为陆联国"战略与中国"一带一路"倡议的对接。作为中国同老挝接壤的唯一省份，云南省也于 2020 年 6 月出台《云南省服务和融入中老经济走廊建设实施方案（2020—2025）任务分解》，明确提出要加快形成连接中国普洱、玉溪、昆明与老挝万象、磨丁、琅勃拉邦等城市的陆运交通大动脉。

2023 年 2 月，老挝波里坎赛省物流区和海关仓库系统开发项目奠基仪式在巴桑县举行。项目开发商占吞·西提赛表示：该项目是波里坎赛省 2022—2030 年发展战略规划四个目标的一部分。该项目地处老挝中部，毗邻老泰五号友谊大桥，紧邻万象—巴色高速公路、万象—越南高速铁路项目。项目一期开发投资 26 公顷，分为普通仓库区、货物区、办公区、出租区等四个区域。一期物流和海关仓库项目投资约 5600 万美元，将于 2024 年建成投入使用。二

期用地面积 110 公顷，物流区面积约 200 公顷，总面积达 345 公顷①。

一旦第五座老泰友谊大桥、万象—巴色高速公路和万象－越南铁路项目完工，波里坎赛将成为区域经济中心。

此外，老挝还计划建设老挝中部甘蒙省省会他曲和越南中部河静省永安港的铁路线。该线路长 240 千米，2023 年 3 月开始建设，计划 2026 年完工。这条铁路线是计划中的连接老挝首都万象和越南永安港的 554 千米铁路线的一部分。万象—永安铁路线是计划中的区域铁路网的一部分，将连接中国云南省和新加坡，途经老挝、泰国和马来西亚。

二、物流节点疏通和优化促进产业链供应链提升

随着泛亚铁路建设的不断深入，通车线路越来越多，里程越来越长，融入泛亚铁路网的国家也越来越多，路网越织越密，货物运量将急剧增加，对运输能力和运输效率提出了更高的要求。物流量的增加，将推进物流节点和物流中枢的建设及物流节点的疏通和优化。

（一）物流节点

物流节点是指物流网络中连接物流线路的结节之处。广义的物流节点，是指所有进行物资中转、集散和储运的节点，包括港口、空港、火车货运站、公路枢纽、大型公共仓库及现代物流（配送）中心、物流园区等。狭义的物流节点，仅指现代物流意义的物流（配送）中心、物流园区和配送网点。

所有的物流活动都是在线路和结点进行的。其中，在线路上进行的活动主要是运输，包括集货运输、干线运输、配送运输等。物流功能要素中的其他所有功能要素，如包装、装卸、保管、分货、配货、流通加工等，都是在结点上完成的。物流线路上的活动也是靠结点组织和联系的，如果离开了结点，物流线路上的运动必然陷入瘫痪。物流结点的选取决定了货物的传送方向和传送路径，物流节点的位置和数量决定了物流资源配置的合理性，能有效降低库存和运输成本。所以，从这个意义来讲，物流结点是物流系统中非常重要的部分。

---

① 《中国能建签约老挝博利坎赛智慧物流园建设项目》，山东省对外投资与经济合作商会网，http://www.sdsica.org/％E4％B8％AD％E5％9B％BD％E8％83％BD％E5％BB％BA％E7％AD％BE％E7％BA％A6％E8％80％81％E6％8C％9D％E5％8D％9A％E5％88％A9％E5％9D％8E％E8％B5％9B％E6％99％BA％E6％85％A7％E7％89％A9％E6％B5％81％E5％9B％AD％E5％BB％BA％E8％AE％BE％E9％A1％B9％E7％9B％AE/。

（二）疏通和优化物流节点的作用

物流节点的疏通和优化可将物流各个线路和节点连接成一个系统，使各个线路通过结点变得更为贯通。疏通和优化物流节点的作用主要有以下三个方面。

1. 有利于加强物流节点的衔接功能

提高物流节点的衔接功能，有利于提升衔接不同运输方式的能力和加强干线物流及配送物流能力，有利于通过储存衔接不同时间的供应物流和需求物流，有利于通过集装箱、托盘等集装处理衔接整个"门到门"运输。

2. 有利于提高节点的信息功能

物流结点是整个物流系统或与结点相接物流的信息传递、收集、处理、发送的集中地，其信息处理功能在现代物流系统中发挥着重要作用，也是物流系统各环节和单元能联结成有机整体的重要保证。

在现代物流系统中，每一个结点都是物流信息的一个点，若干个这种类型的信息点和物流系统的信息中心结合起来，便成了指挥、管理、调度整个物流系统的信息网络。这是一个物流系统建立的前提条件。

3. 有利于物流系统的管理

物流系统的管理设施和指挥机构往往集中设置于物流结点之中。实际上，物流结点大都是集管理、指挥、调度、信息、衔接及货物处理为一体的物流综合设施。整个物流系统运转的有序化和正常化，整个物流系统的效率和水平取决于物流结点的管理职能实现的情况。

三、构建命运共同体助力产业链供应链融合发展

目前泛亚铁路沿线国家正以铁路发展为中心，以大通道带动大物流、大贸易、大产业、大发展，致力于携手各方打造一条高效互联互通、产业协作共兴、市场活力迸发、文旅深度融合的黄金线路。

在经济全球化的浪潮下，中国与东盟的产业链供应链日益融合，并成为利益相关的协作伙伴。而新冠疫情对全球贸易格局的冲击，让中国与东盟国家更意识到推动区域经济一体化，进一步深度融合产业链供应链的迫切性和必

要性。

党的十九届五中全会提出"构建国内国际双循环相互促进的新发展格局"以来，我国积极推动建立统一的自由贸易市场，签署《区域全面经济伙伴关系协定》，畅通区域内供应链，促进了产业链的稳定和优化。

2020年11月27日，习近平主席在第十七届中国－东盟博览会和中国－东盟商务与投资峰会开幕式上强调，要推动中国与东盟产业链、供应链、价值链深度融合。面对更大范围、更宽领域、更深层次的对外开放，要充分把握全球产业链变化趋势，强化国际产业合作，促进全产业链优化升级，推动与东盟构建"产业链共同体"，建设更为紧密的中国－东盟命运共同体[①]。

（一）务实合作构建中国－东盟命运共同体

2013年，习近平主席提出愿同东盟国家共建21世纪海上丝绸之路，强调"一个更加紧密的中国－东盟命运共同体，符合求和平、谋发展、促合作、图共赢的时代潮流，符合亚洲和世界各国人民共同利益，具有广阔发展空间和巨大发展潜力"[②]。30多年来，中国和东盟互联互通不断加速，经济融合持续加深，经贸合作日益加快，人文交往更加密切，中国－东盟关系成为亚太区域合作中最为成功和最具活力的典范，成为推动构建人类命运共同体的生动例证。2020年中国和东盟历史性地互为第一大贸易伙伴，东盟成为中国最主要对外投资目的地和外商直接投资来源地。中国和东盟已经走出一条睦邻友好、合作共赢的光明大道，正在迈向日益紧密的命运共同体，为推动人类进步事业不断做出新贡献。

三十载春华秋实，中国与东盟的务实合作取得累累硕果，双方关系也不断提质升级。从磋商伙伴和全面对话伙伴到"面向21世纪的睦邻互信伙伴关系"，再到"面向和平与繁荣的战略伙伴关系"，实现双方关系跨越式发展，必将为地区和世界和平稳定、繁荣发展注入新的动力。

近年来，中国－东盟加快对接"一带一路"倡议与《东盟互联互通总体规划2025》，双方务实合作不断深入开展。中老铁路、中泰铁路、印尼雅万高铁、中新共建国际陆海贸易新通道等一批标志性的重大基础设施项目顺利实施，双方跨境物流更加顺畅；泰国罗勇工业园、印尼青山工业园、柬埔寨西哈

---

① 《习近平在第十七届中国－东盟博览会和中国－东盟商务与投资峰会开幕式上的致辞》，中国政府网，https://www.gov.cn/xinwen/2020－11/27/content_5565310.htm。

② 《构建更为紧密的中国－东盟命运共同体》，求是网，http://www.qstheory.cn/wp/2021－11/24/c_1128095487.htm。

努克港经济特区已成为中国与东盟国家园区合作的新样板，中印尼和中马开创"两国双园"合作新模式，产业链供应链融合进一步加深；不断完善贸易体系和环境，完善口岸基础设施，提升口岸工作效率，便利商务人员流动。2020年中国－东盟进出口贸易总额逆势上扬，东盟成为中国第一大贸易伙伴；合作框架上，中国－东盟自贸协定升级，《区域全面经济伙伴关系协定》签署，澜湄合作、中国－东盟东部增长区等次区域合作进一步发展，双方务实合作框架不断完善升级。

（二）凝聚共识促进产业链供应链融合发展

目前，我国与东盟合作进入全新阶段。2018年8月，我国和东盟国家就《中国－东盟战略伙伴关系2030年愿景》达成共识，构建起以政治安全、经贸合作和人文交流为主线，以多领域合作为支撑的合作新框架，双方关系从快速发展的成长期迈入提质升级的成熟期。2022年，我国与东盟的贸易总额达到9753.4亿美元，同比增长11.2%，占我国外贸总额的15.5%[①]，东盟超过欧盟（8473亿美元），历史性成为我国最大贸易伙伴，我国连续13年保持东盟第一大贸易伙伴地位。我国将积极谋划与东盟产业链之间的互联互通，双方在装备制造、纺织、服装、轻工等产业领域具有广阔合作空间，区域之间产业链供应链紧密度将进一步加强。因此，构建"产业链共同体"有助于促进国内产业基础高级化、提升产业链水平，畅通国际产业链供应链渠道，共同维护全球产业链供应链稳定。

RCEP原产地累积规则使得跨境流通的商品更加容易获得协定项下的原产地资格，享受RCEP优惠关税。这有助于跨国公司更加灵活地进行产业布局，建立更精细、完善的产业链分工体系，降低最终产品的生产成本，从而扩大RCEP成员国间的贸易规模，并极大地促进区域产业链供应链的深度融合和发展。

随着经济全球化的深入发展，中国与东盟经贸关系不断深化，逐渐形成了"你中有我、我中有你"的生产网络布局，区域产业链供应链合作日趋紧密。

中国和东盟分别是世界第二、第五大经济体，总人口超过20亿，是全球重要的生产基地和消费市场。2020年，经济总量合计超过17.7万亿美元，占

---

① 国际观察：《推进中国东盟经贸合作高质量发展》，人民网，http://m.people.cn/n4/2023/0919/c23-20769302.html。

全球 21%；对外贸易总额超过 7.3 万亿美元，占全球 23.3%①。双方始终坚持多边主义和自由贸易、保持市场开放，相互间产业链供应链稳定畅通，具备良好合作基础。

随着数字经济发展和"互联网＋"技术在产业领域的多场景应用，中国和东盟在分享超大规模市场，进一步发挥互补优势、合理配置生产要素等方面将具有更广泛的共同利益，产业链供应链合作前景将更加广阔。

---

① 《中国—东盟产业链供应链深度融合》，中华人民共和国国家发展和改革委员会官网，https://www.ndrc.gov.cn/xwdt/ztzl/zgdmydylcntzhz/202110/t20211028＿1328054.html。

第十章　中欧班列连通泛亚铁路
开启国际运输新通道

一、中欧班列的概念

中欧班列（China Railway Express，CR Express）是由中国铁路总公司组织，按照固定车次、线路、班期和全程运行时刻开行，运行于中国与欧洲以及共建"一带一路"国家间的集装箱国际铁路联运列车，是深化我国与共建"一带一路"国家经贸合作的重要载体和推进"一带一路"建设的重要抓手。

中欧班列往来于中国与欧洲及共建"一带一路"各国的集装箱国际铁路联运班列，有三条运行线路：西部通道由中西部经阿拉山口（霍尔果斯）出境，中部通道由华北地区经二连浩特出境，东部通道由东北地区经满洲里（绥芬河）出境。

二、中欧班列发展历程

2013年秋天，国家主席习近平在出访哈萨克斯坦和印度尼西亚时先后提出共建"丝绸之路经济带"和"21世纪海上丝绸之路"的重大倡议。中国铁路依托新亚欧大陆桥和西伯利亚大陆桥，在早期探索开行亚欧国际列车的基础上，以重庆、成都、郑州、武汉、苏州、义乌等城市为起点，开行通往德国、波兰等国家的中欧班列拉开了中欧班列联通亚欧大陆、推动共建"一带一路"发展的大幕。2015年3月，中国发布《推动共建丝绸之路经济带和21世纪海上丝绸之路的愿景与行动》，明确提出打造中欧班列品牌。2016年6月8日，中欧班列统一品牌正式启用；6月20日，习近平主席在波兰华沙出席统一品牌中欧班列首达欧洲仪式；10月，推进"一带一路"建设工作领导小组办公室印发《中欧班列建设发展规划（2016—2020年）》。2017年4月，中国、白俄罗斯、德国、哈萨克斯坦、蒙古国、波兰、俄罗斯等 7 国铁路部门签署《关于深化中欧班列合作协议》，成立中欧班列运输联合工作组、中欧班列运输协调委员会。其中，中欧班列运输联合工作组是历史上首次由中国铁路倡导成立的国际铁路合作机制。2019 年，中欧班列运营企业共同签署《推进中欧班列高质量发展公约》。2021 年，中国政府出台支持中欧班列发展政策体系。

中欧班列从 2011 年 3 月 19 日开始运行，首列为重庆的"渝新欧"。从重庆至杜伊斯堡国际列车的"破冰之旅"，到成都、郑州、武汉、苏州、义乌等数十个城市也陆续开行了去往欧洲多个城市的集装箱班列，直至 2016 年统一品牌正式启用，中欧班列进入统一规范、合作共赢、健康持续发展的新阶段，目前已实现常态化开行、规模化运营。

截至 2023 年 9 月，中欧班列共铺画了 86 条运行线路，逐步"连点成线，织线成网"，已通达欧洲 25 个国家的 217 个城市①。其物流服务网络覆盖亚欧大陆全境，成为具有强大辐射力、带动力和影响力的国际物流品牌和新时代亚欧陆路运输的骨干通道和国际经贸合作的重要桥梁。

中欧班列国际影响力与日俱增，同时，也产生了巨大的溢出效应。截至 2023 年 9 月，中欧班列累计开行突破 7.7 万列，运送货物 731 万标箱，货值超 3400 亿美元。

如今，中欧班列运行数量不断扩大，通往国内国际城市数量不断增多，成为实现全球互利共赢、共同发展的重要渠道。通过这条"大动脉"，沿线各国与中国之间形成更加有力的合作网，助力全球发展跑出"加速度"，成为共建"一带一路"国家广泛认同的国际公共物流产品，为稳定和保障国际产业链、供应链畅通，高质量共建"一带一路"提供了有力支撑。

三、中欧班列连通亚欧运输新通道

中欧班列依托陆桥、向陆而生。在我国大力支持和沿线国家坚持不懈的努力下，中欧班列不仅连通了中国与欧洲及沿线国家，还通过沿海港口海铁联运、西部陆海新通道、长江黄金水道等方式，连通了韩国、日本等东亚国家以及新加坡、泰国等东南亚国家；通过波罗的海、黑海、地中海海铁联运及莱茵河水铁联运等方式，连通了英国、北欧各国、地中海沿岸各国以及欧洲大陆腹

---

① 《中欧班列双向奔赴促共赢》，中华人民共和国商务部中国服务贸易指南网，http://tradein services. mofcom. gov. cn/article/yanjiu/hangyezk/202401/160867. html。

地，基本覆盖了亚欧大陆全境，形成了"畅通高效、多向延伸、海陆互联"的通道格局。中欧班列搭建起了沿线经贸合作新平台，打造了富有韧性的国际物流供应链，拉紧了沿线国家交流互鉴的纽带，开启了亚欧合作发展新篇章。

（一）亚欧国际联运通道网络逐步完善

截至 2023 年 9 月，中国境内已铺画时速 120 千米的中欧班列运行线 86 条，形成东、中、西三大通道和六大口岸。

经中国阿拉山口、霍尔果斯、二连浩特、满洲里、绥芬河五大口岸出境的西、中、东三条通道，构成了中欧班列主要运输轴线。西部通道主要由新疆阿拉山口、霍尔果斯口岸出境，经哈萨克斯坦与俄罗斯西伯利亚铁路相连，通达欧洲各国。中部通道由内蒙古二连浩特口岸出境，经蒙古国与俄罗斯西伯利亚铁路相连，通达欧洲各国。东部通道由内蒙古满洲里、黑龙江绥芬河口岸出境，接入俄罗斯西伯利亚铁路，通达欧洲各国。

以欧洲运行线路为主体的出入境口岸有四个：西线新疆阿拉山口、中线内蒙古二连浩特、东线内蒙古满洲里、东北线黑龙江绥芬河。中亚运行线路口岸经新疆霍尔果斯出入境。与东盟运行线接通的口岸经广西凭祥出入境。

以上三大通道、六大口岸构建了连通欧洲、中亚和东盟及亚太（日韩等）的国际物流大通道。在此基础上，沿线国家不断优化完善通道网络，成功开辟了俄罗斯—波罗的海轮渡—德国、哈萨克斯坦—里海轮渡—阿塞拜疆—格鲁吉亚等新路径，形成"多向延伸、海陆互联"的空间布局，实现亚欧国际联运通道的网络化。

（二）交通设施共建运输能力大幅提升

中欧班列的运行有力地促进了沿线国家既有口岸运营能力扩建、新口岸的建设和沿线交通枢纽、节点的布局建设，使亚欧国际联运能力不断提升，为日益增长的亚欧贸易奠定了坚实基础。

1. 铁路口岸设施改造

为满足快速增长的中欧班列运输需求，中国对阿拉山口等五大边境铁路口岸设施设备开展了系统性挖潜扩能改造。二连浩特站通过增设边境停车点检查场站到发线，日均增加运力 2 列以上。

波兰和白俄罗斯加快提升马拉舍维奇布列斯特口岸的换装能力，新开辟布鲁兹吉—库兹尼察、斯维斯洛奇—谢米扬努夫卡口岸，换装口岸从 1 个增至 3

个，缓解既有口岸运输能力紧张的状况。

2. 中欧班列境外物流集散枢纽建设

中国积极推动郑州、重庆、成都、西安、乌鲁木齐等中欧班列集结中心示范工程建设，在运输组织、货源组织、金融和信息服务等方面先行先试，打造服务优、效率高、成本低的现代物流枢纽，中欧班列在西欧地区集散和转运能力明显提升。

波兰 SPEDCONT 铁路场站成为境外物流集散枢纽，终点到罗兹的中欧班列货物可快速分拨到西欧各个国家。德国在汉诺威铁路物流枢纽建设了专门用于集装箱列车作业的编组站。荷兰依托鹿特丹港、蒂尔堡等重要物流枢纽与中国多地中欧班列平台公司建立了密切的合作关系。中欧班列交通枢纽、节点的布局建设促进中欧班列开行由"点对点"向"枢纽对枢纽"转变。

（三）创新亚欧物流运输模式

中欧班列贯通亚欧大陆，物流服务网络覆盖亚欧全境，逐步"连点成线""织线成网"，形成了贯通欧亚大陆的国际运输大动脉。中欧班列作为国际陆路运输的新型组织方式，为亚欧国际贸易提供了除海运、空运之外的物流新选择。

1. 中欧班列拓展了国际海铁联运路径

中欧班列拓展了经波罗的海、里海、黑海的国际海铁联运新路径，实现了与西部陆海新通道、长江黄金水道、沿海港口无缝连接，构建了联通东亚、东南亚与欧洲的海铁联运新通道，以大连港、天津港、青岛港、连云港港等沿海港口为起点的中欧班列线路已达 29 条。

2. 中欧班列带动多形式联运快速发展

在公铁联运方面，中吉乌、中吉乌阿、中尼公铁联运班列相继开行，有效缓解了阿拉山口、霍尔果斯口岸的通行压力。在空铁联运方面，广州、成都等城市依托中欧班列打造"空铁联运"跨境电商出口新模式，推出空铁精品联运线路，推动了"铁海公空邮"综合运输一体化融合发展。

四、中欧班列开启东盟物流新通道

（一）泛亚铁路东南亚段与中国铁路连通及运营状况

泛亚铁路东南亚段，主要涉及中国、越南、老挝、泰国、柬埔寨、缅甸、马来西亚、新加坡等 8 国的铁路网。泛亚铁路东南亚段有三条线，东线即中越铁路，从中国昆明，途经越南河内、柬埔寨金边，到泰国曼谷，南下连接马来西亚和新加坡；中线即中老铁路，从中国昆明出发，途经老挝万象、泰国曼谷，最后可连接马来西亚和新加坡；西线即中缅铁路，从中国昆明，途经缅甸仰光、泰国曼谷，最后也是可连接马来西亚和新加坡。

1. 中国与东盟铁路连通现状

我国与东盟国家陆地接壤的有越南、老挝和缅甸。

（1）中越铁路连通现状。

中越两国陆海相连，连通中越的铁路有两段，即昆明—河口—河内，南宁—凭祥—河内。

滇越铁路是东南亚地区一条连接中国昆明和越南海防港（经中越口岸河口）的铁路，是中国西南地区的第一条铁路，为米轨铁路，呈南北走向。目前云南段客运已停运，只保留货运，并完成线路改造，2019 年 1 月，云南昆明—蒙自动车（时速 160 千米）已开通，蒙自—河口（口岸对岸是越南边境城市老街市）段（时速 120 千米）已开通。

桂越铁路越南段：河内—同登，轨距为米轨。国内段是广西南宁—凭祥—友谊关，1955 年 3 月，与越南铁路接轨联运。2009 年 1 月，广西南宁首条开通国际联运的客运列车，始发站广西南宁市，终点站越南河内市嘉林站，全线标准轨距 1435 毫米。

（2）中老铁路连通现状。

中老铁路是一条连接中国云南省昆明市与老挝万象市的电气化铁路，由中国按国铁 I 级标准建设，是第一个以中方为主投资建设、共同运营并与中国铁路网直接连通的跨国铁路。

2010 年 5 月，中老昆万铁路昆玉先建段开工建设；2021 年 12 月，中老铁路全线通车运营。

（3）中缅铁路连通现状。

中缅铁路（昆明—皎漂）是泛亚铁路网的一部分，南抵缅甸兰里岛至规划的印度洋深水良港皎漂港，包括中国境内昆明—瑞丽段（690千米）和缅甸境内木姐—皎漂（810千米）。

目前，连接中国与缅甸的铁路网建设正在稳步推进。在中国一侧，边境附近的新线路已经部分开通。2020年12月，连接大理和临沧的铁路线开通运营；大瑞铁路建设工作稳步推进，2022年7月，大理至保山段开通运营。

在缅甸一侧，由中国主导的工程项目也在推进。与瑞丽接壤的缅甸木姐至曼德勒之间的铁路线正在建设中，计划延伸至缅甸西部印度洋沿岸的若开邦皎漂港。

2. 泛亚铁路（东南亚段）联运

（1）中越铁路联运。

2009年1月，广西南宁首条开通国际联运的客运列车，始发站广西南宁市，终点站越南河内市嘉林站，全线标准轨距运行。

2014年12月，K9832次列车从云南昆明火车站开出，驶向中越边境的河口县。这标志着中越国际铁路昆明至河口标准轨铁路客运全线投入运营。

2017年6月，由中国云南省昆明市始发开往越南海防的货运班列，从昆明王家营西集装箱中心站驶出，标志着中国到越南国际货运班列（昆明—老街—河内—海防）正式开通。

2019年1月，云南昆明—蒙自动车（时速160千米）已开通，蒙自—河口段（时速120千米）已开通。

2021年12月，满载着74TEU（Transmission Extension Unit，也称国际标准箱单位）货物的"胶州—越南"整车班列缓缓驶出中铁联集青岛中心站，经广西凭祥口岸出境，直达越南河内。这是山东港口物流集团首列整车中越班列。

2022年1月，首列临沂至河内中越铁路货运班列在临沂济铁物流园正式启航，途经广西凭祥国境站出境，终点是越南河内市安员站，全程约3000千米，是连接中国北方最大的商贸物流之都临沂与东盟自由贸易区的一条铁路快速货运班列，为临沂商城商品通过中越铁路运输到东盟自贸区提供了一条便捷的铁路物流通道。

2022年3月，在重庆果园港国家物流枢纽，满载着汽油机、发动机、轮胎、打印纸等重庆本地产品的国际货运班列，从重庆果园港铁路专用线驶出，开往越南河内海防工业园。

2022 年 4 月，一辆载着戴尔电脑零配件等货物的中越跨境直达班列（成都—安员）驶出成都国际铁路港，开往越南安员。这是成都首发的中越去程班列，7 天后抵达越南安员站。

2022 年 5 月，一列从越南同登开来的进口中药材专列驶抵广西凭祥铁路口岸，这是我国开行的首趟中越班列"中药材进口专列"。

2022 年 5 月，一列满载 900 多吨货物的陆海新通道中越班列（重庆—安员）从团结村中心站顺利启运。此趟列车申请"铁路快通"模式通关并由海关顺利放行，标志着全国首趟陆海新通道中越铁路跨关区"铁路快通"出境班列顺利开行，也意味着中越班列开启跨关区双向"铁路快通"时代。

2022 年以来，经昆明海关监管验放的中越铁路国际联运列车已达 7867 节次，累计运输进出口货物 17.01 万吨，其中，进口货物 6.81 万吨，主要为矿产品；出口货物 10.2 万吨，主要为化工品。进出口贸易总额 4.82 亿元人民币，同比增长 29.96%，实现食用果仁等农副产品首次从河口铁路口岸出口。

2022 年，广西与越南进出口总额达 1726.5 亿元人民币，占广西与东盟贸易总额的 70.1%。中越跨境班列（经凭祥铁路口岸）共开行 2050 列，同比增长 19.9%。其中，中国南宁—越南河内跨境集装箱班列共开行 253 列。

（2）中老铁路联运。

2021 年 12 月，连接昆明和万象全线采用中国标准的中老铁路全线开通运营，老挝自此迈入铁路运输时代。作为"一带一路"、中老友谊标志性工程的中老铁路，将为加快建成中老经济走廊、构建中老命运共同体提供有力支撑。

2022 年 12 月，装载着家电、百货等川内本地货物的中老铁路（成都—万象）国际班列从位于青白江区的成都国际铁路港发车，经由新成昆铁路衔接中老铁路开往老挝万象。这是在新成昆铁路全线通车后，成都首趟通过新成昆铁路运输的中老国际班列。此次新成昆铁路的开通，大大缩减了运输时长，加快了货物的运转，为货物进出口东南亚地区提供了一条全新快捷的运输通道选择。

2023 年 1 月，中老班列（攀枝花）以直达的方式向东盟国家出口货物，标志着从东南亚经攀枝花至成都，到我国西部及欧洲距离最短、效率最高、运行最稳的国际铁路通道全部打通。北上成都连通中欧班列直达欧洲、南下昆明直抵东盟，一条更大范围连通亚洲与欧洲主要经济体的新亚欧大陆通道正呼之欲出。

中老铁路开通以来，"复兴号""澜沧号"动车组运行安全、绿色、快捷、舒适，大幅缩短了沿线城市间时空距离，受到两国民众青睐，成为出行首选。从中老铁路开通到 2023 年 7 月底，累计开行旅客列车 20000 列，发送旅客 1900 万人次；运送货物 2300 万吨。

中老铁路向西连接西部陆海新通道，向北与中欧班列多个物流集散中心相连，向南打通中国和南亚、东南亚国家经济通道，延长线空间广阔，将正在快速增长的东亚和东南亚经济体与欧洲经济体联系起来。客货运量持续增长，服务品质显著提升，辐射效应不断增强，促进了沿线各类产业扩能升级及经贸往来，为共建"一带一路"高质量发展、畅通国内国际双循环做出积极贡献。

（3）中缅铁路联运。

缅甸是"一带一路"建设中的重要国家，中缅两国正在共建"一带一路"和中缅经济走廊，加快缅甸基础设施建设是双方合作中的重要内容之一。

连接中国与缅甸的铁路网建设正在稳步推进。在中国一侧，边境附近的新线路已经部分开通，缅甸一侧，木姐—曼德勒的铁路线正在建设中。尽管中缅铁路尚未开通，但两国跨境货物运输测试已陆续展开。

2020 年 12 月，连接大理和临沧的铁路线开通运营。大临铁路一端经昆明连通全国铁路网，另一端通过滇缅清水河口岸通向印度洋，是中国通往缅甸的重要通道。

2021 年 8 月，一艘从新加坡航行至缅甸最大城市仰光的货船进行了一项海公铁联运测试，在仰光到临沧段使用公路运输，临沧至成都段改由铁路运输。临沧至昆明王家营西集装箱班列每天开行，从此佤乡与省城物流通达，共谱发展新篇章。

2022 年 2 月，首趟中缅新通道重庆至临沧至缅甸国际铁路班列从重庆发出，标志着这条线路正式开通。随着汽笛轰鸣，满载 60 个标箱机械设备、电子配件、汽摩配件等货物的中缅新通道（重庆—临沧—缅甸）国际铁路班列，从重庆两江新区果园港国家物流枢纽鱼嘴铁路货运站缓缓驶出，将经由云南临沧口岸出境。运输途中，货物在云南省临沧市改由卡车经公路跨境进入缅甸东北部的掸邦，最终抵达曼德勒，全程 2000 千米，物流时间缩短至 15 天左右。

这条经由临沧的公铁联运通道被称为"中缅新通道"。新通道缩短了运输距离和时间，是从中国内陆前往中东和欧洲的最便捷国际物流通道。

2023 年 4 月，西部陆海新通道跨境铁公联运班列（重庆—瑞丽—缅甸），从重庆江津区珞璜临港产业城小南垭铁路物流中心发出，通过云南省瑞丽市畹町口岸出口至缅甸。首班西部陆海新通道跨境铁公联运班列（重庆—瑞丽—缅甸），搭载 32 个集装箱，包括化肥原料、摩托车配件等近 600 吨货物。班列从小南垭铁路物流中心始发到云南保山北站，再经公路从瑞丽市畹町口岸出口至缅甸，成为西部内陆地区经云南瑞丽陆路口岸衔接缅甸连通东南亚的新通道。从企业层面来讲，此次班列开行将大大缩短重庆至缅甸的运输距离和成本，相比传统江海联运节约 20 天左右，有利于企业进一步优化出海国际物流模式及线路。

（二）泛亚铁路与中国交通网深入对接开启新的运输通道

中国铁路、公路和水路建设成就斐然。随着交通运输管理体制改革不断深化，交通运输基础设施建设逐步完善，运输结构不断优化，综合运输能力进一步增强，形成了由铁路、道路、水路、民航和管道组成的更加完善的交通运输网络体系。

泛亚铁路（东南亚段）在与我国连通的过程中，充分利用我国现有交通网络，向周边辐射，与我国许多地区实现无缝连接，不断延伸和开启新的运输通道。

近年来，越南凭借一线直通两国的优势及中越国际联运的恢复，打通了由中国中西部地区对接东盟的陆路运输大通道，跨境通道运输能力不断增强，与中老铁路等国际铁路一起组成了泛亚铁路东南亚段运输网，成为目前中国面向南亚、东南亚市场最便捷的出海陆路通道之一。目前，已有来自贵州、四川、重庆、陕西、广西、内蒙古等多个省（区、市）的货物在海关监管下，通过中越国际联运列车出口至越南、泰国等共建"一带一路"国家。

中老铁路通车以来，25 个省（区、市）先后开行中老铁路国际货运列车。昆明局集团公司积极实行"澜湄快线＋跨境电商""中老铁路＋中欧班列"等国际铁路运输新模式，常态化开行"澜湄快线"国际货运列车、入境水果冷链班列，跨境货运能力持续提升。

（三）借助中欧班列连通亚欧国际联运通道

2018 年 3 月，连接欧洲与重庆的中欧班列，开通至越南河内的国际货运班列，将欧洲与东南亚串联起来。这趟越南国际班列装载机械设备、工业原材料等货物，从重庆团结村出发，途经广西南宁，再由凭祥口岸出境，直达越南河内。该班列是中欧班列向南的延伸，将深入中南半岛腹地，远期可通过泛亚铁路到达泰国曼谷、老挝、新加坡等地，与中南半岛经济走廊深度融合。

2021 年 7 月，42090 次班列从广西凭祥火车站启程，在郑州中转重新编组后，搭乘中欧班列，途经哈萨克斯坦、俄罗斯等国家，最终抵达比利时。这是我国首次与越南合作开行的中欧班列，实现了中越班列和中欧班列联程运输。

2022 年 5 月，一列载有 50 个标准集装箱的中欧班列从贵阳都拉营国际陆海通物流港驶出，半个月后到达匈牙利布达佩斯。其中 5 个货柜橡胶制品从越南胡志明市通过公铁联运经中老铁路抵达贵阳，以贵阳为中转中心，首次测试中老铁路与中欧班列货运衔接运行。此次越南货物采用多式联运方式先后搭乘中老铁路和中欧班列经由乌鲁木齐霍尔果斯出境，途经哈萨克斯坦、阿塞拜疆、格鲁吉亚、罗马尼亚等国家，最终抵达匈牙利布达佩斯。创造了三个第一次：第一次有来自越南南部货物尝试通过中老铁路经内地后直达欧洲；第一次连贯测试中国、越南、老挝三国海关对 RCEP 政策适应性，均以零关税快速通行；第一次由来自内地的企业与世界知名运输企业联手跨越 8 个国家接力运行。

2022 年 8 月，首列下诺夫哥罗德—成都—胡志明市国际班列顺利发车，这列满载着汽车配件的跨境国际班列从成都国际铁路港缓缓驶出开往越南胡志明市。该趟国际班列是俄罗斯北线回程首次接续西部陆海新通道的跨洲铁海联运班列，实现了中欧班列和中越班列联程运输。顺利连接下诺夫哥罗德标志着成都中欧班列境外站点新增至 75 个，为国内国际供应链产业链提供有力支撑。该线路打通了俄罗斯至越南跨境铁海联运通道，在"中欧"接续"中老"之后，再增加了一条连接欧亚、东南亚贸易的桥梁。同时，强化了成都贯通亚欧、东盟国家贸易往来的集散地功能，将助推成都做强国际门户枢纽开放功能，也将持续拓展东盟各国与欧美俄的贸易通道。

2022 年 12 月，搭载着电子元件等货物的 75140 次国际货运班列从广西凭祥火车站发出，开往西安铁路国际港集结中转，通过中欧班列路径继续去往哈萨克斯坦，25 天后抵达目的地。

中越、中欧联程班列"越南—中国—哈萨克斯坦"新线路的开通，进一步健全了东盟国际货物运输网络，大幅缩短货物运输时间，提高运输效率，扩大广西国际班列在亚欧、东南亚区域的辐射面与国际影响力。

中欧班列与泛亚铁路对接，整合了亚洲和欧洲的物流网络资源，成为对接"一带一路"、联通东盟的重要载体。泛亚铁路与西部陆海新通道、中欧班列等实现无缝连接，增强了辐射效应和跨境货运能力；丰富了中国、东盟及欧洲的国际多式联运运输方式；实现了向北连接丝绸之路经济带，向南连接 21 世纪海上丝绸之路和中南半岛经济走廊；加强了与快速增长的东南亚经济体和欧洲经济体的联系；改变了原有货物运输方式，减少并压缩了物流费用及时间成本，提高了货物运输效率。

五、中欧班列的发展成效

中欧班列的发展成效主要有以下几个方面。

第一，开辟亚欧陆路运输新通道。中欧班列的开行，完善了亚欧陆路运输网络，拓展了国际联运通道，大幅提升了沿线口岸、枢纽节点能力，形成了"多向延伸、海陆互联"的空间布局，开创了国际物流运输合作新局面。

第二，助力沿线国家经济发展。中欧班列的开行，优化了区域开放格局，扩大了沿线国家经贸往来，深化了国际产能合作，加速了要素资源跨国流通，促进了沿线国家民生改善。

第三，维护国际供应链安全稳定。中欧班列的开行，打造了国际抗疫"生命通道"，助力了沿线国家企业复工复产，增强了国际物流应急保障能力，凸显了安全、稳定、富有韧性的优势，已成为国际供应链体系的重要支撑。

第四，促进沿线国家交流合作。中欧班列的开行，深化了沿线国家及其节点城市之间的务实合作和人文交流，越来越多的中欧班列境外节点城市与中国主要开行城市之间建立了国际友城关系，为中欧之间文化传播和交融创造了更多机遇。

第五，成为名副其实的国际公共产品。中欧班列的开行，不仅给沿线国家送去了"中国制造""中国机会"，也捎回了"欧洲产品""欧洲希望"，"中欧班列＋贸易""中欧班列＋口岸""中欧班列＋园区"等新业态快速发展，中外各方对开行中欧班列的需求不断增长。

第十一章　泛亚铁路建设存在的
问题及建议

泛亚铁路建设惠及沿线国家和地区，给沿线国家和地区经济、社会的发展带来利好。但泛亚铁路涉及国家众多，面临的政治、经济、法制环境各异。所以，泛亚铁路建设过程中不仅涉及技术、资金等问题，还交织着以"国家"为主体的复杂的利益博弈。

一、泛亚铁路建设存在的问题

泛亚铁路建设因参与国家多、建设周期长，在建设过程中难免存在很多问题。例如，因政治、经济利益诉求的不同，协调各方立场和利益需要花费大量时间和精力；区域争端或国家政局不稳定，会造成有些国家在决策上出现反复；一些域外国家为一己之私会搅局滋事、煽动对立、制造矛盾，阻挠线路的规划和建设；泛亚铁路建设费用高，也是困扰许多国家的难题，很多国家都不富裕，在筹措铁路建设资金方面存在困难，建设经费难以落实。此外，还有铁路技术标准不统一等技术问题对泛亚铁路建设的顺利推行也造成了障碍。因此，泛亚铁路在过去十多年中进展缓慢，不尽如人意。

泛亚铁路建设不尽如人意的原因有很多，但归纳起来主要有技术问题、资金问题、政治问题等。

（一）技术问题

泛亚铁路既涉及新建线路标准，又面临改造既有线路及将线路整合成网的技术问题，以及泛亚铁路网的运行管理问题。

1. 轨距问题

泛亚铁路网需连接各国已有的铁路设施，但沿线国家铁路轨距不同。大多数东南亚国家使用窄轨，轨距为 1000 毫米；中国、伊朗、土耳其的铁路使用标准轨，轨距为 1435 毫米；俄罗斯使用的是轨距为 1520 毫米的宽轨；部分南亚国家使用轨距为 1676 毫米的宽轨。4 种不同的轨道意味着 4 种技术标准，连接难度很大。

1435 毫米属于国际通用的标准轨距。标准轨距适用范围广，世界上有大约 60% 的铁路线采用标准轨距修建。世界上大部分使用标准轨距的国家，集中于西欧、北美、北非和中国。大部分高铁技术均基于标准轨距开发，世界上已有的高速铁路系统几乎全部采用标准轨距，包括铁路使用窄轨的日本等，以及传统铁路使用宽轨的西班牙。

不同轨距的优缺点：

宽轨：优点是运力大幅增加、运输成本降低、列车行驶的稳定性增强、车厢内部宽敞舒适。缺点是造价较高。造价高的原因主要涉及桥梁、隧道、车体造价增加和占地面积增大等。

窄轨：优点是车辆小，转向空间小，因此修建成本低，适合山区的支线铁路。缺点是列车速度慢，载重性能和列车行驶的稳定性比较差，运输成本相对较高。

标准轨：优点是运力大、运输成本低、稳定性强、车厢舒适性好和适用范围广。缺点是造价较高。造价高的原因主要涉及桥梁、隧道、车体造价增加和占地面积增大等。

2. 线路标准整合问题

轨距不同，火车运行的速度就不同，中国的轨距是 1453 毫米，适用于高铁，时速可以达 350 千米。东南亚大部分国家的轨距是 1000 毫米，时速最高 60 千米。轨距不同，路网连接起来就有困难。在轨距不同的路段对接时，相交接的地点必须换轨距相同的列车，客运还相对简单一点，货运列车就要涉及重新装卸，既费工又费时，运输成本和时间成本都会随之增加。

要提高泛亚铁路网全路段列车的通行能力、运输速度，降低运输成本，最理想的方式是统一或整合线路轨距和运行标准。但不同轨距的更换、整合以及对接问题，都会造成改造成本的升高。

(二) 资金问题

东南亚地区的发展水平相对于东亚普遍较低，现有铁路绝大多数始建于殖民时期，铁路基础设施相对陈旧，需要整改的点多、线长、面广，亟须投入大量的资金进行整改。

泛亚铁路的建设亟须资金支持，对于东盟国家来说，大规模地修建铁路和对既有铁路的改造，无论是资金还是技术及协调等方面都存在较大的困难。各国经济实力不一，政府融资及资金筹措难度各异，经济发展水平较低的国家资金筹措难度较大、融资情况不甚理想，需要依赖项目承建国给予资金支持，或向金融机构贷款来保障铁路的顺利建设。而铁路建设周期长，资金回收周期长，一旦出现不可预见的情况，将增加项目承建国或金融机构的盈利风险。

（三）政治问题

泛亚铁路不仅是一项基建工程和商贸线路，而且是国际关系和地缘政治调整重塑之路，其影响远远大于铁路本身。部分沿线国家由于国内矛盾、领土纠纷等历史问题协调难度大；有的域外国家因地缘政治的需要，极力染指地区事务，谋求私利。因此，泛亚铁路建设计划一经提出，就备受关注，陷入地区和国际多重利益主体激烈博弈之中。

1. 政治体制的因素

东盟国家大多有被西方资本主义国家殖民统治的历史，在政治和文化上受原殖民国家的影响较深。国家团体政党多，政权更迭频繁，许多国家没有长期的战略规划，即使有长期规划，也会因政权更迭或政见不同而难以实施。有的国家政局不稳定，前政府制定的建设方案或已签订的合作计划会因政局不稳面临搁置和终止的风险。

2. 利益诉求的不同

在泛亚铁路的建设中，因各国的利益诉求不同，其参与的积极性也各异，中国是泛亚铁路建设的积极参与者。目前，泛亚铁路东南亚段的东、中、西三个方案中国境内段的建设都已纳入中国《中长期铁路网规划》。在大力开展国内段建设的同时，中国也致力于支持泛亚铁路东南亚段的东、中、西三个方案境外段的建设。中国一直积极参与大湄公河次区域经济合作。大湄公河次区域是指湄公河流域的 6 个国家和地区，包括柬埔寨、越南、老挝、缅甸、泰国和我国云南省。中国积极参与大湄公河次区域铁路合作有关会议，探讨泛亚铁路规划，倡议加快泛亚铁路缺失段建设，争取早日实现大湄公河次区域的铁路联通。根据大湄公河次区域国家的愿望，中国采取多种方式为泛亚铁路境外段的建设提供协助。对于新加坡来说，由于其主要贸易市场在欧美和日本，且贸易主要通过海陆，并且泛亚铁路建成后将会与马六甲海峡形成竞争，可能对新加坡不利，其参与的积极性不高。缅甸境内的线路，一直受到国内各方政治势力的影响，反复不定，进展缓慢。

3. 域外国家的影响

美国 2010 年提出"亚太再平衡"战略，2022 年 2 月提出印太战略，2022 年 5 月提出印太经济框架。事实上，无论是"亚太再平衡"战略、印太战略还是印太经济框架，只不过是美国政府用于遏制中国发展的"工具"。其目的就是建立以美国为主导的联盟，挑动地区分裂，制造地区对抗、遏制中国崛起。

日本一直是东南亚地区最重要的外来经济力量，日本大力支持中南半岛国家建设东西走向的交通线路，同时竭力竞争越南、泰国、马来西亚等国铁路项目。如对泰国项目，日本提出宁可"零利润"也要争取的口号。

基于地缘政治和经贸原因，印度对泛亚铁路一直虎视眈眈。印度看到中国积极推动泛亚铁路建设，并借此加强与东盟诸国的关系时，也开始着急了。近来，印度正在修正自己的目标，积极推行其东进战略。

但是，不可否认的是，由于中国与东盟经贸关系密切，中国实力和影响力不断上升，中国在东盟受认可程度和影响力超过美日。

二、对策及建议

（一）强化标准化建设，破解铁路运输难题

1. 强化铁路标准化建设

铁路标准是铁路建设、运营、管理和发展的技术支撑，在推进泛亚铁路的建设和管理中发挥着基础性、引领性作用。对于跨区域特别是跨境的铁路建设，标准的统一尤为重要。东盟各国因铁路建设的标准不一，国与国之间基础设施、互联互通能力方面差异较大。标准不统一，给口岸站或枢纽站的衔接带来较大困难，因不同运输方式而切换时导致很多不必要的成本支出、时间的浪费，大大降低了多式联运整体运行组织效率。因此，对新建铁路或计划改造的既有铁路应围绕国家发展战略和经济社会发展需求，加强顶层设计，统筹规划，合理布局，围绕装备技术、工程建设、运输服务等领域统一标准，全方位提升泛亚铁路标准化水平。

国际铁路联盟发布实施由我国主持制定的《高速铁路设计基础设施》和《高速铁路设计供电》，两项标准均是相关领域的首部国际铁路标准。这些标准为各国之间实现铁路互联互通提供了有力的技术支撑。

在中南半岛，中老铁路已经开通，雅万高铁通车在即，中泰高铁、中缅铁路也在修建过程中。以上铁路均全线采用中国标准、中国技术和中国装备建设。2022年10月30日至11月1日，越南共产党中央总书记阮富仲访问中国，与中方签署《关于进一步加强和深化中越全面战略合作伙伴关系的联合声明》，在牵涉中国和越南实质的所有合作中，"中越并轨"被排到了第一位的重要位置。这一次，越南与中国达成合意升级轨距的是越南的两条重要的铁路线。一条从云南大理发出，经过老挝首都万象，最终抵达泰国首都曼谷，在这条线路的东北方向分出一条支线连接到越南首都河内，最终抵达广西南宁。第二条线路则是从广西南宁出发，经过越南老街、河内，最终抵达越南第一大城市胡志明市。

中越铁路一旦"并轨"，标志着与中国相邻的东南亚国家轨道标准全部统一，这些铁路在与我国连通的过程中，可充分利用我国现有交通网络，向周边辐射，与我国许多地区实现无缝连接，不断延伸和开启新的运输通道。

2. 做好接驳的相关工作

对于还不能列入改造的既有铁路应根据其铁路的情况选择适合的接驳方法，做好接驳的准备工作，方便人员转运或货物的卸、装。目前不同轨距列车的接驳方法主要有以下几种：

（1）换车底。

在口岸站人员换乘，货物从一个国家的车皮上卸下，装到另一个国家的车皮上。因不需改变任何设备，是最简单的方案。

（2）换转向架。

换转向架即更换车厢下面的转向架（轮对）。需在口岸站将车厢部分拆出吊起，移到新轨道上的转向架上再固定住，目前已广为使用。如中蒙俄联运的列车，开到边境（二连浩特）的换轮车间，换轮后，继续开往目的地。

（3）三轨方案。

三轨方案即在路基上铺设第三根钢轨。该方案在宽轨国家简单易行（只需在中间再加铺一根钢轨即可），在窄轨国家则须加宽路基，工程量较大，改造费用高，安全隐患较大。

（4）自动变轨技术。

随着科技不断进步，铁路机车的变轨技术也日趋成熟。2020年10月，国家重点研发计划——"先进轨道交通"重点专项，时速400千米可变轨高速动车组在吉林长春下线。这列动车组列车可以在全球90％铁路网上实现互联互通。该动车组无须停车即可自动实现转向架的轨距调整，能适应不同的气候条件、不同的轨道间距、不同的供电制式标准，在国际铁路间实现高速平稳运行，具有节能环保、主动安全、智能维护等特点。

3. 采用集装箱方式运输

货物运输向便捷化发展的同时，要求货物运输的质量不断提高。集装箱运输作为一种重要的货物运输方式，对货物的损耗小，有利于"门到门"，可以高效完成国民经济对运输的需求，在整个运输过程中，便于倒装，具有迅速、经济、安全等特点。近年来，铁路运输集装箱的占比不断加大，目前50％的集装箱都需要通过铁路进行运输。

铁路集装箱运输是一种先进的运输方式，便于货物装卸，提高装卸效率，减少运营成本；有利于节省包装费用，降低商品的成本；有利于开展多式联运，实现门到门运输；有利于实现运输管理现代化。

4. 促进国际联运规则融合

长期以来，亚欧之间的铁路运输适用《国际铁路货物联运协定》（以下简称《国际货协》）和《国际铁路货物运送公约》（以下简称《国际货约》），在其各自范围内分别使用《国际货协》运单（SMGS）和《国际货约》运单（CIM）。联运货物大多在这两个联运规则参与国交界的边境站重新办理发运手续。

CIM-SMGS单（统一运单）与传统运单相比，不仅节约一定费用，还可缩短班列的停留时间。

目前，CIM-SMGS单在重庆、西安、武汉等地中欧班列中陆续推广使用，改变了我国出口欧洲货物必须在境外换单运输的操作，使"一单到底"成为客户的新选择。重庆、成都等地积极探索解决铁路运单物权凭证问题，签发具备物权属性的多式联运提单，创新"一单制"＋金融服务模式，实现银行、担保公司等多方协同和风险分担。

（二）加强政策引导，拓宽融资渠道

铁路是战略性、先导性和关键性重大基础设施，铁路建设关乎国计民生。

铁路基础设施建设对拉动经济增长、增进民生福祉、促进社会经济的发展有十分重要的作用。所以，泛亚铁路的建设应以政府为主导，争取政府政策和资金支持。

所在国政府应以财政政策为引导，设立铁路建设专项资金，明确专项资金支持范围以及财政直接补助、贷款贴息等支持方式。尝试运用"以地养路"融资模式、铁路沿线土地开发来弥补铁路建设资金不足模式，配合发行铁路债券等传统融资模式获取国内资金支持。

金融等部门及时采取政策措施，切实降低企业融资成本，畅通企业融资渠道，撬动社会资本投入，激发各类市场主体活力，为企业快速健康发展"保驾护航"。

加大政策扶持力度，发挥政府性融资担保平台作用，借助"丝路基金""亚洲基础建设银行"等融资平台，为基础建设提供灵活多样的金融支持，拓宽融资渠道。

随着《区域全面经济伙伴关系协定》的生效，将有越来越多的国内或国外投资进入东盟地区，其中在铁路建设和运营方面就是一个有着较大潜力的投资方向。所以，相关国家应通过不同方式争取发达国家在资金和技术上的支持。重视开展亚洲开发银行、亚洲投资开发银行贷款项目申报工作，积极争取资金支持，缓解政府财政运行压力，为泛亚铁路建设提供有力支撑，加快推进项目建设进程。

（三）坚持合作共赢，应对各种挑战

1. 凝聚共识，深化合作

泛亚铁路是贯通欧亚大陆的国际铁路运输网络，对于泛亚铁路所经过的国家和地区来说，都将从中受益。

一条铁路就是一条经济发展带，泛亚铁路的建设及开通，将拓宽物流通道，降低物流成本，为沿线国家和地区提供高效、优质的运输途径，促进沿线国家和地区经济和贸易的增长。

泛亚铁路是欧亚国家互联互通建设的重要组成部分，它的建成将为相关国家和地区区域经济发展和一体化进程的顺利推进提供保障。泛亚铁路的构建为欧亚区域要素的流动提供了载体，能够很好地满足区域要素流动的需求，通过区域要素的极化、扩散和注入过程，要素在区际之间流动，从而促进区际贸易、区际协作、区际投资与发展。

泛亚铁路形成的国际铁路大通道，让欧亚联系更紧密，为欧亚国家间互联互通奠定了坚实的基础，为欧亚国家的经济交往、人文交流、政策沟通、凝聚共识、拓展合作空间与合作共赢提供了新的平台，开启了欧亚各国相互合作的新篇章。

泛亚铁路共建各方应从战略的高度分析、研判铁路建设带来的利弊，凝聚发展共识，深化务实合作。同时，各方应展现积极姿态，拿出政治智慧，不断增进互信、加强沟通互动，以善意消弭隔阂，以诚意化解分歧，以智慧凝聚共识，以对话解决问题，妥善找到化解分歧的办法，谋划加快推进泛亚铁路建设的措施。

2. 强化沟通交流，畅通合作渠道

泛亚铁路由于涉及国家较多，铁路修建的规划阶段、实施阶段以及投入运营阶段都会存在较多障碍，为了协调各国意见，应强化沟通交流，畅通合作渠道，汇聚发展合力，建立相应的协调机制。泛亚铁路北线、南线、南北线涉及国家较少，相关国家经济基础较好，相对容易协调。泛亚铁路东南亚段线路涉及东盟国家较多，经济和基础设施条件差异较大，需协调的问题较多，应设立以东盟相关机构牵头，其他国家参与的协调机构，本着平等、自愿、互惠互利、友好协商的原则协调相关事宜。

3. 共建共享共赢

泛亚铁路的建设和运营离不开沿线国家和地区的积极参与、共同建设和精心维护。如果某些国家或利益集团为一己私利不考虑大多数国家和地区的利益和民众的愿望，任意干扰或阻碍泛亚铁路的建设，将延缓泛亚铁路的建设速度、稀释泛亚铁路带来的红利，给沿线国家和地区的发展带来负面效应。

当今世界是一个互联互通的世界，人、财、物以及信息等在全球加速流动，前所未有地把世界各国紧密联系起来。如今，没有一个国家和地区可以在封闭的环境中自我发展，也没有一个国家和地区可以在动荡的世界中独善其身，不受影响。面对未来各种不确定性挑战，要实现自身发展，合作是必然选择。共商、共建、共享的全球治理观是中国积极参与全球治理体系变革和建设的基本理念和主张，为建设一个更加美好的世界提供了中国智慧，为破解世界共同面临的治理难题提供了中国方案。

共商、共建、共享的全球治理观反映的是和平、发展、合作、共赢的价值理念，只有加强对话、拆除围墙、融合发展、包容成长，才能共创共赢。

4. 坚持多边主义，构建人类命运共同体

当下世界进入动荡变革期，各国稳经济、保民生之路任重道远。与此同时，国际格局加速演变，单边主义、保护主义上升，多边主义和国际合作受到冲击，全球治理的短板日益凸显。

求和平、谋发展、促合作是包括中国和东盟在内所有地区国家的共同心声和迫切诉求。历史和现实告诉我们，无论是一个国家，还是一个地区，只有顺应时代潮流，才能与时代同行。亚太地区不是地缘政治的棋局，亚太各国人民期待的是开放包容，而不是狭隘封闭。亚太地区的和平与安宁也有赖于地区国家共同维护。亚太地区国家应加强团结合作，潜心做好自己的事，加强对话合作、完善区域架构、支持多边主义和全球化、有效应对地区和全球性挑战，不给外来势力打楔子的机会。坚定维护东盟在东亚地区的中心地位，对于稳定东亚地区经济发展，实现东盟与中国在发展中的优势互补，具有重要的意义。唯有明辨是非，抵制对抗"小圈子"、共筑合作"大舞台"，才能保持亚太地区来之不易的和平和繁荣。

多边主义是维持世界秩序的基石。坚持多边主义，捍卫广为接受的国际规则秩序，是当今世界的必然要求。国家交往讲诚信，不能出尔反尔；国际合作讲规则，不能我行我素。践行多边主义的重要内涵，体现在维护联合国宪章，遵循国际法和国际关系基本准则，信守共同商定的国际协议。

当前国际局势非常严峻，面对全球产业链供应链紊乱、粮食和能源供应紧张、恐怖主义、气候变化等全球性问题，需要各国加强团结、共同合作应对。各国命运休戚与共，紧密相连，唯有超越分歧，凝聚合力，加强和完善全球治理，真正构建人类命运共同体，才能共同应对挑战。这是人类发展的必由之路，也是多边主义的终极目标。

推动全球治理体系朝着更加公正、合理、有效的方向发展，符合世界各国的普遍利益。坚持多边主义已经是绝大多数国家的共识。人类已经进入互联互通的新时代，各国利益休戚相关，命运紧密相连，秉持和平合作、开放包容、互学互鉴、互利共赢为核心的丝路精神，积极推动构建相互尊重、公平正义、合作共赢的新型国际关系，将有力促进重建全球互信、凝聚全球共识、团结全球力量，推动世界共同迈向人类命运共同体。

泛亚铁路的特性决定了泛亚铁路建设周期长、建设经费巨大、参与国家多、建设方政治和经济利益诉求不尽相同等特征。从自身利益、地缘政治和产业保护的角度考虑，几乎没有国家愿意让国外企业直接承担本国铁路全部建

设、运营及管理。所以，泛亚铁路需要沿线各国相互协作，合力共为。同时，泛亚铁路是域内国家自己的事，域内国家应本着求和平、谋发展的原则，求同存异、凝聚共识、深化合作。坚持化解分歧，坚持共商、共建、共享、共赢的价值理念，坚持融合发展、包容成长的发展方式，共创泛亚铁路的美好未来。

附录　泛亚铁路助推中国－中亚合作走深走实

一、中亚五国的地理和战略位置

中亚地处亚欧大陆的结合部，西至里海，东到中国新疆，南抵阿富汗，北出俄罗斯的广大区域。作为"一带一路"首倡之地的中亚是亚欧大陆的中心，地处联通东西、贯穿南北的十字路口，在地理位置上居于核心要道，中亚国家的区位优势凸显，是关键枢纽地。

从地缘政治来看，中亚位于亚欧大陆的连接地带，是亚欧大陆的结合部，是古丝绸之路和新丝绸之路的必经之地，俄罗斯、中国、印度、伊朗、巴基斯坦等大国或地区性大国与之相邻，地理位置十分重要。中亚国家主要是哈萨克斯坦、乌兹别克斯坦、吉尔吉斯斯坦、塔吉克斯坦和土库曼斯坦五个国家。

中亚作为连接欧亚大陆和中东的枢纽，几千年来，成为多民族文化的交汇之地。欧洲文明、地中海文明、西南亚文明、东方文明在这里或交融或冲突，宗教与文化等在这里相互影响，相互碰撞。同时，中亚地区重要的战略地位使其成为各种势力相互渗透、相互扩张、相互竞争的地方。

中亚地区蕴藏着极其丰富的矿物和油气资源，被誉为第二个中东。其中，土库曼斯坦已探明的天然气储量久居世界第四位，世界十大油田哈萨克斯坦境内就有两个。中亚地区的钨、铬储量居世界第一位，铜、铅、锌储量居亚洲第一，黄金产量世界第五，油气资源约为波斯湾的22％，开发潜力巨大。

二、中国－中亚陆路运输通道发展状况

中亚国家均为内陆国家，这样的地理位置使得铁路、公路成为其联通外界的主要交通方式。经济发展最大的障碍是贸易通道的缺乏，互联互通是各国合

作的重中之重。

2022 年 2 月，乌克兰危机升级后，西方对俄罗斯施加的经济制裁带来连锁反应，致使中亚国家向北过境俄罗斯通往欧洲的物流通道受阻，中亚国家不得不寻找运输替代路线。中亚国家希望通过塑造中亚作为"连接世界主要市场重要枢纽"，摆脱经济困境，提升地缘地位。

2023 年 5 月，在中国—中亚峰会上各方强调，应巩固中亚作为欧亚大陆交通枢纽的重要地位，加快推进中国—中亚交通走廊建设，发展中国—中亚—南亚、中国—中亚—中东、中国—中亚—欧洲多式联运，包括中—哈—土—伊（朗）过境通道，途经阿克套港、库雷克港、土库曼斯坦巴什港等海港的跨里海运输线路，发挥铁尔梅兹市的过境运输潜力。

（一）中国—中亚铁路状况

中国—中亚铁路属于泛亚铁路的一部分，泛亚铁路北线连接欧洲和太平洋，贯穿朝鲜半岛、中国、蒙古国、哈萨克斯坦、俄罗斯，全长 32500 千米。北南线连接北欧与波斯湾，主线始于芬兰赫尔辛基，穿越俄罗斯至里海，然后分成三条支线。西线经阿塞拜疆、亚美尼亚入伊朗西部，中线以火车轮渡经里海进入伊朗，东线经哈萨克斯坦、乌兹别克斯坦和土库曼斯坦入伊朗东部。三线在伊朗首都德黑兰会合，最后抵达阿巴斯港，全长 13200 千米。

我国与中亚国家或欧洲贸易的陆路运输以铁路为主，主要有两条通道：一条是西伯利亚大陆桥通道，另一条是以中国和中亚铁路为核心的新亚欧大陆桥。

1. 西伯利亚大陆桥

西伯利亚大陆桥又称第一欧亚大陆桥，它东起俄罗斯的符拉迪沃斯托克（海参崴），西通向欧洲各国，最后到荷兰鹿特丹港。

该铁路线北线由哈萨克斯坦阿克套北上与西伯利亚大铁路接轨，经俄罗斯、白俄罗斯、波兰通往西欧及北欧诸国。中线由哈萨克斯坦往俄罗斯、乌克兰、斯洛伐克、匈牙利、奥地利、瑞士、德国、法国至英吉利海峡港口转海运或由哈萨克斯坦阿克套南下，沿吉尔吉斯斯坦边境经乌兹别克斯坦塔什干及土库曼斯坦阿什哈巴德西行至克拉斯诺沃茨克，过里海达阿塞拜疆的巴库，再经格鲁吉亚第比利斯及波季港，越黑海至保加利亚的瓦尔纳，并经鲁塞进入罗马尼亚、匈牙利通往中欧诸国。南线由土库曼斯坦阿什哈巴德向南入伊朗，至马什哈德折向西，经德黑兰、大不里士入土耳其，过博斯普鲁斯海峡，经保加利亚通往中欧、西欧及南欧诸国。

西伯利亚大陆桥运输，是世界上最著名的国际集装箱多式联运线之一，通过原苏联西伯利亚铁路，把远东、东南亚、澳大利亚地区、欧洲、中东地区联结起来，因此又称亚欧大陆桥。

西伯利亚铁路几乎跨越了地球周长 1/4 的里程，穿越乌拉尔山脉将俄罗斯的欧洲部分、西伯利亚、远东地区连接起来。其中，欧洲部分约占 19.1%，亚洲部分约占 80.9%，共跨越 8 个时区、3 个地区、14 个省份。铁路设计时速为 80 千米，从莫斯科到达终点站符拉迪沃斯托克共 9288 千米，需要七天七夜的时间才能到达。西伯利亚铁路曾经被称为俄罗斯的"脊柱"、连接欧亚文明的纽带，对俄罗斯乃至欧亚两大洲的经济、文化交流产生过举足轻重的影响。特别是第二次世界大战期间，这条铁路为苏联打败德、日法西斯做出了很大贡献。

西伯利亚大陆桥具有经过国家少、换装次数少、运输能力大和经营成熟等优点，但它只穿过中亚北部地区，对中亚国家的影响力有限。

2. 新亚欧大陆桥

新亚欧大陆桥，又名第二亚欧大陆桥，是指东起中国连云港、西至荷兰鹿特丹，以铁路为主体，横贯亚欧两大洲中部地带的国际化铁路干线、交通大动脉，全长 10900 千米。

新亚欧大陆桥连接东亚、中亚、西亚、中东、东欧、西欧等 40 多个国家，东西两端连接着太平洋与大西洋两大经济中心，属于经济发达地区，但地域空间较小、资源短缺。沿桥中间地带即亚欧腹地，属于欠发达地区，地域辽阔，交通不便，自然环境较差。但金属矿产资源、石油、煤炭和天然气资源富足，同时还是世界上重要的农牧业生产基地，开发潜力巨大。

新亚欧大陆桥横穿中国进入中亚，并在中亚分为北、中、南三路。北路经哈萨克斯坦、俄罗斯、白俄罗斯、波兰、德国等，抵达西欧基本港，线路总长约 10.9 万千米；中路经哈萨克斯坦或土库曼斯坦过里海，再经高加索地区的阿塞拜疆、格鲁吉亚抵黑海，经黑海到达保加利亚、罗马尼亚等港口，通过东中欧国家抵达西欧基本港，线路总长 1.27 万千米；南路经哈萨克斯坦、乌兹别克斯坦、土库曼斯坦、伊朗、土耳其，过伊斯坦布尔海峡，再经希腊、保加利亚或南斯拉夫等南中欧国家抵达西欧基本港，线路总长 1.39 万千米。

我国与中亚国家的铁路通道主要是通过新亚欧大陆桥，其中，中国国内部分为陇海兰新线。新亚欧大陆桥途经山东、江苏、安徽、河南、陕西、甘肃、青海、新疆 8 个省、区，65 个地、市、州的 430 多个县、市，到中哈边界的阿拉山口出境。

新亚欧大陆桥与西伯利亚大陆桥相比，具有明显的优势，具体为：第一，地理位置和气候条件优越。整个陆桥避开了高寒地区，港口无封冻期，自然条件好，吞吐能力强，可以常年作业。第二，运输距离短。新亚欧大陆桥比西伯利亚大陆桥缩短陆上运距 2000~2500 千米，到中亚、西亚各国，优势更为突出。从远东到西欧的货物，经新亚欧大陆桥比绕过好望角的海上运输线缩短运距 15000 千米，比经苏伊士运河的海上运输线缩短运距 8000 千米，比经巴拿马运河的海上运输线缩短运距 11000 千米，比经北美大陆桥缩短运距 9100 千米。第三，辐射面广。新亚欧大陆桥辐射亚欧大陆 40 多个国家和地区。第四，对亚太地区吸引力大。除我国外，日本、韩国、东南亚各国、大洋洲国家和地区均可利用此线开展集装箱运输。

中亚是世界上最重要的农牧业生产基地，粮、棉、油、马、羊在世界上占有重要地位。这里矿产资源有数百种，其中，金、银、铜、铁、铀、铅、锌、铂、镍、钛、锑、汞、铬、镁、钠、钾、钒、铝、钨、锰、钼、磷、硼等均享誉世界。能源尤为富集，煤炭储量 2 万亿吨以上，石油储量约 1500 亿吨，天然气储量近 7500 亿立方英尺，堪称世界"能源之乡"。因此，新亚欧大陆桥通过区域，在经济上具有较强的相互依存性与优势互补性，蕴藏了非常好的互利合作资源。

3. 第三亚欧大陆桥（规划）

第三亚欧大陆桥，是指继第一、第二亚欧大陆桥之后，再兴建一条起自以中国深圳港为代表的沿海港口群，昆明为枢纽，经缅甸、孟加拉国、印度、巴基斯坦、伊朗，从土耳其进入欧洲，最终抵达荷兰鹿特丹港，横贯亚欧 21 个国家的以铁路交通为主体的运输网络系统。

4. 中吉乌铁路建设计划

中吉乌国际铁路规划，是从中国新疆的南疆铁路、喀和铁路重要车站喀什站引出，经中国与吉尔吉斯斯坦边境的伊尔克什坦（南线方案）吐尔尕特山口（北线方案），再经吉尔吉斯斯坦奥什州边境小城卡拉苏，至乌兹别克斯坦东部重要城市安集延州。该铁路一旦建成，将以最短的路径连接里海通道，与吉尔吉斯斯坦、乌兹别克斯坦、哈萨克斯坦、阿塞拜疆、格鲁吉亚、土耳其、伊朗等国家联通，成为中国货物运往欧洲的最短路线。

根据规划，中吉乌铁路全长约 523 千米，其中，中国境内 213 千米，吉尔吉斯斯坦境内 260 千米，乌兹别克斯坦境内约 50 千米。中吉乌铁路建成后将是中国到欧洲、中东的最短货运路线，货运路程将缩短 900 千米，时间节省 7 至 8 天。

1997 年，"欧洲—高加索—亚洲运输走廊组织"在巴黎会议上首次提及建设中吉乌铁路。在中国积极推动下，中吉乌三国当年就修建一条联通三国的铁路项目签署备忘录。

2006 年，中国把建设中吉乌铁路的中国段部分干线的计划列入第六个社会经济发展五年计划。

2008 年，中国工作组和专家组最终通过"喀什—吐尔尕特—卡拉苏—安集延"的铁路建设方案。

2012 年，吉中两国就中吉乌铁路建设项目签署合作备忘录。

2015 年 3 月 26 日，由中国铁路隧道集团公司承建的乌兹别克斯坦"安格连—帕普"铁路隧道实现贯通。"安格连—帕普"铁路是乌兹别克斯坦的国家重大意义工程项目，被列为"总统一号工程"，全长 129 千米，是未来中吉乌铁路的重要路段，也是"丝绸之路经济带"建设的重要工程项目。

2018 年 6 月 7 日，中国和吉尔吉斯斯坦关于建立全面战略伙伴关系联合声明：双方将全力推动中吉乌铁路项目相关工作，争取早日开工建设。

2019 年 6 月 13 日，中国和吉尔吉斯斯坦关于进一步深化全面战略伙伴关系的联合声明：双方愿继续保持沟通，商讨技术参数，稳步推进中吉乌铁路相关工作。

2020 年 12 月 29 日，中国、吉尔吉斯斯坦和乌兹别克斯坦三方以视频方式召开中吉乌铁路投融资工作组会议。三方就投融资、运营模式等议题交换了意见。

2022 年 5 月 30 日，吉尔吉斯斯坦总统扎帕罗夫表示，在完成可行性研究后，中吉乌铁路将于 2023 年开工。

2023 年 5 月 18 日至 19 日，中国—中亚峰会在陕西省西安市举办。峰会期间，中国同中亚五国达成系列合作共识。其中包括完成中吉乌铁路可研工作，推进该铁路加快落地建设。

2023 年 5 月 18 日，国家发展和改革委员会主任郑栅洁与吉尔吉斯斯坦交通和通信部部长捷克巴耶夫、乌兹别克斯坦交通运输部部长马赫卡莫夫签署了《中华人民共和国国家发展和改革委员会、吉尔吉斯共和国交通和通信部、乌兹别克斯坦共和国交通运输部关于就中吉乌铁路建设项目（吉境内段）可行性研究三方联合评审达成共识的谅解备忘录》，标志着项目可行性研究工作已接近尾声。后续，三方将在可行性研究基础上进一步深化研究合作。

中吉乌铁路所经之处是古丝绸之路的主要路段之一。中吉乌铁路的建成将完善新亚欧大陆桥南部通路，形成东亚、东南亚通往中亚、西亚和北非、南欧的便捷运输通道；拓宽新亚欧大陆桥的运输范围，提高新亚欧大陆桥在国际运输中的地位；改变我国新疆乃至整个西部的交通格局，加快西部大开发的步伐；有利于中亚、里海石油的开发和利用，对开辟我国新的石油进口源，调整我国能源发展战略具有重要意义。同时，将建立新的陆海通道，完善亚欧大陆整体交通网络，实现亚欧大陆交通运输线路、运输模式的多元化。

（二）中国—中亚公路运输状况

1. 中吉乌跨境公路

中吉乌跨境公路，东起中国新疆喀什，穿越吉尔吉斯斯坦南部城市奥什，西抵乌兹别克斯坦首都塔什干，全长 959 千米。它是新疆塔里木盆地到中亚阿姆河流域一条重要的公路大通道，也是中国—中亚—西亚国际经济走廊的重要组成部分。

中吉乌跨境公路早已有之，然而，作为非接壤国家，中国和乌兹别克斯坦的货运车辆，长期以来无法驶入对方国家。此前，乌兹别克斯坦和中国之间进出口货物，需要以铁路和汽车运输方式经由吉尔吉斯斯坦中转，单程 8～10 天。不仅耗时长，且手续烦琐，物流成本较高。

2. 西欧—中国西部国际公路

西欧—中国西部国际公路，又称"双西公路"（全称"西欧—俄罗斯—哈萨克斯坦—中国西部"国际公路运输走廊）。它东起中国连云港，西至俄罗斯圣彼得堡，途经中哈俄三国数十座城市，总长 8445 千米。主要保障中国—哈萨克斯坦、中国—中亚、中国—哈萨克斯坦—俄罗斯—西欧三条走向的公路运输。这条国际大通道建成后，将把中国西部到西欧的广阔地域连为一体，大大降低运输成本。

1998 年 2 月，中吉乌三国签署《中吉乌政府汽车运输协定》。此后，三国政府和交通运输主管部门在交通运输基础设施建设、口岸通关环境改善、运输领域交流等方面进一步加强合作。

中国西北与中亚五国间的公路运输经过多年发展，已经形成了一套较完整的交通运输网络。《亚洲公路网政府间协定》的签署，将丝绸之路经济带中国西北与中亚段的各个主要节点城市连接起来，衔接了亚太经济圈与欧洲发达经济体。

2006 年 11 月，中哈两国共同提出建设"双西公路"高速公路交通走廊。2008 年两国同时启动项目建设。"双西公路"东起中国连云港，西至俄罗斯圣彼得堡，与欧洲公路网相连，途经中、哈、俄三国数十座城市，总长 8445 千米，其中，俄罗斯境内长 2233 千米，哈萨克斯坦境内长 2787 千米，中国境内长 3425 千米。

"双西公路"国内段就是 G30 连霍高速，于 2017 年 11 月全线贯通。2018 年 9 月 27 日，"双西公路"中哈段通车，霍尔果斯至哈萨克斯坦阿拉木图由原来的 378 千米缩短为 306 千米，车程较之前缩短约 2 小时。原本中国至欧洲的货物 98% 是通过海路运输，现在"双西公路"成为亚太国家到达欧洲市场的最短运输路线。这条国际大通道把新疆至西欧的广阔地域连为一体，从连云港前往欧洲所需时间将从此前海运的 45 天缩短至 10 天。

"双西公路"的建设与"一带一路"倡议完美契合，这条大动脉让沿途国家搭上亚太经济发展的"快车"，从而推动沿线地区经济发展。哈萨克斯坦作为这一大动脉上的重要枢纽，因大量物流和客流每年获得数亿美元的收入。此外，哈萨克斯坦还利用便利的交通走廊，扩大本国商品的出口，为当地企业带来更多商机。

2017 年 5 月，乌兹别克斯坦总统米尔济约耶夫访华，与中国国家主席习近平共同见证了两国国际公路运输协议的签署。

2017 年 10 月 30 日，中国、吉尔吉斯斯坦、乌兹别克斯坦国际道路货运试运行活动启动仪式在塔什干举行。11 月 1 日在中国喀什举行了接车仪式。当时，来自中吉乌三国各 3 辆卡车，从塔什干出发，以平均 50~60 千米的时速，走完中吉乌公路全程，共耗时 32 小时，其中，实际行驶 16 小时，过乌吉边境花去 1.5 小时，过吉中边境花了约 2 小时。这是中吉乌三国首次实现国际道路全程运输，也是中国货车首次驶入非接壤国家。

2018 年 2 月 25 日，中吉乌跨境公路正式通车。来自跨境货运公司"丝绸之路运输公司"的 7 辆满载着豆制品的集装箱货车，从安集延多式联运物流中心驶出，沿着中吉乌公路穿越吉尔吉斯斯坦，经中国西北的伊尔克什坦口岸抵达新疆喀什。这标志着中吉乌公路货运正式运行，三国国际道路运输合作由此掀开新的篇章，更为未来中国—中亚区域经济合作打下新的基础。

为确保公路更畅通，在中吉乌公路乌兹别克斯坦境内，部分"瓶颈"路段被改建扩建，双向两车道升级为双向四车道；在吉尔吉斯斯坦境内，除了高原山区个别路段外，长达 280 千米的中吉乌公路吉尔吉斯斯坦境内段铺上了沥青，使车辆行驶更加顺畅。

三、多式联运创新贸易运输组织新模式

（一）多式联运的概念

多式联运是指由两种及其以上的交通工具相互衔接、转运而共同完成的运输过程，统称为复合运输，我国习惯上称之为多式联运。《联合国国际货物多式联运公约》对国际多式联运所下的定义：按照国际多式联运合同，以至少两种不同的运输方式，由多式联运经营人把货物从一国境内接管地点运至另一国境内指定交付地点的货物运输。

多式联运作为一种复合型的、综合性的、高效率的物流运输方式，具有运输速度快、物流成本低、运输效率高、运输安全可靠、符合国家绿色低碳的发展要求等优点。

（二）公铁联运为中亚商贸提供便捷通道

1. 中吉乌公铁联运通道

中吉乌公铁联运国际班列是一条新开的国际货运线路。经兰州到喀什，再转乘公路从新疆伊尔克什坦口岸出境，经吉尔吉斯斯坦最终到达乌兹别克斯坦。

中吉乌通道在我国境内是以喀什为连接点的公铁联运方式，铁路通过喀什站连接南疆铁路（吐鲁番—喀什）、喀和铁路（喀什—和田），通过南疆铁路、兰新铁路（兰州—乌鲁木齐）与全国铁路互联互通。公路通过喀什与伊尔克什坦口岸相连，里程约 100 千米，为路况较好的高等级公路。伊尔克什坦口岸是新疆南疆地区为数不多的可全年通关的公路口岸。中吉乌通道境外伊尔克什坦口岸—奥什—安集延，公路里程 445 千米，整体路况条件较好。安集延—塔什干里程约 350 千米，为中亚铁路（宽轨）。通过安集延可与中亚、西亚、欧洲铁路连通，境外通道涉及的奥什位于吉尔吉斯斯坦，安集延和塔什干位于乌兹别克斯坦，均属中亚国家交通物流枢纽和经济贸易中心，国际贸易活动频繁。

此条运输路线的特点在于将国际公路与国内铁路相结合，借助多个陆运口

岸优势，可以实现货物公铁中转联运。目前，已有兰州陆港发出的中吉乌铁路多式联运班列，将货物通过铁路运输到喀什，中转到国际公路后运往乌兹别克斯坦，运输效率比单纯铁路或公路要高。

中吉乌公铁联运作为全新的国际多式联运模式，拓宽了中国与中亚国家国际多式联运的路径和方式，发展潜力巨大。中吉乌公铁联运有效地将铁路运输和公路运输的优势相结合，大大提升了运输时效，全程运输时间比传统国际铁路联运模式节约 3~5 天，整体运输费用降低了 20%。具有良好的经济效益，为中吉乌通道持续健康发展注入强劲动力。

中吉乌公铁联运线路是中欧班列南通道线路的重要组成部分，中吉乌公铁联运线路的运行，成为中欧班列（渝新欧）继打通南通道"跨两海"线路以来，在南通道线路拓展上的又一项重大举措，将进一步完善中欧、中亚班列的运输体系，畅通欧亚地区的国际贸易物流通道。

中吉乌公铁联运在促进中国、吉尔吉斯斯坦、乌兹别克斯坦三国经贸领域发展的同时，以乌兹别克斯坦作为枢纽，进一步优化阿富汗、土库曼斯坦、伊朗等国家的物流运输成本和时效。

公铁联运融合铁路大运量、长距离、安全、高效、节能环保、全天候和公路方便灵活、门到门的优势，通过车辆和站场配套，货物转换更加便捷，减少辅助时间，实现高效、便捷的全程物流，相比传统线路，可节约 5 天左右的运输时间，经济效益和社会效益显著。

中吉乌公铁联运国际货运班列，全程采用集装箱，铁路－公路国际多式联运方式，将铁路运输所具有的全天候、大运量、长距离优势和公路运输所具有的方便灵活、门到门的优势，相互融合实现了高效便捷的全程物流。

中吉乌公铁联运采用"一票到底"的出口转关申报的方式，即办理一次报关手续后，在喀什只需要通过网上办理转关手续，就能凭借报关单出境，不用在口岸再次办理海关手续。这样企业只需一次托运、一次付费，之后的运输、理赔全程均由承运人完成。"一票到底"的海关流程可为企业节约 1 天左右的时间。

2022 年 9 月 15 日，四川首趟中吉乌公铁联运国际货运班列在成都（双流）空铁国际联运港发车。2022 年 10 月 24 日，中欧班列（渝新欧）中吉乌公铁联运班列首发成功。该班列在重庆团结村车站发车，通过铁路运至新疆，再转由公路运输至伊尔克什坦口岸出境，办完海关手续离境后在 5 至 7 天后可运抵乌兹别克斯坦。

2023 年 1 月 1 日，中吉乌公铁联运国际货运班列从兰州货运中心中川北铁路货场驶出，经铁路运输至新疆喀什，再转公路运输从伊尔克什坦口岸出境至吉尔吉斯斯坦，最终到达乌兹别克斯坦的扎拉夫尚。

2. 中吉乌阿快线

2022 年 9 月，陆海新通道联动沿线省（区、市）发运了一趟中吉乌阿快线（中国—吉尔吉斯斯坦—乌兹别克斯坦—阿富汗）国际联运测试班列，在阿富汗海拉顿举行了接车仪式。该班列装载摩托车配件、食品等货物，9 月 13 日从新疆喀什以汽运经伊尔克什坦出境，9 月 22 日抵达阿富汗的海拉顿。这标志着又一条联通中亚的物流新通道被打通。

该班列的开行是陆海新通道积极响应和落实国家部署的有力举措。陆海新通道充分发挥"13+2"各省（区、市）的区位优势，实现不同资源的优势互补，加强内陆和中亚地区的互联互通，借助区域辐射面及国际影响力，同时体现了陆海新通道联动欧亚、融入和服务双循环的重大作用。

中吉乌阿快线的开通，有利于沿线相关产业的双向流通，实现资源优势互补。例如，作为重庆的优势产业，汽摩及相关产业将借助该线路走出去。阿富汗也可以通过中吉乌阿快线进口中国的货物，出口其丰富的矿产资源。

（三）海铁联运打造中亚连接东亚国家重要出海口

中亚国家大都是内陆国家，长期以来一直苦于没有出海口，商品进出口受到极大限制。同时，中亚与东亚，一个地处亚欧大陆腹地，一个大多是西太平洋沿岸国家。这种"一陆一海"的天然地理条件，决定了其国际物流的最佳方式就是海铁联运。

目前，我国正利用交通和港口优势开启陆海联运新通道，已实现以连云港为主，南京、徐州、苏州、大连、广州、烟台、金华等港口为辅的差异化协同发展的中亚、东亚线路运行格局，打造出形式多样的运输模式。

2013 年 9 月 7 日，国家主席习近平在哈萨克斯坦纳扎尔巴耶夫大学发表重要演讲，提出用创新的合作模式、共同建设"丝绸之路经济带"的构想。会后，在中哈两国元首的共同见证下，连云港市政府与哈萨克斯坦国有铁路股份有限公司签署了中哈国际物流合作项目协议。此项目成为丝绸之路经济带和海上丝绸之路"一带一路"建设的首个实体平台，项目总投资超过 30 亿元，其中一期工程规划建设集装箱堆场 22 万平方米，拆装箱库 2.3 万平方米；堆场铁路专用线 3.8 千米，日均装卸能力 10.2 列，年最大装卸能力 41 万标箱，主要经营国际多式联运、拆装箱托运、仓储等国际货物运输业务。

连云港作为新亚欧大陆桥经济走廊的东方起点，自 1992 年起开通至阿拉木图的五定班列，开启新亚欧大陆桥过境运输先河，承担了新亚欧大陆桥50％以上的国际过境运量。通过新亚欧大陆桥，连云港与哈萨克斯坦国有铁路股份有限公司深入推进设施联通，全面深化与中亚国家在物流、产业等方面的合作，积极创新跨国界、跨行业、多元合作、多式联运的物流运作模式，初步形成"港、航、路、园"无缝对接的商贸物流体系。目前，连云港国际班列已覆盖阿拉木图、阿斯塔纳、塔什干、阿拉梅金等主要站点，开通至土耳其伊斯坦布尔和德国杜伊斯堡两条通道。

连云港港口是中国沿海区域性中心港口、集装箱干线港，拥有万吨级以上泊位 70 个，航道等级达到 25 万吨级，港口吞吐量超过 2 亿吨，集装箱量位列世界港口第 23 位，已经开通 50 多条远近洋航线，业务覆盖世界 160 多个国家和地区。2023 年底，从连云港开行的中欧班列，已经覆盖中亚主要站点，并延伸到土耳其、德国。

中哈（连云港）物流合作基地经过近 10 年的发展，已成为中亚五国过境运输、仓储物流、往来贸易的国际经济平台，有力促进了中国同中亚国家的互联互通、贸易往来。

在连云港，中亚国家连上了从太平洋扬帆起航的出海口。如今，乌兹别克斯坦等国化肥经由连云港发往日本、韩国和东南亚等国已成为常态。哈萨克斯坦过境中国进口的日用消费品以及出口的矿产品、粮食等优势贸易商品，80％以上也通过连云港口岸集散分拨。

2021 年 2 月 20 日，312 辆过境的日本商品车在大连自贸片区汽车码头完成铁路换装，发往哈萨克斯坦[①]。这标志着国内首条东亚至中亚商品车陆海联运新通道进入常态化运营阶段，大连自贸片区面向东北亚开放合作水平进一步提升。

2022 年，中亚五国经由中哈（连云港）物流合作基地过境和进出口的集装箱达 51854 标箱，同比增长 11％。过境货品种类从最初的汽车配件、电子元器件，扩大到建材、家居、机电、粮食、矿产、化工材料等众多领域。国际集装箱在连云港的过境时间也由原来 4 天以上缩短至 1 天以内。

以往日本商品车进入中亚地区需要通过地中海和黑海航道，到达俄罗斯港

---

① 《大连自贸片区打造东北亚商品车陆海联运新模式——国内首条东亚至中亚商品车陆海联运新通道常态化运营》，辽宁省人民政府官网，https://swt.ln.gov.cn/swt/ywxx/zmqjs/F59C7AEA216948F7AE5DC7085EA038AC/index.shtml。

口后再过境运至哈萨克斯坦等国，全程需要 80 多天，路途遥远，成本高昂。大连自贸片区顺应市场形势，在国内率先开辟"日本—大连—中亚"商品车过境运输模式。同时，与海关、码头公司、铁路公司等有关方面组建专门团队，针对外商需求，专项规划、设计、编制过境运输全程物流方案，最终让项目成功落地大连自贸片区，并于 2021 年 1 月 29 日完成首批日本商品车过境运输。

借助这条新通道，日本商品车以滚装海运方式运抵大连港，在港内完成火车装载作业后，经由铁路发往新疆霍尔果斯口岸进行换装，最后进入中亚地区，从出厂到交付，30 天内即可完成，成本大大降低。这一全新模式充分发挥了大连自贸片区在东连东亚、西接中亚新运输通道中的区位优势和桥梁纽带作用，提升了大连口岸的服务水平，形成了货物吞吐量的纯增量。

2020 年 10 月 9 日，广东首列中亚海铁联运跨境班列开通，首批 21 个来自中亚班列的集装箱从广州港南沙港区二期码头装船出海，发往印度尼西亚。广东中亚班列首次以"铁路—驳船运输—海运"的铁水联运方式走出国门，打通"中亚—广州—东南亚"出海物流通道。

2021 年 11 月 3 日，金华华东国际联运港装卸区，一批来自越南海防的出口胶带集装箱，顺利装上了 X9216/5 次中欧班列。这趟班列定于 11 月 4 日启程，发往中亚哈萨克斯坦最大城市阿拉木图。这批货物如按传统的国际物流线路，走海运绕道符拉迪沃斯托克登陆，再通过西伯利亚铁路运抵中亚，全程需要 40 多天。如今走越南海防—宁波舟山港—金华—阿拉木图的新线路，全程仅需 21 天，时间缩短一半左右，运费随之大大降低。

近年来，华东国际联运港探索开行塔什干—金华—宁波舟山港—印尼三宝垄港、泰国林查班港等过境国际班列。随着越南海防至阿拉木图过境班列的开行，中亚—金华—东亚陆海联运国际物流新通道已经双向打通。金华也由此成为撬动这条陆海联运大通道的关键性节点、支撑型枢纽。

华东国际联运港放大"区位＋交通"优势，东西双向互济，陆海内外联动。东向依港出海，衔接宁波舟山港，联通"21 世纪海上丝绸之路"；西向依托义新欧连接"丝绸之路经济带"，直达中亚、西亚及欧洲，实现中欧班列与义甬舟海铁联运互联互通，有望重塑中亚与东亚间的国际物流格局。

2022 年 8 月 20 日，新疆首趟陆海新通道海铁联运中亚班列从乌鲁木齐国际陆港区缓缓驶出。该班列搭载越南产白糖 2500 吨，货值 230 万美元，由越南海防港通过陆海新通道海铁联运班列从广西入境，集结至乌鲁木齐综合保税区，再搭乘乌鲁木齐国际陆港区中亚班列，经霍尔果斯口岸出境发运至哈萨克斯坦阿拉木图。

2023 年 5 月 18 日，一列满载 100 个标准集装箱瓷砖、轮胎、油脂加工设备等生产生活物资的中欧班列从中哈（连云港）物流合作基地发出，经霍尔果斯口岸出境后，开往哈萨克斯坦、乌兹别克斯坦。这是自 1992 年 12 月新亚欧大陆桥开通运营、首列至哈萨克斯坦阿拉木图的国际集装箱专列开行以来的第 15000 列"连云港—中亚五国"双向对开班列，也是江苏中欧班列推进新亚欧陆海联运通道建设的新里程。

中亚地区和东盟是"一带一路"的首倡之地。中国同中亚和东盟国家签署了共建"一带一路"合作文件，并加快发展战略对接。中国与中亚、东盟国家坚持命运与共的"命运共同体"全覆盖，是中国与中亚关系走深走实的核心和基础。多方的合作，从合作理念、合作机制、合作内容高度契合。

坚持命运与共、互联互通、优势互补、合作共赢、共同发展，让中国中亚、东盟合作走深走实。随着中亚第一长隧道"安格连—帕普"铁路隧道顺利贯通，中国—吉尔吉斯斯坦—乌兹别克斯坦公路、中国—哈萨克斯坦—乌兹别克斯坦铁路运力潜力不断释放，中哈（连云港）物流合作基地、"霍尔果斯—东大门"无水港、"中国西部—欧洲西部"国际运输走廊等基础设施项目的不断完善，将保障物流畅通，促进产业链供应链稳定，让中亚国家产品拥有扬帆远航的出海口，为中亚国家转型发展、提升地区影响带来更多机遇。

贸易通道的拓展和畅通、物流方式的多元化，为多边贸易的发展奠定了坚实基础。近年来，中国与中亚五国在经贸往来上也日益密切，中国已经成为中亚五国和东盟重要的经贸合作伙伴之一。数据显示，2022 年，中国与中亚国家贸易额创历史新高，首次突破 700 亿美元。中国对中亚出口合计 423.6 亿美元，同比增长 43.3%；自中亚进口合计 278.7 亿美元，同比增长 35.8%。中国与中亚跨境电商贸易额同比增长 95%。2023 年第一季度，中国与中亚贸易额同比增长 22%，保持强劲发展势头[①]。

四、中欧班列为中亚贸易注入新动力

（一）中欧班列开创中亚贸易新格局

中欧班列是我国通往中欧、中亚地区的战略通道，是一种以铁路货运为核

---

① 《中欧班列织起中国与中亚合作"金色网络"》，中华人民共和国商务部中国服务贸易指南网，http://tradeinservices.mofcom.gov.cn/article/ydyl/sedly/ysfw/202305/149016.html。

心的运输模式,共有西、中、东三条运输通道。经过多年发展,中欧班列已成为世界上最繁忙的国际货运线路之一,成为亚欧大陆经济贸易新通道。中欧班列的开行,打通了中亚、中欧和东南亚市场,为亚欧经济发展注入新活力。中欧班列在促进中国及中亚、中欧、东南亚国家经贸发展的同时,加强了彼此的联系,逐步形成了利益共同体。

自 2011 年首趟中欧班列从重庆始发起航,到如今,中欧班列已覆盖京津冀、长江三角洲、珠江三角洲、成渝、长江经济带、粤港澳等多个区域,并开通中亚五国、西班牙、德国、俄罗斯、白俄罗斯、英国、捷克、意大利、伊朗等 17 个方向的国际货运直达线路,辐射欧亚大陆多个国家和城市,它的开行打破了以往国际贸易走出去靠海运的单一格局。

中欧班列开行以来,经过沿线国家的共同努力,探索出一条凝聚共识、博采众长、富有活力的发展模式,焕发出越来越强大的生命力,架起了中国与亚欧各国互通有无、互惠互利的桥梁,成为世界运输体系的重要组成部分和沿线国家深化合作的重要载体。运输货物品类已由开行初期的手机、电脑等 IT 产品,逐渐扩大到服装鞋帽、汽车及配件、粮食、葡萄酒、咖啡豆、木材等 53 大门类、5 万多个品种,逐渐形成一张供需互促、优势互补的跨国物流网络。如今,中国的电子产品、服装鞋帽,以及灯笼、窗花等中国年货被运往欧洲多地;波兰的乳制品、捷克的啤酒、西班牙的火腿等食品走上了中国人餐桌。

(二)中欧班列成为中亚贸易新引擎

市场的需求推动中欧班列不断拓展,延伸到泰国、老挝、新加坡、柬埔寨、越南等东南亚市场,打通东南亚与中亚的物流通道。例如,将哈萨克斯坦的小麦通过中欧班列运至东南亚市场,也将东南亚的水果运至中亚国家。

2021 年 7 月 27 日,首趟中越、中欧联程班列越南—中国—比利时顺利开行。一年多来,累计开行联程班列 47 列。2022 年 12 月 31 日,搭载着电子元件等货物的国际货运班列从广西凭祥火车站发出,开往西安国际港集结中转,通过中欧班列路径从霍尔果斯离开中国境内,最终抵达哈萨克斯坦阿拉木图市。此次开行的货运班列始发站是越南同登站,经过中国凭祥站进入中国境内。

中越、中欧联程班列越南—中国—哈萨克斯坦新线路的开通,进一步完善了东盟国际货物运输网络,大幅缩短货物运输时间,提高运输效率,扩大广西国际班列在亚欧、东南亚区域的辐射面与国际影响力。

中欧班列投入运营以来,经过多年的精心发展和优化,已经成为中国与欧洲国家之间最重要的一条物流通道。中欧班列不仅仅是贸易合作的桥梁，还是中国与中亚、东盟国家贸易往来的新引擎。

五、互联互通夯实了中国－中亚合作平台

（一）互联互通打造中国－中亚命运共同体

中国与中亚五国分别就"一带一路"与各国的发展规划密切沟通和对接合作，通过加强与中亚五国的政策沟通，特别是通过中国—中亚基础设施建设，推进互联互通。中亚通过经济走廊连接沿海，寻找到出海口，延展了中亚与欧亚各国互联互通的新网络，拓展了中亚各国的经济发展新空间。

共建"一带一路"倡议提出后，开启了新征程。中国与哈萨克斯坦将"一带一路"与"光明之路"新经济政策对接合作，"一带一路"基础设施建设与哈萨克斯坦的以首都为核心的辐射状互联互通交通网络紧密对接合作。中哈两国设立了 20 亿美元的国际产能合作基金，建立了中哈物流园、跨境经济合作区，极大提升了两国的物流通关效率；同时，加强钢铁、化工等产业合作力度，中国帮助哈萨克斯坦建立了国际能源金融中心。

中国与土库曼斯坦将"一带一路"与"复兴古丝绸之路"紧密对接合作。古代丝绸之路是贸易之路，更是繁荣之路。在"一带一路"倡议的带动下，致力于"复兴古丝绸之路"的土库曼斯坦决定在全国建设新的公路、铁路干线以及港口和桥梁，不仅如此，还兴建地下油气管网。土库曼斯坦还将同上海合作组织等国际组织密切合作，以促进古丝绸之路的复兴。

在相互平等、互信互认、相互尊重的原则下，无论是"一带一路"还是"光明之路"和"复兴古丝绸之路"，都秉持"和平合作、开放包容、互学互鉴、互利共赢"的丝路精神，把亚洲和欧洲连接起来。各国通过基础设施建设与互联互通，强化各国的经济建设与务实合作，推进各国共同建立开放包容的世界，促进中国—中亚命运共同体的构建。

（二）务实合作重塑中国－中亚产业链供应链

中国—中亚深化务实合作，促进了中国—中亚公路、铁路等基础设施建设及互联互通的加速，推进中国—中亚—西亚经济走廊、新亚欧大陆桥经济走廊的建设，提升产业链供应链的韧性与发展水平，进一步强化了连接欧亚大陆的战略枢纽地位。

1. 降低物流成本提升供应链水平

连接欧亚数十个国家 200 多座城市的中欧班列开行近 7 万列，其中近八成途经中亚。运输时长只有海运的三分之一、运费低于空运的中欧班列，开启了陆上交通新时代，缩短了数字经济时代的生产流通周期。

新亚欧大陆桥经济走廊、中国—中亚—西亚经济走廊等六大经济走廊超过三分之二都经过中亚，中亚成为欧亚大市场的重要枢纽地带。中国—中亚合作机制提出加强中国—中亚的公路、铁路等新老基础设施建设及互联互通，为加强中国—中亚经贸投资合作，特别是经贸产业合作提供巨大机遇。预计投资60 亿美元的中吉乌铁路可行性研究完成，该铁路一旦建成将成为连接中国与欧洲、中东最短的货运路线，畅通欧亚通道，对中国与中亚产业合作、加强区域经济一体化、提升中亚区位优势具有重要意义，将对区域产业链供应链的稳定、开放和高效注入新动能。

2. 资源优势互补助力能源供给多样化

资源优势互补有助于以更低的成本整合优势资源，实现优势互补，进而加快上下游产业集群发展，延伸企业供需链，推动产业链上下游优势互补，激发"隔墙效应"，实现发展的共生共赢。

中亚地区具备丰富的能源矿产储备。中亚及里海地区石油储量在 1500亿~2000 亿桶，约占世界石油储量 20%，已探明天然气储量近 8 万亿立方米，被誉为"第二个中东"；哈萨克斯坦铀矿储量位居世界第二位；土库曼斯坦则素有"中亚科威特"的美誉，已探明天然气储量为 6 万亿立方米，位居世界第四位；乌兹别克斯坦黄金储量更是排在世界第四位。

中国在油气行业具有规模优势，具体体现在投资能力、项目建设优势、技术优势。经过几十年的油气合作，中国石油企业在中亚地区建成了包括油气勘探、开发、炼化、销售、管道运输和装备制造的上中下游完整产业链，在哈萨克斯坦、土库曼斯坦、乌兹别克斯坦、阿塞拜疆、塔吉克斯坦、吉尔吉斯斯坦等国均有油气合作项目。尤其是在中亚五国，中国石油企业油气合作范围更广，油气生产能力不断提升，综合一体化发展成效显著。不仅拉动了当地油气工程技术服务业务的快速发展，建成油气通道，树立了中国大型能源企业良好的国际形象，而且为进一步开展中国—中亚油气合作奠定了良好基础。

中亚地区的油气资源丰富并且出口潜力巨大，从中亚获得油气资源有利于降低油气运输成本，有利于能源供给多样化，有利于加强与中亚地区的经济联系。

（三）开辟经贸合作投资新路径

中亚是共建"一带一路"的重要节点。中亚拥有区位优势、资源优势、后发优势，中国与中亚相互发挥优势互补。中亚作为联通欧洲的必经之路，在产业链、供应链、能源等金融领域都有合作的空间与前景。

在当下美联储加息利率抬升 5% 以上的情况下，去美元化在全球多地加速，在中亚地区使用本币结算，为人民币国际化提供了空间。中国与中亚之间可密切加强金融合作、货币合作、监管合作，推动中国与中亚经贸金融深入合作，防控金融风险和债务风险。

（四）发展战略对接，共建命运共同体

中亚堪称欧亚的核心，是"一带一路"核心枢纽。"一带一路"加强中国与中亚五国的战略对接与合作，为构建中国—中亚命运共同体开辟了新路径。中亚五国高度认同共建"一带一路"引领国际合作，中国与中亚以共建"一带一路"十周年为契机，以高质量共建"一带一路"为新起点，加强"一带一路"倡议同哈萨克斯坦"光明之路"新经济政策、吉尔吉斯斯坦"2026 年前国家发展纲要"、塔吉克斯坦"2030 年前国家发展战略"、土库曼斯坦"复兴古丝绸之路"战略、乌兹别克斯坦"新乌兹别克斯坦"2022—2026 年发展战略的中亚五国倡议与发展战略对接合作。"一带一路"加强中国与中亚的发展战略，更加密切对接合作、基础设施建设及互联互通，通过深化产业、经贸、投资等各领域务实合作，开创优势互补合作共赢的新格局。

中国与中亚合作的重点不仅是交通基础设施、能源矿产，还包括跨境电商、数字经济等新产业新材料，建设绿色丝绸之路、数字丝绸之路、健康丝绸之路、智慧丝绸之路，建设减贫之路、文明之路、创新之路、繁荣之路等成为中国与中亚合作的新空间、新引擎。

中国与中亚合作机制有助于推进"一带一路"高质量与可持续发展。中国提出全球发展倡议、全球安全倡议和全球文明倡议获得中亚五国的鼎力支持，中国—中亚峰会提出的三个共同体与三大全球倡议遥相呼应，分别指向携手建设一个合作共赢、相互成就的共同体，一个远离冲突、永沐和平的共同体，一个相知相亲、同心同德的共同体。

参考文献

[1] 安虎森，李瑞林. 区域经济一体化效应和实现途径 [J]. 湖南社会科学，2007（5）：95－102.

[2] 白云峰. 高速铁路对区域社会经济发展影响研究——以京津城际铁路为例 [D]. 北京：北京交通大学，2010.

[3] 曹刚，帅斌，孙朝苑. 铁路客运专线运量、运价和收入关系分析 [J]. 铁道运输与经济，2006（4）：62－64.

[4] 陈春阳，孙海林，李学伟. 客运专线运营对区域经济的影响 [J]. 北京交通大学学报（社会科学版），2005（4）：6－10.

[5] 陈建国，谢毅，郑天池，等. 中老铁路总体设计及技术创新 [J]. 铁道标准设计，2022（8）：1－6＋18.

[6] 陈珂. RCEP 框架下，中日韩迎来新机遇 [J]. 中国报道，2022（9）：24－27.

[7] 陈楠枰. 泛亚铁路网，建设东南亚国际走廊 [J]. 交通建设与管理，2017（5）：32－35.

[8] 重庆市委会. 利用泛亚铁路建设契机推动我国经济发展 [J]. 前进论坛，2016（11）：40.

[9] 董大朋. 交通运输对区域经济发展作用与调控——以吉林省为例 [D]. 长春：东北师范大学，2010.

[10] 董浩. 中国与 RCEP 成员国制成品贸易竞争性与互补性分析 [J]. 商业经济，2022（10）：87－89.

[11] 范爱军，李真，刘小勇. 国内市场分割及其影响因素的实证分析——以我国商品市场为例 [J]. 南开经济研究，2007（5）：111－119.

[12] 范剑勇，谢强强. 地区间产业分布的本地市场效应及其对区域协调发展的启示 [J]. 经济研究，2010（4）：107－119＋133.

[13] 方长平，郑凌. 东盟共同体成立背景下的中国东盟关系 [J]. 国际论坛，

2017 (6)：13－18＋77.

[14] 龚媛. 分析中国与东盟区域经济建设——以泛亚铁路东南亚段为例 [J].
商业经济，2022 (8)：103－105.

[15] 郭贝贝. 高速铁路布局的经济效应研究 [D]. 北京：北京交通大
学，2022.

[16] 郭艳. RCEP 凸显强大活力，为全球经济复苏注入强心针 [J]. 中国对
外贸易，2022 (9)：15－17.

[17] 何宗泽，娄小凤，焦晓松. RCEP 视野下泛亚铁路对区域经济增长的作
用 [J]. 合作经济与科技，2022 (11)：10－12.

[18] 黄赜琳，王敬云. 基于产业结构区际贸易壁垒的实证分析 [J]. 财经研
究，2007 (3)：4－16.

[19] 蒋杰威. 东盟国家的城市化进程对东盟一体化的影响 [J]. 中阿科技论
坛（中英文），2021 (11)：1－4.

[20] 金珊. 铁路客运专线建设对区域社会经济发展的影响 [J]. 河北企业，
2010 (5)：60－61.

[21] 柯善咨，郭素梅. 中国市场一体化与区域经济增长互动：1995－2007 年
[J]. 数量经济技术经济研究，2010 (5)：62－72＋87.

[22] 李富昌，郭睿，胡晓辉. 建设泛亚大通道，推动中国－东盟经济一体化
[J]. 交通与运输（学术版），2016 (2)：26－29.

[23] 李婧. 综合运输通道发展对端点城市经济发展的影响分析 [D]. 成都：
西南交通大学，2008.

[24] 李万欣. 高速铁路对区域经济贡献度研究 [D]. 济南：山东交通学
院，2022.

[25] 李卫民. 连通东盟和欧亚大陆的泛亚铁路 [J]. 中国铁路，2007 (7)：
51－54.

[26] 李欣亮，赵青霞. RCEP 对我国服务贸易的影响及发展对策 [J]. 商业
经济研究，2022 (18)：147－150.

[27] 李钰. 高铁运营效率与区域经济高质量发展协同性研究——以西部地区
为例 [D]. 贵阳：贵州大学，2022.

[28] 李兆磊，吴群琪. 高速铁路对区域运输通道系统结构的影响分析 [J].
兰州学刊，2010 (12)：47－50.

[29] 林晓言，丁伟，陈小君. 中国－东盟快速铁路通道与泛亚铁路运输联盟
研究 [J]. 天津大学学报（社会科学版），2012 (2)：111－117.

[30] 刘晶. 高速铁路建设对西部区域经济体崛起的战略意义——以"关中－天水经济区"发展为例 [J]. 经济研究导刊, 2011 (6): 120－121.

[31] 刘书明. 区域经济一体化中地方政府合作问题与对策——以关中－天水经济区为例 [J]. 西北农林科技大学学报（社会科学版), 2013 (1): 74－79.

[32] 刘万明. 我国高速铁路客运专线主要技术经济问题研究 [D]. 成都: 西南交通大学, 2003.

[33] 刘亚和. 泛亚铁路建设的重要意义 [J]. 综合运输, 2006 (12): 27－28.

[34] 刘稚. 泛亚铁路建设的由来与发展 [J]. 当代亚太, 2002 (11): 45－48.

[35] 龙世君. 基于泛亚铁路（中泰铁路）建设的云南跨境旅游发展问题研究 [J]. 旅游纵览, 2019 (22): 98－100.

[36] 陆大道. 区位论及区域研究方法 [M]. 北京: 科学出版社, 1988.

[37] 绿源: RCEP 落地, 东盟市场"未来可期" [J]. 中国自行车, 2022 (5): 40.

[38] 罗鹏飞, 徐逸伦. 高速铁路对区域可达性的影响研究——以沪宁地区为例 [J]. 经济地理, 2004 (3): 407－411.

[39] 罗明义. 论区域经济一体化与基础设施建设 [J]. 思想战线, 1995 (6): 19－23.

[40] 骆玲, 曹洪. 高速铁路的区域经济效应研究 [M]. 成都: 西南交通大学出版社, 2010.

[41] 梅新育. 泛亚铁路计划迈出一大步 [N]. 中国证券报, 2013－10－14 (A04).

[42] 孟庆民. 区域经济一体化的概念与机制 [J]. 开发研究, 2001 (2): 47－49.

[43] 苗晓艳. 基于系统动力学的城际高速铁路客流成长分析模型研究 [D]. 上海: 上海交通大学, 2012.

[44] 潘海啸, 刘冰, 杨眺晏, 黄嘉伟. 沿海大通道建成对上海市经济发展的影响 [J]. 城市规划汇刊, 2002 (1): 22－27＋79.

[45] 潘蕴石. 泛亚铁路网对我国国际物流的作用 [D]. 大连: 大连海事大学, 2013.

[46] 乔洁, 秦萧, 沈山. 高速铁路经济效应研究进展与前瞻 [J]. 经济问题探索, 2012 (8): 112－118.

[47] 覃成林. 论区际经济关系与区域经济协调发展 [J]. 经济纵横, 1996

(11)：22-25.

[48] 屈子力. 内生交易费用与区域经济一体化 [J]. 南开经济研究，2003
（2）：67-70.

[49] 任佳. 孟中印缅毗邻地区的互联互通研究 [M]. 北京：中国社会科学出
版社，2015.

[50] 邵建平，刘盈. 大湄公河次区域合作：东盟共同体的重要依托 [J]. 国
际论坛，2014（6）：13-18.

[51] 宋波. 基于系统动力学的区域交通与经济的互动性研究 [D]. 重庆：重
庆交通大学，2008.

[52] 宋以华. 高速铁路对客运交通结构影响的 SD 模型研究 [D]. 北京：北
京交通大学，2012.

[53] 孙大斌. 由产业发展趋势探讨我国区域经济一体化动力机制 [J]. 国际
经贸探索，2003（11）：71-74.

[54] 孙健韬. 高速铁路对区域经济影响分析 [D]. 北京：北京交通大
学，2012.

[55] 孙章，ZHANG Liman.《区域全面经济伙伴关系协定》呼唤泛亚铁路与
海铁联运 [J]. 城市轨道交通研究，2020（12）：4+218.

[56] 索维，张亮. RCEP、全球价值链重构及中国的应对策略 [J]. 江苏社
会科学，2022（5）：127-134.

[57] 唐勇. 一体化市场制度与区域经济一体化——制度变迁的"中间抵制"
与突破 [J]. 浙江社会科学，2006（1）：71-74.

[58] 田友春. 泛亚铁路（东线）对区域产业优化升级的影响 [J]. 红河学院
学报，2010（4）：5-8.

[59] 童彤. 泛亚铁路建设将加速中国-东盟自贸区融合 [N]. 中国经济时
报，2010-12-01（06）.

[60] 万那瑞斯·常，颜洁. 缩小东盟内部发展差距——21 世纪海上丝绸之路
所扮演的角色 [J]. 东南亚纵横，2016（6）：15-20.

[61] 王洪庆，朱荣林. 制度创新与区域经济一体化 [J]. 经济问题探索，
2004（5）：35-38.

[62] 王俊超. 长三角城市群交通运输与区域经济耦合研究 [D]. 杭州：浙江
师范大学，2021.

[63] 王海波，刘峥. "RCEP+陆海新通道"叠加效应强枢纽畅循环 [J]. 当
代广西，2022（18）：36-37.

［64］ 王启仿. 区域经济差异及其影响因素研究 ［D］. 南京：南京农业大学，2003.

［65］ 王学定. 区域经济一体化理论与酒嘉实践 ［M］. 北京：科学出版社，2011.

［66］ 王玉主，王伟. 东盟共同体建设：进程、态势与影响 ［J］. 人民论坛·学术前沿，2016 （19）：6－15.

［67］ 王玉贺. 高速铁路对区域经济发展的影响研究——以长吉城际为例 ［D］. 大连：大连交通大学，2021.

［68］ 王哲. 中老铁路：让"中国梦"和"老挝梦"紧紧相牵 ［J］. 中国报道，2021 （12）：49－51.

［69］ 韦健锋. 中老铁路与老挝地缘战略价值的提升 ［J］. 东南亚南亚研究，2017 （4）：14－19＋106.

［70］ 向丽. 泛亚铁路东南亚段建设的历史、现状与未来 ［D］. 昆明：云南大学，2017.

［71］ 谢伟杰. 基于系统动力学的交通运输与区域经济的互动关系研究 ［D］. 成都：西南交通大学，2007.

［72］ 徐国栋. 交通运输对区域经济发展的作用与调控分析 ［J］. 投资与创业，2021 （14）：181－183.

［73］ 严亚磊. 基于要素流动的高铁对区域经济差异影响的效应研究——以长三角城市群为例 ［D］. 南京：南京大学，2022.

［74］ 杨静林，夏会儒. 东盟经济一体化进程中群体决策的困境 ［J］. 东南亚纵横，2018 （1）：77－83.

［75］ 杨维凤. 京沪高速铁路对我国区域空间结构的影响分析 ［J］. 北京社会科学，2010 （6）：38－43.

［76］ 姚影，欧国立. 基于交通改善的城市经济联系实证研究——以长三角城市群为例 ［J］. 交通运输系统工程与信息，2009 （2）：156－160.

［77］ 殷广卫. 新经济地理学视角下的产业集聚机制研究 ［D］. 天津：南开大学，2009.

［78］ 尹鸿伟. "泛亚铁路"从老挝起步 ［J］. 大经贸，2012 （9）：76－79.

［79］ 于涛. 高速铁路建设的内外部经济研究 ［J］. 铁道运输与经济，2006 （7）：4－6.

［80］ 张楠楠，徐逸伦. 高速铁路对沿线区域发展的影响研究 ［J］. 地域开发研究，2005 （6）：32－36.

[81] 张茜. 综合交通运输体系与区域经济的互动分析 [D]. 大连：大连理工大学，2009.

[82] 张炜. 高速铁路对沿线区域经济影响的思考 [J]. 上海铁道科技，2010 (2)：12-13.

[83] 张文尝，金凤君，樊杰. 交通经济带 [M]. 北京：科学出版社，2002.

[84] 张学良. 交通基础设施、空间溢出与区域经济增长 [M]. 南京：南京大学出版社，2009.

[85] 张学良，聂清凯. 高速铁路建设与中国区域经济一体化发展 [J]. 现代城市研究，2010 (6)：7-10.

[86] 张学良. 中国交通基础设施促进了区域经济增长吗——兼论交通基础设施的空间溢出效应 [J]. 中国社会科学，2012 (3)：60-77+206.

[87] 张艳，程遥，刘婧. 中心城市发展与城市群产业整合——以郑州及中原城市群为例 [J]. 经济地理，2010 (4)：579-584.

[88] 赵娟，林晓言. 京津城际铁路区域经济影响评价 [J]. 铁道运输与经济，2010 (1)：11-15.

[89] 郑会. 泛亚铁路融资模式研究：理论与实践 [D]. 昆明：云南财经大学，2014.

[90] 郑林昌. 中国交通运输成本评价研究 [J]. 物流技术，2010 (5)：1-15.

[91] 中国农业银行国际金融部课题组. 泛亚铁路的意义、困境及市场机遇研究 [J]. 农村金融研究，2015 (6)：18-22.

[92] 中国自行车协会专家咨询委员会专项课题研究组. 全面解读《区域全面经济伙伴关系协定》(RCEP) [J]. 中国自行车，2022 (5)：18-29.

[93] 周路菡. 泛亚铁路，力促亚洲经济一体化进程 [J]. 新经济导刊，2015 (10)：66-69.